民法系统论研究

张君平 · 著

本书系江西省高校人文社科重点研究基地九江学院社会系统学研究中心课题项目『民法精神与体系之系统论研究』（项目编号：JD20085）研究成果

知识产权出版社
全国百佳图书出版单位
—北京—

图书在版编目（CIP）数据

民法系统论研究／张君平著 . —北京：知识产权出版社，2022. 7
ISBN 978－7－5130－8201－3

Ⅰ. ①民…　Ⅱ. ①张…　Ⅲ. ①民法—研究—中国　Ⅳ. ①D923. 04

中国版本图书馆 CIP 数据核字（2022）第 096655 号

责任编辑：雷春丽　　　　　　　　责任校对：王　岩
封面设计：乾达文化　　　　　　　责任印制：孙婷婷

民法系统论研究

张君平　著

出版发行：**知识产权出版社**有限责任公司　网　　址：http：//www. ipph. cn
社　　址：北京市海淀区气象路 50 号院　　邮　　编：100081
责编电话：010－82000860 转 8004　　　　责编邮箱：leichunli@ cnipr. com
发行电话：010－82000860 转 8101/8102　发行传真：010－82000893/82005070/82000270
印　　刷：北京九州迅驰传媒文化有限公司　经　　销：新华书店、各大网上书店及相关专业书店
开　　本：880mm×1230mm　1/32　　　印　　张：11. 625
版　　次：2022 年 7 月第 1 版　　　　　印　　次：2022 年 7 月第 1 次印刷
字　　数：280 千字　　　　　　　　　　定　　价：58. 00 元
ISBN 978－7－5130－8201－3

前　言

　　拙作是对本人近二十年民法教学的心得体会与理论思考的粗略总结。本书在民法基本理论、物权、合同、侵权责任和民法前沿问题专论等专业课程教学理论积累的基础上，应用了社会系统论思维方法，对民法重点领域进行了专题探讨。本书的主要特色在于，从系统论原理的角度，揭示民法的精神实质，解析民法的构成体系，便于读者更好地理解与把握民法的根本宗旨与建构体系，为提升民事法治思维提供一种新的视角与方法。

　　民法的整个体系就是一个完整的结构系统，是以根本宗旨与原则为核心，以民事法律关系三要素为基本结构，以物权、合同、人格权、侵权责任为基本子系统的整体系统；而每个子系统又分为若干次级系统，每个次级系统又会由多个小系统构成。

　　本书共十一章，分专题讨论。第一章探讨了民法系统论的概念和研究对象与目的。第二章研究了民法宗旨，主要探讨民法宗旨的三个方面，阐述民法的属性，分析民法与市民社会、社会主义市场经济、社会主义核心价值观的关系及其他有关问题。第三章探讨了民法的价值本位，主要比较了民法的权利本位、社会本位、国家本位，分析了我国民法的价值本位特色，即以权利本位为核心、兼顾社会价值与以国家权力干预为保障的综合价值体系，同时探讨了民法的私法属性及其公法化问题。第四章探讨了民法基本原则，分别解析了民法的平等、自愿、诚信、公平正义、合法、公序良俗、绿色原则及其各自在基本原则体系中的地位与相互关系。通过这些研究，来深入领悟民法的基本精神。第五章探讨了民法典，重点比较了《法国民法典》和《德国民法典》的立法背景、体系与内容特色等。阐述了我国《民法典》编纂的基本指导思想与立法理念，分析了《民法典》新增加的内容及其立法背景。第六章研究了民事法律关系，这是本书的最大亮点。民事法律关系作为民法的调整对象，它是整个民法体系建构的基本纽带。本章重点探讨了民事法律关系与民事关系的概念与法律渊源，探讨了民事法律关系、民事法律规范与民事法律事实三者各自的概念与立法体现及三者的相互关系，总结出三者"三位一体"的关系及其立法价值和应用价值。第七章探讨了民事法律行为，首先研究了民事法律行为的概念及其立法演变；其次探讨了民事法律行为的特征，并将其与事实行为进行比较；最后探讨了民事法律行为效力问题，比较了民事法律行为生效与有效的区别，重点探讨了民事法律行为有效构成要件及其体现的民法精神，并在此基础上解析了有效要件与民事法律行为的有效、无效、效力待定、可撤销等各种效力类型之间的关联。第八章探讨人格权，主要分析了人格权概念及其在我国民法体系中体现。第九章研究了物权，主要探讨了物权在人类文明中的作用，重点探讨了国内外拾得物、埋藏物的归属与报酬制度、占有制度。第十章研究了合同撤销权，分别探讨了国内外的合同错误与重大误解撤销权规则、胁迫撤销权规则、虚假陈述与欺诈撤销权规则和显失公平撤销权规则等。第十一章研究侵权责任专题，重点探讨了侵权责任的构成要件问题、一般理性人标准问题。由于本书的探讨重心主要是理论性较强的前沿专题研究，民法体系中的婚姻家庭与继承制度就不作为本书研究的对象，待以后有机会再研究。

　　本书的读者是已经学习过民法学基础理论的同人，书中通过对民法学中一些热点、前沿问题的探讨，以期与读者们共同领略民法的根本精神，探究民法核心或热点问题背后的立法理论，反思我国民法立法与理论上的一些争议问题，以此来揭示民法的根本宗旨与精神理念，以求同人共同来传播民法精神，更加努力地践行民法保护民事主体合法权益、维护社会经济秩序、弘扬社会主义核心价值观和促进社会主义现代化建设的神圣使命。当然，以系统论为视角，并非把系统论强加于每个民法部分，不是给民法体系处处贴上系统论的标签，而是用系统论思维方法来更好地对民法精神与体系进行重新解构，以便更好地理解与应用民法规范，更好地揭示与实现民法的精神要义，并希望能够为促进全面法治建设尽一点绵薄之力。

目录

CONTENTS

第一章 民法系统论概述 / 001

第一节 民法与系统论 / 001

一、系统论与建构主义 / 001

二、社会系统论 / 003

三、法律系统与社会系统 / 004

四、民法系统论 / 006

第二节 民法系统论的研究对象与目的 / 009

一、民法系统与民法前沿问题 / 009

二、民法专题研究的主要内容 / 010

三、民法系统论的研究目的 / 012

本章小结 / 017

第二章 民法宗旨的系统论解构 / 018

第一节 民法的宗旨 / 018

一、民法宗旨概述 / 018

二、权利、秩序、价值观"三位一体"/ 020

三、民法的概念 / 022

第二节　保护民事权利 / 024

一、民法的基本使命 / 024

二、保护民事权利的主要体现 / 025

第三节　民法与市场经济、市民社会 / 028

一、民法与市场经济 / 028

二、民法与市民社会 / 035

第四节　民法与社会主义核心价值观 / 037

一、两者的一般关系 / 038

二、从民法的基本宗旨与任务看两者的关系 / 039

三、民法的基本原则体现了社会主义核心价值观 / 039

四、从民法的具体制度看两者的关系 / 040

第五节　民法的其他问题 / 042

一、民法的立法依据 / 042

二、民法的基本法地位 / 043

三、民法的宗旨：目的与手段的统一 / 045

本章小结 / 047

第三章　民法的价值本位与基本属性 / 049

第一节　相关理论阐释 / 049

第二节　民法的价值本位 / 054

一、民法的权利本位论 / 055

二、民法的社会本位论 / 058

三、民法的权力本位论 / 059

四、权利、秩序与权力系统化 / 060

第三节　民法的私法属性 / 062

一、属性与公私法 / 062

二、民法的私法属性 / 064

本章小结 / 067

第四章　民法基本原则体系 / 069

第一节　相关概念阐释 / 069

一、原则与法则、规则、准则 / 069

二、民法基本原则的概念 / 072

三、各基本原则的相互关联 / 073

第二节　前提性原则：平等原则 / 075

一、法哲学与宪法上的平等 / 075

二、民法上的平等 / 076

第三节　核心性原则：自愿原则 / 079

一、自由的一般概念 / 079

二、民法上的自由概念 / 082

第四节　补充性原则：诚信原则、公平正义原则 / 085

一、诚信原则 / 085

二、公平正义原则 / 087

第五节　限制性原则：合法原则、公序良俗原则、

绿色原则 / 090

一、合法原则 / 090

二、公序良俗原则 / 091

三、绿色原则 / 103

本章小结 / 108

第五章　民法典专题 / 110

第一节　两大法系的法哲学基础 / 110

一、大陆法系的法哲学思维 / 110

二、英美法系的法哲学思维 / 112

第二节　民法典的意义与精神 / 113

一、民法典的意义 / 113

二、民法典的基本精神 / 114

第三节　《法国民法典》的特色与影响 / 115

一、《法国民法典》的立法背景与特色 / 115

二、民事权利平等原则 / 116

三、财产权绝对原则 / 117

四、契约自由原则 / 118

五、过错责任原则 / 119

六、《法国民法典》的历史地位与影响 / 120

第四节　《德国民法典》的特色与影响 / 121

一、《德国民法典》的体系 / 121

二、《德国民法典》的制定 / 122

三、《德国民法典》的特色 / 123

四、《法国民法典》与《德国民法典》的异同 / 126

第五节　我国《民法典》编纂及其意义 / 129

一、我国《民法典》的编纂 / 129

二、我国《民法典》的主要特点 / 130

三、编纂《民法典》遵循的基本原则 / 132

本章小结 / 134

第六章 民事法律关系系统论 / 136

　　第一节 民事法律关系概述 / 136

　　　　一、民事法律关系的概念 / 136

　　　　二、民事关系的概念 / 139

　　　　三、民事法律关系的特征 / 141

　　第二节 民事法律事实 / 144

　　　　一、民事法律事实的概念比较 / 144

　　　　二、民事法律事实的相关法条 / 145

　　第三节 民事法律规范、法律事实与法律关系的

　　　　　　"三位一体"关系 / 149

　　　　一、案件分析 / 149

　　　　二、"三元系统"思维法 / 150

　　　　三、三段论法律思维模式 / 154

　　　　四、法律思维基本原则 / 157

　　第四节 民事法律关系与民法体系 / 160

　　　　一、民事法律关系与民法的一般关系 / 160

　　　　二、民事法律关系与民法总则 / 162

　　　　三、民事法律关系与民法分则 / 162

　　本章小结 / 166

第七章 民事法律行为专题 / 168

　　第一节 民事法律行为及其相关概念 / 168

　　　　一、民事行为的概念与种类 / 168

　　　　二、民事法律行为的概念与特征 / 169

　　　　三、事实行为的概念与特征 / 170

　　　　四、民事法律行为与事实行为的异同 / 171

五、民事法律行为概念的立法演变 / 171

第二节　意思表示 / 173

一、意思表示与民事法律行为的一般关系 / 173

二、意思表示的概念与构成要素 / 174

三、意思表示的能力 / 176

四、意思表示的自由原则 / 178

五、意思表示的有效要件 / 178

六、意思表示与民事法律行为的主要区别 / 179

第三节　民事法律行为的效力 / 179

一、民事法律行为效力的法理根基 / 180

二、民事法律行为的有效与生效 / 181

三、民事法律行为与民事法律关系的有效问题 / 183

四、民事法律行为的有效要件 / 185

五、主体不"合格"的民事法律行为效力 / 187

六、意思表示不"合意"的民事法律行为效力 / 189

七、内容不"合法"的民事法律行为效力 / 192

八、民事法律行为效力的种类 / 194

本章小结 / 198

第八章　人格与人格权制度 / 200

第一节　人格、人格权 / 200

一、人格的本质 / 200

二、人格的存在状态 / 202

三、人格与法 / 204

第二节　人格权的多重维度 / 207

一、人格概念的多样性 / 207

二、哲学、法哲学上的人格概念 / 208

三、民法上的人格权概念 / 210

第三节　我国《民法典》中的人格权 / 212

一、人格权与民法典编纂 / 212

二、我国《民法典》对人格权的规制 / 212

本章小结 / 215

第九章　物权制度专题 / 217

第一节　物、物权与法律 / 217

一、人与物 / 217

二、所有权与文明 / 219

三、物权与法 / 223

四、民法上的物与物权 / 225

五、所有权与所有制 / 226

第二节　物权制度的宗旨、体系与特色 / 227

一、物权制度的宗旨与体系 / 227

二、我国物权制度的社会主义特色 / 229

第三节　拾得物和埋藏物 / 230

一、拾得物和拾得行为的概念 / 230

二、我国拾得物的相关法律规定 / 231

三、国外拾得物归属的相关法律规定 / 233

四、国外拾得物报酬的相关法律规定 / 234

五、埋藏物的概念、归属与报酬 / 234

第四节　占有制度 / 236

一、占有的一般理解 / 236

二、占有是一种事实状态 / 242

三、占有是一种权利推定 / 242

四、占有的保护 / 244

五、占有时效取得制度 / 246

六、占有制度的价值整合 / 247

七、我国《民法典》的占有制度 / 249

本章小结 / 253

第十章　合同撤销权专题 / 254

第一节　合同自由与效力的法理分析 / 254

一、契约的法理根基 / 254

二、合同自由精神及其限制 / 257

三、合同效力与撤销权 / 259

四、撤销权的概念、特征与法理依据 / 260

第二节　合同错误撤销权 / 266

一、英国的合同错误分类与救济 / 266

二、美国的合同错误规则 / 272

三、《德国民法典》中的错误构成规则 / 276

四、《意大利民法典》中的错误构成规则 / 278

五、《国际私法通则》中因错误而撤销合同的条件 / 280

六、我国重大误解的理论与规则 / 284

第三节　胁迫规则 / 289

一、英国有关胁迫的规则 / 290

二、大陆法系国家有关胁迫的规则 / 294

三、我国胁迫撤销权的规则 / 297

第四节　不公平撤销权规则 / 298

一、合同公平原则的法理依据与形成历程 / 298

二、英国、美国之显失公平 / 300

三、《国际私法通则》之重大利益失衡规则 / 302

第五节　虚假陈述与欺诈规则 / 303

一、英美法系的虚假陈述规则 / 304

二、大陆法系欺诈规则 / 314

三、我国欺诈与虚假陈述规则 / 317

本章小结 / 322

第十一章　侵权责任制度专题 / 325

第一节　立法目的与责任构成要素 / 325

一、立法目的系统论解构 / 325

二、责任构成：基于主体的主客观系统 / 328

第二节　理性人与侵权责任 / 330

一、不同学科的理性人概念 / 331

二、一般理性人 / 333

三、法律理性人 / 335

四、理性人在民法中的体现 / 336

五、侵权法上的理性人 / 339

六、多重法律责任的区分 / 344

本章小结 / 345

结　语 / 346

主要参考文献 / 350

后　记 / 353

第一章

民法系统论概述

　　民法作为国家的基本法，是由任务、原则、调整对象以及物权、合同、人格权、婚姻继承、侵权责任等部分构成的完整体系。从系统论角度来讲，民法是由诸多子系统构成的完整系统。民法本身如同一棵大树，由树根、树干、树枝等部分构成，同时这棵树又根植于一个国家的经济、政治和文化大地中，并由诸多法学思想来不断滋养培育，由国家通过立法与执法来推动其不断成长并逐步走向成熟，为国家繁荣昌盛与人民幸福安康提供基础性支撑。因此，以系统论为解构视角，能够更好地理解与把握民法的精神要义与体系结构。

第一节　民法与系统论

一、系统论与建构主义

　　谈到系统论，我们首先要了解一下结构论。有关结构论的理论主要有三个：结构主义理论、解构主义理论与建构主义理论。第一，结构主义理论，它首次提出了事物的结构属性。经典的结构主义理论认为，事物的本质是结构，任何事物在本质上都是结构，而所谓结构就是由诸多要素构成的完整体系，而这个结构体系也叫系统。结构主义理论虽然明确阐述了事物的结构本性，但同时又认为，事物这种结构性是不可知的，人并不能真正认识到构成事物的内在结构，而我们认识到的所谓结构，都不是事物的结构本身，而是我们对事物结构的一种主观表达。结构主义不相信人们拥有把握事物本真结构的能力，而只能认识到事物的外在表相。因此，尽管它给我们认识事物提供了一种新的视野，但典型的结构主义理论最终必然会滑进不可知论中。结构主义最大的理论缺陷，就是其不可知论倾向，这就必然地要过渡到解构主义理论。第二，解构主义理论，它不仅主张事物的结构体系性特征，还认为人们能够认识事物的结构系统，能够把握事物结构本身。解构主义的理论贡献就在于它把结构主义理论向前推进了一步，突出和肯定了人的解构能力，克服了结构主义理论的不可知论缺陷。解构主义的核心思想就是指出了人的认识目的，即人们认识事物的唯一目的就是对事物的结构进行解构，理解事物的结构体系。解构在海德格尔那里叫作"解蔽"，解蔽的本质就是人对于隐蔽于事物内部的本相的一种揭示能力。事物的本性与结构，并非直接展现于人的眼前，而是一直处于遮蔽状态，往往只是零碎地展现于人的眼前，因而人们只有运用理性才能去逐步揭示事物的本性与结构。解构只是从结构学的角度来解蔽事物本质与特征的，其本身也存在先天的理论缺陷，即它只承认人们拥有解构能力，而不相信人们拥有对事物结构进行重新建构的能力。这就促成另外一种崭新理论的出现，即建构主义。第三，

建构主义理论的突出贡献是，它强调人的理性能动性。建构主义
理论认为，人不仅能够认识事物结构体系，能够真实地反映其结
构体系，而且能够把事物的内在结构重新展示出来。在建构主义
看来，我们所有的概念与知识体系都是对事物结构体系的一种重
新建构。这是对人的理性的最为充分的展现，是人作为精神存在
者的一种完美体现。应当注意的是，建构主义理论本身包含结构
论与解构论两种思想，它既克服了两者的局限性，又融合了两者
的合理内核，并向前推进了一步。一方面，建构主义理论，承认
了事物的结构性。所有事物都是由多个要素构成的结构体系，承
认了人的解构能力，人能够认识事物内在结构体系的本真面目。
另一方面，建构主义特别强调人的建构能力，认为人所有的思想
都是对事物结构的一种重新建构。由于事物是不断发展变化的，
因而基于事物的认识也必然跟随其变化而发展的。与此同时，事
物的结构展示也是逐步展开的，所以对于事物的解构与建构也必
然是一个不断发展与深入的过程，而非一劳永逸或一成不变。民
法的立法与应用、学习与研究，也是对民法结构的反复解构、建
构与重构的过程，因为民法本身就是一个由其精神与规范体系构
成的宏大系统。

二、社会系统论

卢曼的法社会学理论是建立在其社会系统论基础上的，它通
过阐释法律在社会中的地位、作用及其与其他社会子系统的相互
影响，揭示了法律的功能及其局限性。卢曼的社会系统论对于理
解民法的精神与体系具有很强的工具性作用。他认为，社会本身
就是一个复杂的系统，而这个社会系统是由各种有意义的行为所
共同建构的，而这些有意义的行为在社会系统整体中则表现为高

度的一致性，统一于这个社会系统的大网之中，而社会整体系统
中的所有子系统又都有其特殊的功能。这些子系统各自形成其相
对独立的完整体系，法律是社会系统中的独立小系统，它独立于
道德、政治等其他社会子系统，具有其相对的独立性。同时，各
个子系统又相互保持一定的开放与联系，并在整个社会系统中总
体上保持协调一致，"所有的子系统都必须各自拥有其独特的基础
立场，以使得在系统开放的同时有可能保持自我指涉的封闭"①。
社会子系统之间的相互关系具有两面性：一方面是各自的封闭独
立性，另一方面是相互之间的开放性。这些所有的子系统共同构
成一个协调统一的社会整体系统，即社会总系统。社会子系统主
要有：经济系统、政治系统、道德系统、法律系统、宗教系统、
文化系统与教育系统等。这些子系统之间是相互独立又相互影响
的，每个子系统的发展变化既受到其他子系统的影响，又离不开
其他子系统的配合与促进。社会系统对人的意义在于，社会系统
能够给人带来什么样的期待，给人们营造一个什么样的社会环境，
这才是社会系统论所要阐明的基本问题，"所有这些社会专门系统
的解决方式都假定了，整个社会系统给它们提供了一个驯化的和
可期待的环境"②。人们对社会整体系统有诸多期待，但最起码的
一项期待是人们拥有一个良好的社会秩序，这个良好秩序的保障
手段之一就是法律。

三、法律系统与社会系统

社会系统之中包括法律子系统，并且法律在社会系统的生成
与发展变化中起着基础性作用，同时也随着社会的发展变化而不

---

① 卢曼：《法社会学》，宾凯、赵春燕译，上海人民出版社，2013，第425页。
② 卢曼：《法社会学》，宾凯、赵春燕译，上海人民出版社，2013，第187页。

断变化着。

首先，法律离不开社会整体系统。法律是社会系统中的小系统，社会是法律生成与成长的鲜活土壤，如果法律离开社会这个大系统，法律就成了无源之水，"从社会学视角来看，法律是社会的法律并随着社会而变化"①。法律系统一旦形成，它就会把其内在诸多要素统一为一个相互关联的完整体系，这个体系自身是相对封闭的系统，"法律系统是一个规范上封闭的系统"②。而法律以外的社会子系统要素要想成为法律要素，转换为法律系统之组成部分，就必须经过特定的程序，"一旦法律系统与法律之外的规范（如诚实、信任或者善良的品行）相联系时，这些规范就在这种联系中具有了法律的属性"③。一个国家法治化的过程，就是非法律系统社会关系逐步走向法律系统化的过程，因为法治化程度越高，法律系统就会更多地把非法律系统纳入其系统。法律以其他社会系统为其生成与发展的根基，而一旦离开社会这个大系统，法律就没有了存在的必要，或者就不再是法律了。因此，社会是一个大系统，法律是社会系统中的一个子系统，并且是基础性子系统。

其次，法律不仅能够反映社会关系，更能积极地塑造社会。法律对社会系统具有基础性的塑造功能，它从各个方面塑造着其他子系统，进而全方位地影响到人们的整体生活，促进整个社会系统的有序、和谐、良性发展。这种促进作用，实际上就是法律对包括自身在内的整个社会系统之构成与发展所具有的特殊作用，即法律对社会系统的塑造功能，"人类所有集体生活都直接或间接

---

① 卢曼：《法社会学》，宾凯、赵春燕译，上海人民出版社，2013，第61页。
② 卢曼：《法社会学》，宾凯、赵春燕译，上海人民出版社，2013，第425页。
③ 卢曼：《法社会学》，宾凯、赵春燕译，上海人民出版社，2013，第426—427页。

地为法律所塑造"①。法律不只是对社会某个子系统进行整合，而是对整个社会系统都进行重新塑造，"法律仍然是一个整合全社会的手段"②。通过塑造与整合社会系统，法律使整个社会步入法治化轨道，法律也就成了社会系统各个结构相互关联的基本调节器。社会诸多子系统会通过法律来展现为一种普遍化的有效行为规范，并且通过这种规范化的法律系统来调整和规范其他社会关系，"在法律领域，这意味着，诸社会子系统激发出了更为多样的规范投射——其中很多但并非全部可以变成法律"③。因此，法律是社会其他子系统在法律系统领域中的一种投射。当然，法律也并不能完全替代社会其他子系统，并非所有的社会子系统关系都能够转化成法律关系，因为不同的社会子系统有各自特殊的调整对象。总之，法律是能够为社会系统提供系统性规范的一个基础子系统，是融合与塑造整个社会系统的规范整合器。民法作为法律系统中的子系统，涉及社会关系的方方面面，调整所有私权关系，并通过这种调整来塑造社会中人与人之间的关系。

四、民法系统论

民法作为一个社会系统中的法律系统之基本法律之一，其本身既是法律系统的子系统，又是一个相对独立的封闭子系统。

首先，民法是一个完整的民事规范系统。民法作为人造之物是按照其内在联系由宗旨、原则、制度和规则构成的一个完整系统。构成民法总系统的每个子系统又是由诸多次级子系统构成的，每个次级子系统又是由多个下一级的子系统构成，依次类推。民

---

① 卢曼:《法社会学》，宾凯、赵春燕译，上海人民出版社，2013，第39页。
② 卢曼:《法社会学》，宾凯、赵春燕译，上海人民出版社，2013，第114页。
③ 卢曼:《法社会学》，宾凯、赵春燕译，上海人民出版社，2013，第191页。

法由总则与分则构成，总则又由宗旨、基本原则、法律关系、主体制度、权利制度、民事法律行为和代理制度、民事责任制度和时效制度等构成；民法分则则由人格权、物权、合同权、婚姻继承权等民事权利制度及其救济的侵权责任制度等构成的一个具体规范系统。

我国于 2020 年颁布并于 2021 年施行的《民法典》是由总编与分编两大部分构成的一个完整系统。《民法典》如同民法领域的词典，这就要求其结构严谨、体系完整、内容充实，以方便人们使用与研究。《民法典》的编纂本身就是一个庞大的立法系统工程，"编纂民法典，就是通过对我国现行的民事法律制度规范进行系统整合、编订纂修，形成一部适应新时代中国特色社会主义发展要求，符合我国国情和实际，体例科学、结构严谨、规范合理、内容完整并协调一致的法典。这是一项系统的、重大的立法工程"①。《民法典》就是把所有民法原则与规范都纳入一个统一的体系，成为一个词典式的民事法律整体。《民法典》的制定是按照成熟的价值理念和预定的逻辑顺序，把民法整体系统分解为相对独立的具体子系统，即分为几个编，然后再把每个子系统再分解为多个子子系统；依次类推，每个小系统又可能由次级的小系统构成。因此，可以得出结论：民法是由不同层级的诸多小系统构成的结构严密的整体系统。在《民法典》编纂中，要处理好民法各编之间的关系，"增强民事法律规范的系统性，既保持民事法律制度的连续性、稳定性，又保持适度的前瞻性、开放性，同时处理好衔接

---

① 《民法典立法背景与观点全集》编写组：《民法典立法背景与观点全集》，法律出版社，2020，第 3 页。

好法典化民事法律制度体系下各类规范之间的关系"①。我国《民法典》编纂的过程，就是对现有成熟的民事法律规范进行重新整合，使民法体系各个部分相互协调一致，整个民事体系结构严谨，最大限度地保持《民法典》内容的系统性，"对我国现行民事法律制度规范进行了系统整合，在坚持民事法律制度连续性、稳定性的基础上，保持了适度的前瞻性、开放性、体例科学、结构严谨、规范合理、内容协调一致，已经比较成熟，建议提请本次会议审议通过"②。这表明我国《民法典》的制定秉持着科学立法、民主立法与规范立法完美统一的系统论方针。

其次，民法与经济、政治、道德等其他社会子系统之间，既相对封闭和独立，又相互关联与开放。仅从民法本身的角度，不能完全揭示民法的宗旨与精神，也不能真正理解与把握民法体系各个部分的核心理念及其相互关联。一方面，民法体系自身是由任务、原则、规范等多重制度构成的一个内在封闭系统；另一方面，由于民法本身来自社会系统，因而它必然受到社会经济、文化等外在系统因素的影响，同时民法还肩负着促进与塑造社会整体发展的使命。因此，民法既是一个保护民事权利的基本法，又是维护社会经济秩序、弘扬社会主义核心价值观、促进社会主义建设事业发展的基本法之一。

总之，借助社会系统论理论的研究方法，研究民法要关注两个基本研究方向：一是注意探讨民法本身的系统论问题，二是兼顾民法系统与其他社会系统之间的关联问题。

---

① 《民法典立法背景与观点全集》编写组：《民法典立法背景与观点全集》，法律出版社，2020，第21页。
② 《民法典立法背景与观点全集》编写组：《民法典立法背景与观点全集》，法律出版社，2020，第61页。

第二节　民法系统论的研究对象与目的

一、民法系统与民法前沿问题

民法专题系统论研究，是从系统论的视角对民法前沿问题进行的专题探讨。民法前沿问题主要指长期以来人们关注的理论或现实中的热点问题，即理论前沿或实践前沿的民法问题，如拾得物行为的报酬问题，地下埋藏物的权利归属问题。这些问题之所以是前沿问题，是因为它们所折射出的民法基本理念与民法实践之间存在着冲突，一些民法规则还存在违背民法理念与宗旨的不完善之处，人们的合法权益并不能得到民法的全面有效保护。这些民法前沿问题是理论界与社会公众长期关注或争论的话题。

民法前沿问题的特征有：第一，理论上的争议性。如民法上的抽象人格权问题，占有的权利推定与占有取得制度问题。第二，现实中的热点问题。例如，地下乌木被村民发现后的归属或报酬问题的争论。民法的生命扎根于活生生的现实，而这些案件不仅引起学界的激烈争论，并且公众也通过各种媒介纷纷参与到案件的讨论中。第三，具有较高的研究价值。有些古老的法学主题，现在仍然是前沿问题，它们也许是历史形成的永恒论证话题，同时又充满了新的时代意蕴。例如，自由、平等和正义，人的本质及其法律上的确认与实现问题。这些主题不仅是古罗马时期的热点话题，也是近现代法哲学所一直争论不休的核心价值理念。之所以这些价值理念至今仍然是当今学界论证的热点话题，是因为西方至今也没有真正地实现它们。从柏拉图、康德到罗尔斯，法哲学家们都在梦想着构建一个拥有自由、平等、正义理念的理想国，但现实中至今却并没实现这种完美的理想国。我们是社会主义现代化国家，我们已经拥有实现这些价值观的制度保障，这就从根本上克服了西方制度缺陷，因而我们坚信能够把这些理念变为现实，实现真正的平等、自由、正义的理想国。我们国家的社会主义核心价值观，其中的自由、平等、公正等社会层面价值观是我国全面法治体系的精神根基，而民法中的平等、自愿、公正等基本原则，也正是我国社会主义核心价值观的法律化。

二、民法专题研究的主要内容

民法前沿问题专题研究，是对我国改革开放以来的一些重要的民法问题进行较为系统的梳理与粗浅的探讨，而这种专题探讨是基于民法的精神与体系的逻辑顺序，运用系统论思维方法进行的。

本部分进行的民法系统论专题研究，主要包括以下内容：（1）《民法典》专题。这部分主要探讨了法国、德国等国家的《民法典》体例，并对《法国民法典》和《德国民法典》的特点进行粗浅的比较，意图从中得到一些启示。（2）民法的宗旨与精神专题。民法的使命彰显着民法的根本精神，彰显着民法体系的最高原则，也是理解整个民法体系大厦的总指针。民法的整个规范体系都是围绕着民法的宗旨而展开的，民法的宗旨既是对整个民法系统进行解构的出发点，又是民法立法与执法的终极目的。（3）民法基本原则专题。民法的基本原则包括平等原则、自愿原则、诚信原则、公平原则、合法原则、公序良俗原则和绿色原则等，是一个完整体系，而平等和自愿原则是民法的基础性原则，彰显着民法的权利本位和私法属性。而民法的其他原则则是对自愿和平等原则的限制。（4）民事法律关系理论与民法思维模式专论研究。本部分主要探讨了民事法律关系与民事法律事实、民事法律规范的"三位一体"关系。要想理解这三个概念的其中一个，就必须联系其他两个概念。民事法律关系，是整个民法规范体系的总章程，是理解民事法律规范的总纲要，也是应用民法规范的总公式。（5）人格权制度专题。要弄清人格的属性，就必须了解哲学、伦理学是如何回答的，也要思考宪法学、民法学上是如何界定人格的。民法上的人格权在理论上最大的争议，即人格权有无抽象与具体之分，还有一个争议是人格权成为民法典中单独一编是否合理。（6）物权制度专论。这部分又分别探讨了物与物权的概念与意义、物权制度的宗旨、拾得物制度、占有制度等专题。重点研究占有制度，既探讨了西方主要国家的占有概念、属性、具体规定，又探讨了我国占有制度的不足与完善等问题。（7）合同撤销权专题。这部分既探讨了英美国家的虚假陈述规则、错误规则、重大压力规则等合同可撤销制度，又探讨了法国、德国、意大利等国家的欺诈、胁迫规则等合同可撤销制度。合同效力问题，是民法规范体系中的最为重要和最难的课题。合同效力，除了合同有效之外，还有无效、效力待定、可撤销等种类，而最为复杂的就是可撤销规则。（8）侵权责任制度专题。这部分主要研究侵权责任与理性人标准等相关问题。

总之，民法系统论专题研究，主要研究了民法的宗旨、属性、原则等涉及民法精神的民法核心主题，又探讨了民事法律关系、民事权利、人格权、物权、合同、侵权责任等民事制度中的前沿专题。这些内容形成了一个较为完整的民法体系。但是，由于探讨重点以及篇幅所限，没有把婚姻家庭与继承的相关内容作为本书研究的专题。

三、民法系统论的研究目的

在黑格尔看来，法的首要目的是使人成为人，并尊重他人为人。笛卡尔把人视为思想存在者，"我思故我在"，认为思想是人与世界万物的根本区别。人有思想，而思想的产品主要有哲学、法学等学科理论。罗尔斯认为，培养拥有基本善理念与正义感的道德人格的理性公民，是构建现代法治制度的基本前提。这些经典理论告诉人们，构筑理想法治需要一个拥有良好道德素养的公民群体，而法治现代化的最终目的也是塑造一个拥有基本善理念与正义感的公民社会。而法律人是这种法治理想大厦的专门构筑者，并且是这种公民群体中的法治素养卓越者。民法系统论专题研究的最终目的，就是探讨法律人所应有的民法精神与系统思维能力。

民法是民事主体参与民事活动所依据的基本法，也是社会主义市场经济的基本法。民法不仅是民事行为规范的基本法，也是体现社会主义核心价值观的基本法。民法不仅承担着个体民事权利保护的重任，也担负着维护社会公共利益与社会和谐的重任。因此，每个自然人、法人和其他组织都需要认真学习与领会民法的基本精神理念与民法规则，那么作为法律人就更应当系统地领悟民法的精神要义与规范体系。法律人与一般人的不同之处在于，法律人不仅自己需要系统掌握民法的精神体系，还担负着向全社会传播民法精神理念的重任；不仅自己要遵行民法规则，还要促使他人也一同遵行；不仅要保护自己的民事合法权利，还要肩负起保护他人的合法权益以及社会公共利益的神圣使命；不仅要塑造好自己的民法信念，还要承担着弘扬社会核心价值观的重任。

如果仅仅只顾及自己的民事权利，而不关注他人权利与社会公共利益，那么这就不是真正意义上的法律人。

作为一个合格的法律人，必须具备两个方面的素质：一是具备优良的道德素养，二是具有系统的法律思维能力。

首先，法律人应该具备优良的道德素养。优良的道德品质，是一个法律人所必备的基本素养，不能把法律人与道德品行分割开来。一些人错误地认为，作为法律职业者的法律人，只要具备系统的法律知识就可以了，法律人与道德没有直接关系。其实不然，作为一个合格的法律人，首先必须拥有基本的道德理解力、道德判断力，拥有坚定的正义信念。初学法律的人往往容易受到法律实证主义理论的影响，错误地把法律与道德完全切割开来。现实中也确实存在一些法律人道德素养不高的问题，因为他们一开始就把学习法律的目的搞错了，错误地认为学习法律就是为了钻法律的空子，法律只是用来赚钱的手段。与此同时，法律课程中也没有真正意义上的法律人道德教育专门训练。再加上受社会上一些不正之风的影响，法律人的道德素养现状并不是很理想，这与法律人职业的要求是不相称的，因而眼下更需要加强对法律人职业道德素养的培养，而民法所蕴含的平等、自由、公平、诚信等当代核心价值观的学习与探讨，所以要将培养法律人职业道德精神与学习民法结合起来。

民法的根本宗旨是通过调整平等主体之间的民事关系，来维护当事人的合法权益，维护社会经济秩序，塑造拥有平等、自由和正义理念的良好公民，塑造一个拥有善良风俗的社会秩序和公平正义的法治国家。为更好地实现民法的宗旨与精神，法律人必须把民法与自己的道德素养提升相结合。第一，法律人要始终能够坚守民法的根本精神，做一个民事权利与社会正义的忠实维护者。民法的基本精神就是民事权利至上，而法律人要把这一根本精神扎根于内心深处，树立维护合法民事权益和献身于法治正义事业的坚定信念，要做一个始终能够尊重和维护他人的人格尊严与民事权益的人。第二，法律人要能够把民法的一系列基本原则作为自己行为的根本指针。法律人的法律行为，要始终能够以平等、自愿、诚信、公平等民法原则作为其行为的基本指针，具有平等且自由的理性人格，真正成为一个诚实地拥有公平正义理念、维护当事人合法权益与社会公共道德秩序的人，从而真正做一个诚实守信、公平正直的良好公民和法律维护者。法律人首先要自己能够遵守物权规则、合同规则等法律，永远不做那些违反基本规则与制度的事，不做那些侵害他人合法权益和社会利益的事。法律人只有自己能够坚信民法精神与基本原则，亲自遵从民法基本规则与制度，才有资格带动其他人做一个守法的人；只有自己首先做一个民法精神的公共维护者，才能维护好其他民事主体的合法权益，也才能更好地弘扬社会主义核心价值观。反过来讲，如果一个法律人连自己都不明白或不相信民法的根本精神，也没有真正理解与坚守民法的基本原则与规则制度，那么他就不可能成为一位法律尊严的忠实维护者。第三，法律人通过探讨具体民事制度，来进一步铸造现代民法精神气质。通过人格权制度的探讨，法律人树立人格尊严至上理念，要始终能够做到平等地尊重他人的人格权，始终把他人当作拥有平等的自由权利的人来对待。法律人要通过物权制度的探讨，来树立占有正义理念。物权的本质是人的尊严，对物权的侵犯就是对物权主体人格尊严的冒犯，也是对法律尊严的冒犯。法律人通过合同制度的探讨，应当树立现代契约理念。这种契约理念，就是自由与责任的统一，就是基于诚信的合作与民主精神。通过学习侵权责任制度，法律人应当树立不伤害的正义理念与责任意识，并自愿做一个遵从普遍法则的理性人。总之，法律人通过民法精神与制度体系的学习与探讨，既要树立权利至上的法治理念，又要树立履行义务的责任理念。要想维护好他人合法权益，就必须养成尊重他人权利的习惯；要促使他人履行其应有民事义务、追究其不履行义务的民事责任，就必须自己首先树立牢固的义务与责任意识。当然，除了法律精神理念的素养，法律人还要拥有特有的法律思维能力。

其次，法律人要具有系统的法律思维能力。民法是规范人们生活的基本法，是人作为人存在的基本法，涉及每个个体以及社会的各个方面，是一个民族文明程度的时代特写。作为法律人，必须具备高于常人的基本法律素质，不仅要拥有系统的法律理论知识，还要具备特有的法律思维方法与能力。民法的调整对象，是民事法律关系，而法律关系本身就包含基本的法律思维定势。法律人要充分认识到民事法律关系理论在民法体系中的地位，更要充分认识到民事法律关系对于法律人法律思维养成的意义。民事法律关系是所有民事活动的始点与终点，而民法体系就是民事法律关系抽象化与具体化的系统展示。只有把握了民事法律关系原理，才能全面深刻地理解民法的根本精神与规范体系，也才能更好地运用民事法律关系原理来分析和解决民事法律问题。法律人应当拥有极为专业的法律阅读能力与法律问题解析能力，尤其是要从系统论角度把握民事法律规范、民事法律事实与民事法律关系"三位一体"的逻辑关系，并能够将这一理论应用到民法体系的解构与民事案件的处理当中。

最后，法律人要拥有勇于践行正义的勇气。践行正义的勇气，是法律知识与职业道德的一种结合，是法律综合素质的体现。我们并非要提倡虚无主义，法律人应当拥有正当的收入，但绝不能为了享受而不顾法律的尊严，把法律仅仅当作自己谋取私利的工具。卓越法律人才，不仅需要拥有系统的法学理论知识和法律技能，还需要卓越的道德品质，拥有卓越的法治精神，不仅要让他人守法，更要自己拥有坚定的法治信仰和守法、护法精神，要有决心为法治正义理念而献身的牺牲精神。我国思想家孔子就讲过"三达德"的理想人格要素，他认为圣人要拥有仁、智、勇三种德性，也只有这种人才有治理国家的资格。在当代中国，仁即以人为本、以人民为中心；智就是拥有辨别正义与邪恶的智慧能力；勇就是愿意并敢于运用自己的智慧为人民主持正义、铲除邪恶的践行能力，勇于始终坚守正义、真心为人民服务。而柏拉图也提出了类似的理想人格标准，认为只有同时拥有智慧、勇气、节制、正义四种德性的哲学家才拥有治理国家的资格。法律人是依法治国的专门人才，他们不仅需要拥有系统的法律知识技能，还要拥有敢于主持正义公道的道德能力，要勇于做一个大无畏的法律卫士。无论孔子还是柏拉图，在强调智、义的同时，都不约而同地主张把"勇"作为理想人格的必备德性，这说明勇是把智和义置换为现实的行为能力，而缺少坚守正义勇气的智者或贤人，本质上仍然是一个懦夫，甚至会异化为践踏法律圣灵的恶魔。因此，一个真正合格的法律人，不仅需要有法治理念和法治智慧，更要有运用智慧主持正义的勇气。如果没有勇于践行正义理念的勇气，学了法律也等于白学，甚至还不如不学。选择学法律专业，首先就必须树立敢于献身正义事业的勇气和决心，这就是法律人所必备的法治信念或信仰。我们现在实施的卓越法律人才培养计划之"卓越"主要表现为两个方面：一是法律知识技术的卓越，二是法治精神品质的卓越。一个真正的法律人，就必须立志做到：清心为治本、直道是身谋，妙手著文章、铁肩担道义。不断地克服困难、不断地追求进步，这就是卓越法律人的卓越之处。学法律的目的就是要追求成为卓越的法律人才，如果你正在学习法律就要为将来成为一名卓越的法律人才做足知识与道德素养的专业储备。

构建全面的法治国家，必须不断地培育相当规模的卓越法律人阶层，而民法精神与体系的专题探究，将有益于卓越法律人法治理念与思维能力的培育。

本章小结

从系统论视角来看，民法在三个维度上显现出其系统性：一是，民法与经济、政治、文化等构成一个社会系统。二是，民法与宪法、刑法、行政法等构成一个法律系统。三是，民法本身就是一个完整系统。民法是由总则与分则构成，总则又由宗旨、基本原则、法律关系、主体制度、权利制度、民事法律行为与代理制度、民事责任制度与时效制度等构成。分则由物权制度、合同制度、人格权制度、侵权责任制度和婚姻家庭与继承制度等构成。

探讨民法的精神与体系建构，最终目的是促进法律人获得其应有的法治思维能力和道德理性能力。民法的宗旨、属性、本位与基本原则全面体现着民法所承载的现代法治精神，而对民法系统论专题探讨，将有助于法律人现代法治精神的培植，也对其法治思维提供一些有益启示。作为民法调整对象的民事关系，是民事法律规范的总章程。对民事关系的构成要素体系的解构，对民事关系与民事规范、民事法律事实三者关系的解构，将有助于法律人法律思维能力的提升。

第二章

民法宗旨的系统论解构

民法的宗旨，也被称作民法的任务、作用等，它彰显着民法的根本精神与灵魂，是整个民法规范体系设置的总指针。

第一节　民法的宗旨

一、民法宗旨概述

我国《民法典》第 1 条就表明了民法的立法宗旨："为了保护民事主体的合法权益，调整民事关系，维护社会和经济秩序，适应中国特色社会主义发展要求，弘扬社会主义核心价值观，根据宪法，制定本法。"该条是一种宣示性条款，公开声明民法是干什么的，表明民法的立法宗旨。《民法典》的其他所有条款都是围绕该条展开的，整个民法体系的构建就是以此为核心，都是为了实现这一条的总要求。因此，民法的宗旨，就是民法的灵魂，彰显着民法的根本精神，是整个民法体系的根基。只有全面理解民法的宗旨，才能从根本上把握民法体系的总精神。

所谓的宗旨，就是指一事物存在与发展的根本目的，是其生命所负载的终极使命，也是这一事物存在的合理根据。依据亚里士多德的四因说，一个事物存在的基本依据是由四个原因构成的，即目的因、动力因、形式因与质料因，而目的因是事物存在与发展的根本依据，它决定着其他三个原因，也决定着事物的根本属性与存在方式。一个事物与他事物的根本区别，就在于其宗旨的特征性，一个人是这样，世界万物无不如此，法律当然也是这样。某一事物如果失去了其应有的宗旨，那么该事物就不再是其本身了，就会异化为他物，原本的它就会走向衰落死亡。大学生以学习高级知识技能并为将来成为一名社会高级人才为其目的，如果不再以此为目的，要么变为学渣，要么成为社会其他类型成员。一个教师也是由其承载的特殊使命来定位的，即教师就是专门以教书育人为使命的特殊职业者。如果一个教师离开了教学岗位不再从事教育工作了，那么他也就不再是一名真正意义上的教师了。一个书桌是专供人学习之用的桌子，如果这个书桌彻底坏掉了，那就失去了供人学习的基本功能，那么这个书桌也就异化为它物，不再是真正的书桌了。法也有其宗旨，真正意义的法是维护人的存在与发展的公器。

民法的宗旨，是指民法所承载的基本使命。民法的宗旨决定着民法的根本精神与规范体系之设定，如果民法规范偏离了民法的宗旨，那么这一民法规范也就违反了科学立法之原则，也当然不是良法了，它就必须予以修改或废除。民法的宗旨并不是由单一要素构成的，而是由多个要素构成的完整系统，它至少包括保护民事权利、维护社会秩序、弘扬核心价值观等方面。保护民事权利是民法的基本任务，民法同时还肩负着维护整个社会秩序、弘扬社会主义核心价值观和促进国家全面发展的使命。可以说，民法的宗旨是由个人权利、社会公利和国家发展三个方面构成的完整系统。

民法的宗旨决定着民法的基本属性。换言之，民事的基本属性可以从民法宗旨中推演出来，从民法保护民事权益这一基本宗旨中，可以推导出民法的私法、权利法和基本法等属性。或者说，民法的基本属性只有放在民法宗旨中，才能得到更好地理解与把握。民法与社会主义市场经济的相互关系、民法与社会主义核心价值观的相互关系等基本问题，只有联系民法宗旨才能全面理解。

总之，我国《民法典》开门见山宣示了民法的根本宗旨，表明民法承载着如下主要任务：保护民事主体的民事权利、维护社会经济秩序、弘扬社会主义核心价值观等。因此，民法宗旨是由多个具体任务构成的完整系统，呈现出权利、秩序、价值观的"三位一体"范式。

二、权利、秩序、价值观"三位一体"

任何一部法律的宗旨，都集中体现在这部法律的第一条，该条是对这部法律基本任务的集中宣示，而法律的基本原则和法律规则制度都是这一条的具体展开。

从我国《民法典》第 1 条可以领悟到民法任务的系统性。民法的任务主要体现在保护民事权益、维护社会和经济秩序、弘扬社会主义核心价值观等三个方面。这三个任务在民法中的地位是不同的，保护民事权益是民法的基本任务，其在民法任务系统中居于核心位置，体现着民法的根本精神，彰显着民法的私法属性或权利本位；维护社会和经济秩序的使命，体现着民法维护公共利益的使命，彰显着民法的公共品性或社会意义；而弘扬社会主义核心价值观，是民法所肩负的维护公共道德使命，彰显着民法的价值导向。这三个任务是相互促进和相互制约的辩证统一关系。一方面，保护好民法权益，是维护社会和经济秩序的前提，也是弘扬社会主义核心价值观的基本要求与体现。另一方面，三者之间也存在着相互冲突的情形，因而如何协调好三者的相互关系，是民法发展历史中一直存在的基本问题之一。民法的任务是维护个体权利与维护社会利益的统一。个人权利与社会利益，何者应为法的价值本位问题，自古至今一直是法学理论争论的热点话题。凡是把保护个人权利作为法的首要任务的理论，就是自由主义法学，而凡是把维护社会利益作为法的首要任务的，就是社会法学。古罗马时就有私法与公法之分的理论，西方近现代也有个人自由主义法学与社会法学流派。我国是社会主义国家，我国在民事立法上采用的是个体权利与社会利益相统一的法则，强调保护个体合法民事权益是民法的基本任务，而维护社会与经济秩序、弘扬社会主义核心价值观是民法的最终目的。我国民法立法任务的哲学依据，是特殊性和普遍性相统一原理，国家社会普遍性中包含着个体合法权益特殊性要求，而个体特殊性也不得违反普遍性法则。一方面，民法是确认与保护民事权利的基本法，民事主体的人身权利和财产权利得到民法的全面确认和平等的保护；另一方面，民事主体行使其权利时，也必须不得违反社会公共利益和国家利益，不得违背社会主义核心价值观。当我们说到民法的使命时，有时只是把民事权利保护作为民法的唯一目的，而民法所承担的社会使命往往被忽视。民法保护民事权益的终极目的，是维护整个社会与经济秩序和弘扬社会主义核心价值观，塑造一个理想的社会和国家。这涉及民法系统与社会其他系统的相互关系，诸如民法与市民社会关系问题，民法与社会主义市场经济关系问题，民法与社会主义经济制度关系问题。民法所承担的弘扬社会主义核心价值观的任务，是前两种任务的一种精神根基。民法保护民事权利和维护社会秩序，本身就体现着我国当代的核心价值观；同时，这种核心价值观又指导着民事立法与民事活动，是民事活动必须遵从的基本原则。民法所规定的自愿、平等、诚信、公平等基本原则，就是社会主义核心价值观在民法上的直接表述。凡是违反社会主义核心价值观的民事行为，就不会得到民法的承认与保护，在其法律效力上就必然是有瑕疵的。

三、民法的概念

我国通常将民法的概念表述为，民法是调整平等主体的自然人、法人和非法人组织之间民事权利义务关系的所有法律规范的总和。这是我国较为流行或通用的民法定义。从这个表述可以归纳出民法的以下特征：

第一，民法的主体，是自然人、法人及其他非法人组织。行政、司法等机关或人员在民事法律关系中，也只能作为民事主体而不能以官方主体出现，如果以官方主体出现，那么就不是民法主体。第二，民事主体之间是平等的。这个平等包含两个方面的意义：一是，民事主体之间的法律地位是平等的，任何一方当事人都不隶属于另一方，双方或多方之间不是命令与服从的上下级关系，谁也不能命令谁；二是，每个民事主体都拥有平等的民事权利，每个人的民事权利都得到民法的平等保护。第三，民法调整对象具有特定性。民法的调整对象是权利义务关系，包括人身关系和财产关系，其核心分别是人身权和财产权。

　　以上民法概念，是我国长期以来最为流行的一种表述，我们可以将其归属为民事关系式的民法概念。这一概念突出了民法的调整对象，声明了民法的调整范围，这就把民法与其他法律从适用范围上区别开了。但是，这一概念并没有把民法的真正宗旨与任务全面准确地表述出来，因而这种以调整对象为主的定义是不完全科学的。一个事物的概念或定义，应当是对这一事物的本质及其主要特征的高度概括，或者说是对这一事物的目的及其实现的准确定位，而民法的概念应该是对民法的目的与实现的全面表述。民法的目的与实现，就是民法的宗旨或任务及其实现手段，民法是保护什么的、维护什么的，是通过什么手段来实现这些宗旨的。

　　从我国《民法典》第 1 条规定来看，民法的概念应该是：民法是通过调整民事法律关系，来保护民事合法权益、维护社会秩序、弘扬核心价值观、促进中国全面发展的基本法律规范。可以把这一概念简化为，民法是调整民事法律关系，保护民事权利和维护社会秩序价值的基本法。与前面的民事关系式概念相对应，这个民法概念可以归属为宗旨式民法概念。前者更注重民法的调整对象，而后者则更加突出了民法的基本功能。通常人们都把前者作为民法的概念，而很少把后者作为民法概念的一般表述，这与长期以来我们把法律关系作为部门法划分标准的观念有关。但是，我们认为民法的概念应该是对民法宗旨的一种高度概括。民法的概念应当从民法宗旨中得以概括，即民法就是保护民事权利、维护社会与经济秩序和弘扬社会主义核心价值观的基本法。

第二节　保护民事权利

一、民法的基本使命

我国《民法典》开门见山地宣示了民法的首要任务是"保护民事主体的合法权益",这是民法所要完成的基本使命。我们前面说过,一个事物的使命决定着该事物的基本属性,是其区别于其他事物的本质特征,因而它也应该是这一事物概念的核心内容。我们从民法的基本任务,可以推导出民法最简化的定义:民法是保护民事权利的基本法。同理,当说到是什么刑法时,我们也会从刑法的基本使命中推导出刑法的定义,即刑法是指有关定罪与量刑的基本法,其基本任务就是确定什么是犯罪、犯了何种罪以及应否处以刑罚和处以何种刑罚的法律规范。我们也可从两者的使命,来区别民法与刑法,并总结出各自的根本特征或属性,这主要体现在:民法是保护民事权利的法,而刑法主要是惩罚犯罪的法。同样,民法保护民事权利的使命,也是其与行政法的根本区别。行政法的理念是义务或职责,履行法定义务或职责是行政法的核心要义。行政法是有关命令与服从关系的法,违反行政义务或职责就可能受到法律的处罚。行政权的本质是义务而非权利,因为权利可以放弃,而义务或职责是不能放弃的。

《民法典》总则编规定了民法的基本任务,即保护民事主体的民事权益,同时也集中规定了"民事权利"的具体种类、取得、行使等。而《民法典》各个分编,分别规定了民事主体所享有的各种具体的民事权利与保护制度。在《民法典》出台之前,《合同法》第 1 条规定了"为了保护合同当事人的合法权益";《物权法》第 1 条规定了"保护权利人的物权";《侵权责任法》第 1 条规定了"为保护民事主体的合法权益"。这些法律的第 1 条均规定了保护权利。《民法典》在第 1 条集中规定了民法的基本任务,"保护民事主体的合法权益",而各分编就未规定各自的基本任务,这可能是出于避免行文上重复的考虑。总之,保护民事权利是民法的"本职",离开这一本职,民法就失去了其基本属性,它也就不再是真正的民法了。

二、保护民事权利的主要体现

民法是专门系统确认与保护民事权利的部门法。抽象地讲,民法平等地适用于一切自然人、法人和其他组织,"所谓民法,即适用于全体人的法,是一个无等级社会的法"①。民法是确认与保护所有民事主体合法权益的基本法,民事权利就是民事主体基于对自身利益的享有和对物的占有等所依法产生的基本权利。民法是个体私权的"宪法",是人作为人所享有的最为基本的人格权、物权、交易权、家庭婚姻与继承权和受害救济权等民事权利。

第一,民法的首要任务,就是全面确认民事权利。民法要保护民事权利,就必须系统全面地规定民事主体应当拥有哪些民事权利。民法由此而享有权利基本法的美誉。权利是人作为人在法律上的承认与保护,权利只有在人与人之间才会显现出来,而民法是全面体现和平等保护民事权利的专门法律。因此,如果离开民事权利的规定,那么民法就只是一个空洞的外壳,也就不再是民法了。民法既是民事权利的总清单,也是人民安全和幸福的担

---

① 梅迪库斯:《德国民法总论》,邵振东译,法律出版社,2001,第 15 页。

保书，而民事权利的最终担保人是国家。民事权利的确认程度、侵害程度与维护程度，是衡量一个国家法治水平的试金石。实现民法使命的关键，在于政府权力的整体良性运作和司法公正裁判。民法的整个体系都是以民事权利的确认与保护为起点和最终归宿的，而刑法是防止与惩罚侵害公民、法人、社会和国家利益的犯罪行为的基本法，其最终目的也是保护个人、社会与国家的根本利益与安全的；同理，行政法、各种诉讼法都是以保护个人合法权益与社会国家公共利益为宗旨的。民法不是保护实现民事权利的唯一法律，却是全面系统确认和保护民事权利的基本法律，这就是民法所特有的功能，但要全面实现这一功能，仅依靠民法还是远远不够的，还需要其他法律的配合；这就是民法的功能及其局限性的基本表述。

我国《民法典》不仅开篇就声明了保护民事权益，而且在总则里专门有一章规定了民事权利。在我国《民法典》分则中又专门设立一编全面规定了人格权，这是我国《民法典》编撰上的一种独创，这也表明我国对于人格尊严与人格自由的重视程度。物权编专门系统规定了个体对物的享有权，合同编是民事权利的设立与转让的法律制度，而家庭婚姻法律制度是民事主体基于家族与婚姻关系而享有的身份权与财产权。

第二，民事法律行为，是民事权利设定的基本法律事实。民事法律行为是设定民事权利的最为基本的法律事实，这是相对于事实行为、事件或状态等法律事实而言的。民事主体参与民事活动，最终目的是通过其民事法律行为来实现其欲求的民事权利。民事法律行为也需要一定的规则，这是民事主体相互交往的基本行为规范，是形成良好法律秩序的基本保障。民事法律行为规则的本质，就是对民事权利的尊重，而起码的尊重就是不伤害和诚实对待，例如，暴力与欺诈就是对民事权利的一种不尊重，于是民法就明文规定了因为暴力和欺诈所致的民事法律行为是可撤销的或者是根本无效的。

第三，民法构建了系统的民事权利保护制度。我国《民法典》的侵权责任编，是对侵害具体民事权利的一种法定救济制度，是对所有民事权利提供全面保护，这种救济包括自力救济与公力救济。自力救济在法治不健全时期是维护民事权利的最为有效的方式，现实中曾经出现各种自我维权的方式，有的用上访的方式，有的用所谓"闹事"的方式，有的甚至寻求所谓的黑社会人员讨债，或者用杀人、绑架、暴打等违法方式，还有用跳楼、自焚、喝药等自绝方式来讨债的。这说明什么问题？根本上说明法治程度还相当不成熟，法律还不能全面保护公民个人的基本权利，因而民事主体往往寻求自己认为最为有效的维权方式，甚至只是来宣示一下保护自己权利的意志与无奈悲情，并以此引起国家与社会的关注或呼唤国家权力的救济职责。民法个案的悲剧，不仅是个人的不幸，而且是法律不健全和法治不完善所显现出来的一种法律现象。随着我国全面法治建设的逐步推进，这种个案悲剧现象已经得到根本上的遏止，人民的合法权益得到了法律更为全面的保护。在中国全面构建现代法治的当今，自力救济是受到法律的严格限制的，只有在无须公力救济或者公力救济暂时无法提供的时候，法律才允许个人进行自力救济。自力救济就是依靠自己的力量来保护自我民事权利，例如正当防卫、紧急避险等，但是这些自力救济也不得超过必要限度造成不应有的危害，否则要对这种不必要的危害负民事责任。另外，我国还规定了民事权利行使的基本原则及其限制等内容。在建构现代化法治中国的伟大工程中，民法所承担的保护民事权利的使命显得愈加神圣，因为民法作为民事权利保护的基本法可以说是我国全面法治体系的奠基石。民法不仅承担着保护个人民事权利的任务，还负载着维护社会和经济秩序的使命。

第三节　民法与市场经济、市民社会

一、民法与市场经济

民法是建立在一定的经济结构基础之上的法律系统，民法与市场经济是两个相互独立的社会子系统，同时又是联系最为密切的两个系统。市场经济，是以合同为基本纽带的经济模式，而契约自治是市场经济的基本原则，是受到民法规范和调整的法治经济。因此，成熟的市场经济是一种民主的、自由的、法治的现代化经济模式，它是相对于传统计划经济而言的。

第一，从宏观上看，两者是经济基础与上层建筑的关系。一般而言，经济基础决定上层建筑，同时上层建筑又体现并服务于经济基础。市场经济是相对于计划经济而言的，计划经济体制下国家是市场规划行为的决定者，国家是唯一的经济主体，不存在竞争，也就根本不需要所谓的合同法，而生产主体、生产种类、产品价格都是由国家规定的，生产成果也直接归于国家。我国的基本经济制度是社会主义公有制，而经济运行方式已经转化为社会主义市场经济，而市场经济必然需要法律来调整，而不是仅仅依靠行政命令来管理。

我国经济体制改革，其目的就是要构建一种完善的市场经济模式。我国所要构建的市场经济体系，既具有一般意义上的自由法治经济的特征，又要突出我国市场经济体系的独有特色。为什么我国民事立法中必须要坚持在市场经济前面加上"社会主义"？这是因为我国所要构建的市场经济是社会主义性质的，是基于我国公有制基础之上的多种经济主体并存的市场经济；这与西方完全私有化的市场经济体制存在根本差异。关于"社会主义"的规定，在之前颁行的《合同法》《物权法》都进行了相应的规定，《合同法》规定"促进社会主义现代化建设"；《物权法》规定"为了维护国家基本经济制度，维护社会主义市场经济秩序"，完整地表达了我国的市场经济性质，即"社会主义市场经济秩序"，同时在其前面又用了"国家基本经济制度"，显然这两个语句是为了强调《物权法》的社会主义属性，以区别于资本主义的《物权法》性质。什么是国家基本经济制度？什么是社会主义市场经济秩序？两者又有何种联系？为什么《物权法》对于社会主义性质如此强调？而《合同法》与《侵权责任法》为什么没有如此全面地规定社会主义市场经济与社会主义基本经济制度？《物权法》制定之前我国学界关于这一问题进行了长时间的争论，但最终还是把社会主义加在了市场经济前面，并强调市场经济的社会主义性质。这是因为《物权法》是规定物或财产归属问题的，物权主体到底是只有个体一种，还是存在集体或国家多种？我国是以公有制为基础的多种经济成分共存的经济制度，本质上是社会主义经济制度；这与西方完全私有化的典型资本主义制度是存在根本区别的。与此同时，要明确的是，我国的经济运作形式，是计划经济前提下的市场经济体系，市场经济只是实现社会主义经济制度的具体手段。两者并不冲突，是完全能够结合在一起的。

当前的《民法典》也确认了中国特色的社会主义市场经济体制，因为只有这种建立于公有制基础上的市场经济模式，才能真正实现以人为本的现代法治理念，才能构建真正意义上的自由、平等、正义的市场经济。这也决定了我国民法的社会性质，民法也必然地要体现中国社会主义特色，促进私人权利和社会公共利益的共同协调发展。但是，长期以来存在的突出问题是，如何使市场自由与国家干预实现真正的平衡；这是一个国家智慧发展程度的体现，正如西塞罗所云，法律是成熟智慧的结晶，或者是成熟的理性。民法也必须把社会主义与市场经济相结合作为其立法的基本原则，民法的立法宗旨就是在维护民事权益的基础上使个体权利与社会公共利益统一起来，避免个人权利与社会公共利益的冲突。市场经济就必然催生现代化的市场法律体系，要求法律为其提供安全保障。总之，有何种经济运行模式，就必然要求何种法律与之相适应，社会主义市场经济也必然呼唤有我国特色民法体系的制定与完善。

第二，从系统论角度来讲，两者是经济系统与法律系统的关系。经济与法律都是相对独立的封闭系统，两者都有自己独特的功能使命与结构体系。同时，法律系统在其发展过程中会把一些经济运行要素纳入自己的系统，即经济运行要素的法律化。经济要素的法律化，不仅是法律系统自我发展的结果，更是经济系统发展的自身需要。当然，并非所有的经济运行要素都要转化到法律系统中，只有那些需要法律来确认与保护的经济运行要素，才会被纳入法律系统，成为法律系统的一个小系统。这些法律化的经济运行要素包括经济主体要素、行为规则要素、运行保障要素等，而这些经济要素的法律化过程就是市场经济走向法治化的生长过程。这就是法治经济，这种法律就是市场经济法律化。市场经济最为基础的法律就是民法。需要注意的是，除了民法以外，市场经济的基本法律还有反不正当竞争法、反垄断法等法律。

第三，市场经济需要民法规范。市场经济的运行，是依靠每个市场主体的自我决断以及市场主体之间相互交换来实现各自利益的。在经典市场经济理论看来，市场经济的每个主体都被假定为理性人，每个市场主体都是一个独立的市场理性主体，都是追求自己利益最大化的效果判断者、行为决定者、责任承担者。这种理性主体最了解自己的市场利益与经济能力，因此只有他才是自己市场行为的最佳决定者，无须他人的命令与支配。任何市场主体都享有免于他人非法干预的自由，即理论上的消极自由。亚当·斯密认为，市场经济的运行主要受到"两只手"的影响，市场之手和政府之手。前者是自发起作用的，因而被视为一种无形的手；而政府之手则是通过权力干预来实现的，因而被视为看得见的手。在完全自由竞争的市场经济状态下，政府之手被严格限制在维护市场主体利益免于伤害的范围之内。当代市场经济不再是完全自由放任的经济形态，而是在国家权力适度干预下的市场经济。因为西方早期的完全自由经济体制已经日益暴露出资本主义市场经济的固有缺陷，这就是所谓的完全自由必然导致不自由。市场经济的每个主体都在追求各自的利益最大化，这就带来了一个问题，即社会公共利益得不到市场主体的应有重视，而且长期的自由竞争最终导致了垄断，而垄断必然严重破坏市场自由竞争法则，最终导致市场经济的无序竞争与恶性竞争，严重阻碍着市场经济的良性有序发展。西方至今仍然在经历着根深蒂固的全面社会危机，其根本症结就在于其畸形的市场经济模式。我们所构建的市场经济是建立在社会主义制度之上的，是个人自由权利与社会整体利益相统一的新型经济模式，是完全能够克服和避免西方极端市场经济所犯的错误的。

市场经济在本质上是自由式经济模式，每个市场主体都依据自己的意愿参与市场活动。但是，这种自由式经济并非不需要法律规制与保护，因为如果没有系统的市场法律来规范与保护，那就必然导致整体经济秩序的混乱，最终会引发暴力与欺诈的横行。因此，凡是市场经济，都必然地需要系统的法律规则来规范。只不过市场经济法律在市场经济早期与现代发展中的使命、目的是不完全相同的。在市场经济初期，民法的使命是保护民事主体的民事权利，并且这是民法的唯一使命，国家权力超过这一界限就是权力暴虐；而当代民法的使命，除了原初的任务之外，它还承载着维护社会整体利益与公共秩序的使命，突出了国家权力对市场行为的适度干预的合法性，从而最大限度地缓解市场个体行为与社会公共利益的冲突。总之，市场经济是民法的根基，市场呼唤民法，因此，民法要全面地反映市场经济自由平等合作与竞争的基本要求，促进市场经济的良性发展。

第四，民法本身就是市场经济的基本法之一。民法从以下方面为市场经济提供完整系统的规则体系。民法总则规定的宗旨与基本原则，是市场经济运行必须遵行的基本法则，反映着市场经济的基本价值导向。民法总则规定了民法保护民事权利、维护社会与经济秩序、弘扬社会主义核心价值观等的基本使命，系统地规定了平等、自由、诚信等民法基本原则，为市场经济指明了基本方向，市场行为不得违反这些任务与原则，否则国家不予以保护，民法把欺诈、胁迫等行为所致的民事法律行为规定为可撤销的或无效的，甚至还要追究行为人的其他法律责任。民法总则规定的民事主体制度，也是市场主体必须遵守的一般规定，尤其是法人制度是市场经济中最常见的主体种类。民法将民事主体细分为自然人、法人和非法人组织，这也为市场经济主体准入制度提供了基本准则。市场经济首先要求法律确认民事权利的合法性，因而民法要全面系统地确认民事主体所应当享有的民事权利。从民法基本任务上说,我国民法是维护人的基本民事权利的法律,是全面建成小康社会和法治社会的主要法律之一。从民法与中国特色社会主义市场经济的关系上来看,民法为市场经济构建了基本的法治框架,规范市场主体制度,制定物权确认与保护制度,设置市场交往基本规则体系,还为工业产权和著作权等知识产权提供了制度保障。物权制度与契约制度是市场经济构建的两个基本前提,物权的获得是市场经济行为的基本目的,而物权获得与财产增值则主要是通过契约关系来实现的。特别需要注意的是,我国《民法典》把人格权作为单独一编进行规定,与物权、合同、侵权等并列成为独立的一种基本民事权利。这说明了我国对人格权的重视,同时也是市场经济的基本要求之一,因为只有市场主体拥有独立的法律人格,才能够保障市场运行者的法律地位。当然,市场主体的人格权有其独特的一面,但其主体权利精神与一般民事主体精神是相通的。民事法律行为与代理制度、民事责任制度以及时效制度也为市场行为提供了基本的规则标准。

民法的物权制度、合同制度等,也全方位地为市场经济提供了财产权利的保障制度和市场交往的一般规则。合同关系是市场经济运行中最基本的法律关系,合同法律规范是市场经济的最基本的法律制度。市场经济在动态上是市场主体之间通过合同关系来实现各自权利的合作与竞争关系。供求交换关系在本质都是权利的相互转移的合作关系。合同关系是市场经济的基本关系,因而合同是联系市场主体的纽带。自由、平等交换需要法律来提供规范体系,维护市场经济的正常合理运行,保护市场主体的正当利益。合同关系是市场经济关系的主要内容,合同把每个市场主体联系起来。合同关系本质上体现着平等、自由的现代法治理念,体现着真正的民主精神。这些法则的核心精神就是合同主体之间的相互尊重与真诚合作，也是私事自治原则的体现。凡是权利的交换与义务的履行，都必须是建立在合同双方或多方主体的协商一致基础之上的，而非任何一方强制他方屈从于其意志之下的强权关系，民法不承认那种强制交易行为的法律效力。因此，市场经济是自治的民主经济，合同法必须体现平等、自愿等基本的合同法则。从这个意义上讲，合同法表明市场经济是民主与法治相统一的经济模式，同时我国市场经济也必须体现自由、民主、平等现代化法治所要求的基本精神。民法的平等、自愿等基本原则来自市场经济的基本需求。例如，电信服务商与个人消费者之间、用工单位与雇工之间的合同，都是一种格式合同，可能存在形式平等而实质不平等的情形，因为一方易于滥用其资源优势地位或者信息不对称地位，而弱势一方只有同意与不同意的"自由"，而没有讨价还价的"自由"。针对这种易于产生违反平等、自愿、诚信和公平原则的格式合同，民法作出了格式合同无效的情形。另外，民法通过违约责任制度和侵权责任制度的设置，来为市场经济提供有效的保护。民法不仅规定了侵犯一般民事权利的责任承担原则与形式，也规定了具体的违约责任制度、侵犯知识产权责任制度，这些规定都直接地为保护市场主体的民事权利和维护市场经济良性运行提供了系统的法律保障。

市场经济要处理好市场自由与政府干预的关系。市场经济的自由竞争规则，在民法中主要集中体现在民事自愿原则，而自愿原则体现在两个方面：一是市场主体之间互不强制，二是市场主体免于政府的非法干预，以保障市场主体能够真正做到自主经营。但市场自由发展，往往会导致垄断的产生并最终阻碍市场自由，所以政府适度干预市场行为是必不可少的手段。但是，经验告诉人们政府权力干预又往往会滋生权力滥用，因而如何干预，干预到何种程度，这是当代法治建设中的重大难题之一。市场法治化就是寻求个人权利与国家干预权之间的一种平衡，以求最大限度地促进市场经济的真正自由发展。因此，合同法、反垄断法和反不正当竞争法被称为市场经济的"龙头法"。国际上还有个别国家声称不承认我国完全的市场经济国际地位，其实当代的西方也不存在完全自由的市场经济形态，大多数国家已经大大加强了权力对于市场自由的干预，以最大限度地保障社会整体秩序的和谐，但是西方没有哪个国家能够真正做到政府依法适度干预市场自由的，而西方经济危机、政治危机以及道德危机不仅从未消除，而且此起彼伏、愈演愈烈。这也为我国民法的逐步完善提供了反面的素材，同时我国民事法律的立法演进也不断地满足我国市场经济的改革与完善的合理需求。

二、民法与市民社会

有人将民法视为文明社会或市民社会的基本法。市民社会和市场经济虽然在内容上是相近的两个概念，但在性质上两者是根本不同的概念。市场经济是相对于计划经济来讲的，市民社会则是相对于公民社会或自然状态来讲的，有时是相对于家庭与国家来讲的。古罗马时期就有了市民社会的概念，它是相对于家庭和公民社会而言的，这里的市民一般是指自由人，因而那时的市民社会与近现代的市民社会概念在性质上是完全不同的。古代的市民社会是少数人的社会，而在近代自然法学理论中的市民社会是所有自然人的社会，它是相对于自然状态而言的，指的是通过社会契约而制定法律、成立政府、组成国家的文明状态。而在德国近代经典法哲学理论中，市民社会是相对于家庭与国家而言的。

黑格尔认为，家庭、市民社会和国家是三种基本的伦理实体状态，而在家庭、家族、氏族里，每个家庭成员都没有独立的法权人格和财产权。个人从家中走出来，进入市民社会，就好像是从温暖的家中被抛出似的，但获得了独立的法律人格。在黑格尔看来，市民社会是以法律为纽带的法权社会，人与人之间是纯粹的法律关系，在这里每个人的人格权利和财产权利都得到了法律上的承认和保护，人们之间的相互需要与满足是通过契约关系而得以实现的。所有权、契约和不法，是市民社会三种基本的抽象法，而这些抽象法就相当于今天的物权法、合同法与侵权法和刑法。虽然每个人在市民社会都获利了独立的法权人格，但是人们失去了家庭中的爱，人们之间纯粹是冷冰冰的法律上的权利义务关系。市民社会还有一个天然的缺陷，那就是个人自由往往是与社会公共利益相冲突的，个人特殊性与社会普遍性之间存在着天然的张力。为了克服这种家族和市民社会的缺陷，国家就必然出现了。一个成熟的现代国家，是超越了家族和市民社会两种实体并将两者的优点统一于国家自身。黑格尔提出了新型的国家标准，真正的国家是整合了家庭与市民社会的伦理实体，成熟的国家必然是爱与法律的统一，国家的基本原则是普遍性与特殊性的统一。黑格尔批判那些把市民社会当作国家的观点，指出市民社会式的国家不是真正的国家形态，只是个人自由的乐园而非个体与整体统一的国家形态，在当代的法社会学理论中，市民社会被认为是陌生人之间相互交往的社会，是基于一定的地缘而非亲情关系而生成的，每个人都是独立自主的社会人。这里的市民社会是相对于熟人关系的组织而言的，这种熟人关系有合伙关系、法人内部关系等。在熟人社会里，人们之间的关系不是依靠法律关系来维系的，而是依靠内部服从和友爱共同来维持的。

市民社会自古以来就是一个有多重含义的概念，也是一个有争议的概念，因而它没有一个统一的概念。市民社会在我们国家也是一个存在争议的概念，一般而言，人们往往把市民社会与社会概念视为同一概念，也有人认为我们国家不应该存在市民社会的概念，并且认为我国从来就没有过市民社会，只有公民社会，还认为市民社会是资本主义国家理论所专有的概念。不论我们是否承认存在市民社会，我们都不得不承认我国《民法典》承担着维护社会秩序的使命，这是我国《民法典》明文规定的。这里的社会秩序是民法所维护的对象，民法所追求的理想状态就是经过民法规范调整后所要形成的稳定和谐的社会状态。在这个社会秩序中，每个民事主体的民事权利都得到了应有的保护，每个民事主体在行使其民事权利时都没有危害社会整体秩序，所以在我国社会主义国家里从本质上讲民事权利与社会整体秩序是一致的，因为当每个人都依法行使权利并遵守义务，那么就必然会形成一个良好的社会秩序。如果说保护个体民事权利是民法的基本任务，那么维护社会秩序就是民法所承担的最终任务。民法的这两个任务是同等重要的，一般情况下两者是一致的，但也会发生冲突，这时我们一般认为个体民事权利要服从社会整体秩序的需要，个体民事权利要受到社会秩序的限制，否则就可能构成民事权利滥用。

第四节 民法与社会主义核心价值观

民法的基本精神与体系，全面体现着社会主义核心价值观的基本理念。我国社会主义核心价值观包括"富强、民主、文明、和谐，自由、平等、公正、法治，爱国、敬业、诚信、友善"，它是中国优秀传统文化基因的凝结，承载着我们当代每个中国人的美好梦想。社会主义核心价值观体系包括三个层面，可以将其简单概括为：文明国家、法治社会和诚信个人，并且这三个层面是一个统一的整体，是中华民族精神的总概括。

一、两者的一般关系

社会主义核心价值观需要法律来体现与弘扬，而法律的制定、完善与适用也需要社会主义核心价值观的引领与指导，因此，两者的关系体现着法律与道德文化之间的辩证关系。法律是成熟道德共识的系统表述，而共同道德是法律的根基与灵魂，因而我们常说，法律是道德的底线，是道德的最低要求。社会主义核心价值观是中华民族自我道德意识的科学系统化，也需要系统的法律制度来体现并践行它。从社会系统论角度讲，两者是社会总系统中的两个独立子系统，社会系统是由政治、经济、法律、文化等子系统构成的整体系统，各个小系统之间既是相互独立封闭的，又是相互开放交流的。法律是社会系统中基本的调整手段，但不是唯一的手段，它需要其他子系统的配合与支持。法律的内容就是社会共同道德观的体现，法律的适用也离不开共同道德的支持。社会主义核心价值观，是中华民族传统文化与时代精神的融合，是我们整个民族先进道德理念的高度概括。核心价值观本身就是一个完整的体系，应当全面指导着所有的法律，是我国法律体系的总灵魂，当然也为民法的制定和全面实施提供了总体方向。民法是市民社会和市场经济中的基本法，民法从基本宗旨、基本原则到具体民事制度都体现着社会主义核心价值观，民法的任务就是通过民法的立法与适用，把社会主义核心价值观灌输到所有公民、法人和非法人组织的行为，传输到社会各个方面，成为国家共同的精神根基，从而塑造良好公民群体，构建和谐的社会秩序，铸成文明昌盛的现代国家。

二、从民法的基本宗旨与任务看两者的关系

如前所述，民法的任务主要有三个方面：保护民事权利、维护社会与经济秩序、弘扬社会主义核心价值观。从条文表述上来看，我国《民法典》明文规定了民法承担着弘扬社会主义核心价值观的使命，并将其作为民法的三大任务之一。这充分说明我们中国法治所承担的精神使命，民法不仅需要社会主义核心价值观的指导，还要弘扬社会主义核心价值观。而民法其他两个任务本身也是社会主义核心价值观的体现：一是权利即正义，民法保护民事权利当然也是弘扬正义价值理念，这就是所谓的基于权利的正义；二是民法维护社会与经济秩序的任务，表明民法通过调整民事法律关系，维护稳定和谐的社会和经济秩序，建构一个基于平等、自由、公正等核心价值理念之上的美好社会，这一民法任务本身就是弘扬社会整体的公平正义价值理念。

三、民法的基本原则体现了社会主义核心价值观

民法的平等、自愿、诚信、公平、公序良俗、绿色发展等基本原则构成了一个基本价值系统，直接把平等、自由、公正等社会主义核心价值观作为民法的基本原则。由此看来，民法是我国所有法律中最为全面地明文规定了现代中国法治所需的社会主义核心价值观。民法基本原则，作为民法的总精神，不仅指导着各种民事规范的制定与完善，还全面地为民法实践提供总的指导。凡是违反民法基本原则的民事立法都是需要修改或废除的，凡是

违反民法基本原则的民事法律行为都是不能得到民法有效保护的，或者是可撤销的、根本无效的。社会主义核心价值观中的平等、自由、公正和法治这一层面的价值理念，集中地概括了社会主义法治的精髓。社会主义核心价值观中的自由，主要是指人民当家作主，体现为人民拥有法律上的基本权利。民法上的自愿原则本质上就是自由价值观的体现。民法明文规定了"自愿"这一基本原则，自愿的本质就是自由，就是通常所谓的私权自治，就是民事权利至上理念，是民法公平正义原则、诚信原则等民法基本原则的精神之源。自愿原则的基本内涵，就是民事主体按照自己的意愿参与民事活动，设立、变更或终止民事法律关系。自己的私事完全由自己做主，而不受他人的支配和强制，这也充分证明民法的基本属性是私权自治之法。私权自治的本质，就是对权利主体意志的普遍尊重。具体民事法律关系的双方或多方都要尊重对方的独立人格、民事权利，任何一方都不能把自己的意愿强加于对方，也不能运用欺诈等手段诱使或运用暴力迫使对方作出违背其真实意愿的意思表示，因而欺诈、胁迫等行为不仅违反了诚信原则，还违反了自愿原则。这种违反自愿的行为还往往导致民事法律关系内容的不公平，进而又违反了公平原则。民事法律行为有效要件之一就是意思表示要真实自愿，欺诈、胁迫等行为会造成对方当事人作出错误的意思表示，因而民法规定欺诈、胁迫等是为民事法律行为可撤销或者无效提供法律依据。因此，民法的自愿原则是自由价值理念在民法层面上的集中体现，它决定着民法的私法属性。

四、从民法的具体制度看两者的关系

民法的物权制度，系统规定了所有权、担保物权和用益物权，还规定了占有保护制度。这些具体的物权制度就是确认与保障权利人的各种物权，体现着占有正义、所得正义与保障正义等公平正义价值理念。合同制度直接体现着平等、自由、诚信、公正等核心价值观。合同自由是合同法的基本理念，合同法就是市场经济的基本法，合同自由就是合作与竞争的一种常态。同时，我国《民法典》又增加了"准合同"制度，把原来的无因管理和不当得利之债归于《民法典》的合同编之准合同制度。这不仅丰富了合同制度的内容，也体现着国家对无因管理和不当得利社会现象的重视，因为这两种"准合同"本身就是社会共同正义的体现，无因管理要提倡，不当得利要返还，这本身就是基本的社会正义理念。虽然无因管理和不当得利这两种行为都是单方的事实行为，行为者在其行为作出前并没有与相对人协商一致，不具有典型合同的订立程序，然而法律却将其视为一种双方之间的准合同关系。这样，无因管理的相对人和不当得利者都负有合同意义上的履行给付的合同义务，国家只是通过法律形式把这种义务强加于义务人一方，目的是不能让见义勇为者吃亏，也不能让不当得利者得到不义之财。无因管理就是对见义勇为等好人好事的一种法律上的认可态度，而不当得利制度则是对违反占有正义的一种法律上的否定态度，因而这两种制度也直接体现着友善、诚信等社会主义核心价值观。人格权制度是对人格尊严权利的一种普遍确认与保护，体现着我国以人为本的核心理念。侵权责任制度，是对侵犯他人人身权利和财产权利所应当承担的民事责任的一种规定，体现着权利、义务与责任相统一的社会主义价值理念，是对人格尊严权利、财产权利的全面保障。《民法典》的继承制度与婚姻家庭制度，是家庭层面的社会主义核心价值观的法律化，例如家庭成员之间的平等对待、相互关爱等规定。

总之，民法全方位体现着社会主义核心价值观。这是因为民法本身就是调整民事主体之间民事法律关系的基本法。从自然人、法人到其他组织，从个体、家庭到社会，无不受到民法的调整，而民法调整民事法律关系的最终目的就是维护和谐的社会秩序，弘扬社会主义核心价值观，实现中国特色社会主义物质文明与精神文明建设的有机统一。

第五节　民法的其他问题

一、民法的立法依据

法律如何来体现和保护人的权利？《宪法》是人民权利的总章程，权力是为权利服务的，《宪法》是以确认和保障公民的基本权利以及国家权力分配与组织等为基本内容的国家根本大法。《宪法》不仅规定了公民应当享有的基本政治权利，还从总体上规定了公民、法人和其他非法人组织应当享有的基本民事权利。民法是专门规定民事权利的基本法律部门，其效力仅次于《宪法》，是《宪法》关于民事权利规定的民法化。《宪法》是所有部门法的总法源，被称为母法，是所有基本法律立法的总根源，是一个国家法律系统的总根。

《民法通则》《民法总则》都明确把《宪法》规定为立法依据。我们再来看看《物权法》《合同法》《侵权责任法》的立法依据，这三部法律只有《物权法》明文规定了《宪法》为其立法依据，"根据宪法，制定本法"，这说明《物权法》是基于《宪法》而制定的，《宪法》是《物权法》的上位法，那么《物权法》也就成了仅次于《宪法》的基本法，就与民法是一个"辈分"了。这曾经引起理论界激烈的争论，我们从分析这些争论中可以进一步理解民法与宪法的关系，这些争论的焦点主要有两个问题：

一是，《合同法》《侵权责任法》这两部法律，为什么就没有在第 1 条中规定"根据宪法，制定本法"？这是否意味着这两部法律就不需要明文规定以《宪法》为依据，还是根本上就不以《宪法》为立法依据？有的宪法学者提出质疑，为什么《宪法》在这些法律中就失去了应有的地位，《宪法》到底还是不是最高效力的法？如果《宪法》是所有基本部门法的立法依据，为什么《合同法》与《侵权责任法》就没有明文规定？如果不需要规定，那偏偏在《物权法》中却明文规定了《宪法》作为其法源呢？而这三个法律的效力地位又是完全相同的，同属于民法部门之下的基本组成单元，本应该在行文上保持一致，但事实上却出现了如此差异，是有意为之、技术问题，还是一种立法失误？

二是，这三部法律为什么不把原《民法通则》作为其共同的立法依据？理论上一般认为《民法通则》是《物权法》《合同法》《侵权责任法》的总法或直接的立法依据，但这三部法律却都没有如此规定，这是否暗示《民法通则》当时已经过时，没有资格作为新的民法规范的依据了呢？这种立法体系现象，也体现着我国立法现代化进程中的一些现实困境，这种困境主要是由于立法理念与现实经济体制的变化所造成的暂时现象。虽然现在《民法典》统一原有的民事法律规范，形式上已经消除宪法与民法关系问题，但是当时的争论对理解民法体系与宪法的关系问题仍然具有一定的学理价值。

二、民法的基本法地位

一个国家的基本法，主要包括刑法、民法、行政法三大实体法和刑事诉讼法、民事诉讼法、行政诉讼法三大程序法等。民事之法，是民众的法，是民事主体及其权利受到国家保护的基本法。民事权利法定种类和内容的确认，民事权利的民法保护，都是民法的基本任务。从具体的民法内容体系来看，民法是由任务、调整对象、原则、民事法律行为制度、民事权利制度、主体制度、时效制度、人格权制度、物权制度、合同制度、侵权责任制度、婚姻制度、知识产权制度等具体制度组成的一个系统，形成了一个以民事权利及其实现为基本目的的民事法律体系，体现着人格独立、物权神圣、契约自由、责任自负、家庭和谐、知识创新等现代中国法治的基本精神。然而，需要明确的是，民事权利的保护并非仅依靠民法，仅依靠民法是远远不够的，也需要行政法，如《治安管理处罚法》，还需要刑法，如严重侵犯人身或个人财产构成犯罪的行为要给予刑事处罚。民事权利的侵害，也并非仅来自民事主体，也可能来自公法的行政机关、司法机关的违法侵害，侵害民事权利也并非只构成民事侵权，也可能构成刑事犯罪。因此，民法是独立的法律部门，但不是与其他法律没有任何关联的，尤其是民法任务的实现也需要行政法和刑法的配合。如何理解民法与行政法、经济法、刑法的主要区别和意义？民法与行政法的区别在于意志不同、目的和任务不同、调整对象不同、调整手段不同。民法与经济法的不同主要体现为两者的立法目的与实现手段不同：一是，从目的上看，经济法是为了解决国家整体经济的秩序稳定和可持续发展问题，而民法主要是为了维护个人权利。二是，从调整方式上来看，经济法是通过国家强制手段来调节市场经济发展方向或规模等，如用银行利息、准备金的调整来引导社会资金的投资或刺激大众消费。两者的联系是，它们都是市场经济不可缺少的法律手段，是调控市场经济的"两只手"，看得见的手与无形的手。民法与刑法的区别主要是，前者是权利法，后者是惩罚性的法律；前者是调整民事权利义务关系的法律，突出的是维护个人合法权益，后者是规定什么是犯罪、如何进行惩罚的法律，着重维护的是国家社会利益和秩序。

三、民法的宗旨：目的与手段的统一

《民法典》第 1 条规定"为了保护民事主体的合法权益，调整民事关系……制定本法"，从该条文字表述来看，民法的宗旨是民法的目的及其实现手段的统一。民法的目的是保护合法权益，而这一目的实现的手段是：通过调整民事关系。民法如何通过调整民事关系来实现其维护民事权利的目的？除了通过设定民法总则，还必须通过设定人格权、物权、合同、侵权责任等具体民法分则来实现。反思我国民法的演进过程，我们可以更深入地理解我国《民法典》的宗旨，因为《民法典》是在《民法通则》《合同法》《物权法》《侵权责任法》的基础上制定的，汲取了这些民事法律规范立法的基本理念。但是，为了行文上的逻辑性，原来民事法律规范的很多成功表述都没有得到全面继承，因而从理论角度有必要重新回顾探讨这些原有法律规定。第一，《物权法》第 1 条规定："为了维护国家基本经济制度，维护社会主义市场经济秩序，明确物的归属，发挥物的效用，保护权利人的物权，根据宪法，制定本法。"这里可以看出，《物权法》的目的是"两个维护"加上"一个保护"，而实现《物权法》的手段主要有两个：一是明确物的归属，二是发挥物的效用。因此，从立法逻辑上看，《物权法》的宗旨是维护物权之立法目的、明确物的归属、发挥物的效用之手段的统一。明确物的归属，就是确认物的权利主体，归属权一般来讲是物的最终权利，即所有权，最终归于谁所有。物的

归属，这一概念不能简单理解为物的权利，因为物的权利，除了归属权，还有效用权。当然，一般情况下归属权与效用权是同一主体，但也可能是两个主体，如所有权与租赁权就是两个不同主体。一般认为，物权就是指物的归属权，而物的效用只是主体处分或享用利益的情形，不应该由《物权法》来规定。但这里的物之效用，是指什么？从立法本意上讲，物的效用指的是物的用益性和担保性，从权利分类角度讲就是指用益物权和担保物权。这里存在的问题是，用益物权到底应该由《物权法》来规范，还是应该由《合同法》来规范，也就是说，用益物权应该是哪个法律的调整对象？土地使用权是用益物权，是物权法律制度调整的对象，同时这种用益物权又往往是通过合同关系来设定的，因而它又是合同法律制度调整的对象。担保物权也存在如此情形，《物权法》把担保物权作为物权的一个种类进行规定，而担保关系又往往由合同关系来确定，即担保合同，而担保合同在法理上又作为从合同的典型例证，与主合同相对应。由此可见，《物权法》和《合同法》在规定用益物权和担保物权上，存在一定程度上的联系，物权往往需要合同来实现，两者是目的与手段的关系。第二，《合同法》表面上似乎没有明文规定目的与实现手段，但我们也可以这样理解，即目的与手段在表述的合一，《合同法》维护合同当事人的民事权利既是《合同法》的目的，又是《合同法》的手段。第三，《侵权责任法》第1条规定："为保护民事主体的合法权益，明确侵权责任，预防并制裁侵权行为，促进社会和谐稳定，制定本法。"从该条规定可以看出：首先，《侵权责任法》的目的有两个方面，一是保护民事主体的合法权益，二是促进社会和谐，而实现这一目的之手段是，"明确侵权责任，预防并制裁侵权行为"。其次，实现手段，也有两个方面：一是明确责任，二是预防和制裁侵权行为。这种规定在内容表述上有助于更好地理解与把握侵权责任制度的立法宗旨，即其目的及其实现手段。"明确责任"指的是，构成侵权责任所应当具备的主客观法定要件，主要是依据过错原则、无过错原则，以及过错推定和公平原则等，来确定侵权行为的责任归属。通过责任归属的确认，来依法确定对侵权行为应当处以何种民事制裁，而这种制裁的最终目的是预防类似侵权行为的再次发生，这是一种一般预防意义上的立法目的。虽然《物权法》《合同法》等随着《民法典》的问世而失效，但对于之前规定的物权制度、合同制度、侵权责任的立法目的及其实现的全面反思，势必有助于我们对整个民法宗旨与实现的全面理解。

本章小结

民法的宗旨，是由多个元素构成的一个完整体系，体现着民法的根本精神，需要从系统论角度来解构。民法宗旨主要由三个基本方面构成：一是，保护民事主体的基本权利；二是，维护社会与经济秩序；三是，弘扬社会主义核心价值观。由此看来，民法宗旨只有放在这三个元素——民事权利、社会市场秩序与核心价值观中才能完整体现出来。民法要担当起三个重任：权利保护功能、秩序维护功能和核心价值弘扬功能。以上这些问题是相互联系的，要从多个角度去解构民法的基本精神理念，既要从民法的特征、基本原则、基本任务、主要功能或作用等方面，也要从法治现代化和法治现代性方面，又要从市场经济与民法的关系方面，还要从经济基础与上层建筑关系理论等方面去解构。

　　总之，民法的根本精神，就是民法始终以确认与保护民事权利为根本宗旨，要塑造民事主体的民事权利意识，也要塑造执法者的民事权利尊重意识，并且只有这样，人与人之间平等交往的和谐社会秩序、社会主义核心价值观的精神风貌才能逐步得以塑造。

第三章

民法的价值本位与基本属性

民法的根本精神是民事自由，其体现为民事权利，概括起来就是民法的私权自治精神，而自治的本质就是对人格尊严的尊重，这就是民法的精神灵魂。民法的任务、基本原则与具体制度体系，都是从民法精神中生长出来的。民法价值本位理论集中体现着民法精神。

第一节　相关理论阐释

从根本上讲，法是统治阶级意志的体现，这是因为法是人类历史上阶级出现的必然产物。关键的问题是，谁是统治者，谁是被统治者。法律如果是一个人的意志体现，这就是君主专制的法治；法律如果是少数人意志的体现，这就是贵族式专制的法治；法律如果是多数人意志的体现，这就是民主式的法治；法律如果是所有人意志的体现，那么就是一种超级民主的法治。这在亚里士多德《政治学》里有专门系统的论述，他把经典的政体分为三种，并且认为不论何种政体只要符合某个民族发展程度的要求就是良好的政体。他同时认为三种政体都有其各自的缺陷，因而提出了一种共和政体的理想模式。并且认为只有这样的政体才能够使每个阶层的自由民都能够参与到国家治理之中，只有这样的法律才能体现所有公民的意志与权利，国家才能长期稳定发展。

其实，不同种类的法律实际上正是人类法的历史流变轨迹之写照，这个轨迹就是人类从专制到民主的法律类型转换。针对人类需要何种法律的问题，各种经典法哲学理论流派从不同的视角给法的价值本位进行了理论上的定位，都有其片面性，也都有其独到的思想成就。它们为我们研究民法精神与体系，提供了多重思维的视野。

古罗马经典作家的法律思想是西方法律思想的源头活水，他们所贡献的经典理论成果至今仍然不过时，是我们需要反复研究并吸取思想营养的宝库。柏拉图、亚里士多德和西塞罗都认为人只有在法律之下才是理性存在者，如果离开了法律的约束，那么就会沦为比任何野蛮动物更为凶残的动物。柏拉图认为，法是使人与人成为朋友而非敌人的法则，正义不仅是个人还是国家应该具有的基本德性和最高法则。亚里士多德认为，法律是正义的体现，人只有在法律的统治下才会作为理性存在者而存在。西塞罗认为，法律是人们成熟智慧的结晶，是对自然理性认识程度的一种反映。他们都认为，基本的正义范式就是应得正义，正义就是每个人得到其应该得到的东西，而不是其不应当得到的东西，而法律的目的就是维护这种所谓的应得正义原则，从而维护国家的整体利益与所有人的安全。这种正义在我们现代的民法理论上就是物权制度、合同制度和侵权责任制度上的占有正义、交换正义和返还正义等。

近代法哲学家都把个人自由和权利视为法律的根基，注重法律的权利本位。近代至今在西方影响最大的法哲学理论流派，莫过于以霍布斯、洛克、卢梭、孟德斯鸠为代表的自然法学派，这些法哲学家经典思想的共同之处是，他们都认为法律只不过是人对自然法的模仿，是对自然权利的法律规范化，因而作为人定的法律应当把权利至上作为其基本理念。所谓权利至上理念，就是个人权利是法律、政府和国家产生与存在的道德依据，也是权力合法性的唯一原因，维护个人权利是权力行使的法定现职和唯一目的。自然法理论的历史意义是它彻底否定了君权神授思想的合理性，从根源上判处了权力本位理念的死刑，并为个人权利至上理念进行了哲学证明，因而这种思想在当时具有思想启蒙的作用。这种启蒙思想，就是要证明个人的自由权利不是哪个权威赐予的，不是派生于权力，而是相反，权力来自权利。在自然法理论那里，人定法是自然法则的体现，是人对自然法则的认识与确认，而自然法则的核心是个人自然权利。人天生就有自我生存的自由和运用一切手段维持生存的权利，这种权利是天生的，是自然赋予的，不是任何其他权威恩准赐予的。因此，法的根基是权利而非权力。霍布斯认为，自然法是自然状态下人的生存法则，但这种法则并不能得到普遍的承认与遵从，自然权利处于不确定的受侵害状态，人与人之间是一种相互侵害与相互报复的狼与狼之间的关系。为了结束这种相互伤害的自然状态，人们最终同意来订立一个共同契约，而法律、政府与国家都是依照这种共同契约而制定和成立的。为了结束人与人之间相互伤害的野蛮状态，为了使每个人的自然权利都能得到普遍保障，人们才不得已依照其理性，通过契约达成互不伤害的共同协议，并通过这个协议来制定共同遵守的法律，成立共同治理公共事务和执行法律的权力机构和国家。这就是早期社会契约论对法律权利本位的理论证明。其法律思想的核心主题，就是论证法律上的权力与权利的关系。权利与权力的关系问题也是法律设置中的根本问题，契约自然法理论把专制法律的权力本位转换为了权利本位，认为权力是人为了保护权利而设立的，权力的本质功能是保护权利，而不是凌驾于法律和权利之上的异化物。权力异化，就是权力脱离了其本身的基本功能属性，其本性走向了其反面，成了权利的破坏者。

近代德国古典法哲学强调人与人之间的自由并存。人与人要想和谐共存，就必须通过法律来确认符合自由并存的普遍法则。法是自由的产物，法律产生的前提是人与人相互承认他们之间是自由平等的人格，法律的首要目的就是使人成为人，并尊重他人为人。法是理性的产物，法的产生来自人的共同理性，法的目的和使命就是塑造文明社会所需要的理性人，进而构造理性的社会秩序，铸造理性的政府和司法，构建理性的国家。法的目的是基于自由法权尊重的和平，而法律就是人们为权利而斗争的必要手段。法是自由的定在，是人与人之间自由共存的法则。人的本质是自由，人是自我意志的决定者和承担者。自由是人与物的本质区别，人失去了自由，就受他人意志的支配或奴役。

以上就是权利本位与自由至上的法学思想，而民法就是权利本位法，私权自治就是民法的根本法则，民法的根本精神就是权利神圣与私权自治。

功利主义法学认为，法的根基是幸福，而幸福的衡量标准就是功利原则。在边沁看来，法的根本宗旨，就是减少人的痛苦，促进人的幸福。法的正义性衡量标准，就是痛苦与幸福相抵的余数是正数，如果是幸福大于痛苦，即为正数，则为善，就是正义；如果正负加减之后是负数，这种法律则是恶的，这样执法后果也都是不正义的。依据功利主义思想，促进最大多数人的最大幸福原则才是立法和执法的基本原则。基于功利论的民法，其根本宗旨就是实现最大多数人的最大利益，最大限度地保护个人的人身权利和财产权利，最大限度地维护公共秩序与良好风俗，塑造有利于人们共同幸福生活的功利价值观。密尔认为，个人自由权利必须限定在个人私事领域，且必须不能对他人或社会共同利益造成危害，否则社会就有权对个人自由权利进行干预。法的一般共同内容，是最低限度自由的确认和保障，即个人正当权利不受他人伤害。换言之，只要一个人不对他人和社会构成伤害，那么他的行为和言论就是自由的，就不应该受到他人和社会的干预。从这个互不伤害的基本法则，可以推导出以下两个规则：一是，每个人在纯粹个人私事领域和无害于社会的领域是绝对自由的，社会无权干预；二是，当一个人的行为对他人和社会有害时，社会就拥有了干预的权力。一个人自由的前提是，这个人不伤害他人自由和社会利益。这就是密尔所谓的"伤害规则"。这在民法上就体现为权利和责任平衡的价值取向，即个人自由权利与社会利益都受到法律的尊重与保护。

规范主义法学认为，法律仅指法律规则，与道德是截然分开的两个独立系统。奥斯丁认为，法是一套规则、规范，法的产生源自上级的命令，下级必须无条件执行和服从这种命令。这种来自命令的法律，不论其是否符合道德理念，都必须一律遵从，这样就必然会导致"恶法亦法"的悖论。这种法学理论是从形式上来定位法律的，把法律规范与道德理念完全分开，认为法律就是由权力者制定的一系列具有强制性的行为规则。这样就把法律与道德完全切割开了，其意图是要避免借助于法的道德性来曲解法律规范，达到权力者个人谋私的目的。这种理论的缺陷在于，并非所有的法律都是权力者的命令，也并非所有的法律都是强制性规范。因此，当代新的规范主义法学，在批判早期规范法律理论缺陷的前提下，认为法律必须满足基本的道德要求，否则人们就不会接受和自觉遵从这种法律，即法律必须体现最低限度的道德理念。这说明，法律不可能绝对地脱离道德这一精神根基，基于自由权利的正义是法律起码的价值基础。

总之，从古罗马到今天，无论哪些经典法学思想，无不以解构法的根本价值为己任。综观整个西方法律思想史，我们可以得出以下结论，法的宗旨就是：使人成为好人，使一个民族成为一个优良的民族，使一个国家成为一个优秀的国家。幸福、安全、和谐是法律的终极目标，自由、平等、正义是法律的基本价值取向；而民法是整个法律体系中最为基本的法律，它全面体现了人的基本生存权利与尊严，它对人的私权进行了全面的承认与保护，它也是公法的前提与基础。

第二节　民法的价值本位

关于民法的价值本位，理论上也有多种学说，主要有个人本位说、社会本位说和国家本位说，这些不同的学说，根本上来源于法的价值本位问题。我们可以把上面三种主要学说称作：个人权利本位、社会秩序本位与国家权力本位。民法的制定与执行，都会遵循着不同的价值取向，决定着民法的立法宗旨、基本原则、规范体系等基本内容的构建。如果民法遵从的是个人权利本位，那么民法就突出个人权利的全面确认与有效保护，把维护个人权利作为民法的根本宗旨。

一、民法的权利本位论

任何法都是人、权、法"三位一体"的完整体系。只有把民法放置在这个体系中，才能全面理解与把握民法的价值本位，而不能孤立地探究民法问题。人之为人的理性，就是法保障权利，这是人作为理性人存在的精神要素，因而法是人作为人存在的基本保障，权利和法都是人为自己所创造的精神产品与存在方式。因此，人只有在权利和法中才是作为真正的人存在的。民法是所有的人作为法律上独立的人格主体而存在的最为基本的法律形式，因为如果没有系统完善的民法体系，就不可能有理想的法权人格存在。

民法是民事权利的确认与保护的基本法律。民法不仅集中规定了自然人、法人或其他非法人组织的基本民事权利，还系统地列出了民事权利的"清单"，诸如人格权、物权、合同交易权、知识产权等权利以及上述权利全面保护的请求权等。民事权利是民事主体作为人格的基本要件，如果没有这些权利，那么这些主体也就失去了作为人存在的基本资格。非法限制或剥夺这些民事权利，就等于在贬损民事主体的人格尊严。因此，民法把民事权利作为其设立的根基，就是要全面保障个人作为人存在的基本资格。在古罗马时期，奴隶就是没有任何法律人格权利的物理意义上的人，而非法律意义上的人。古代法律明文规定奴隶是归属于其主人的任意支配的物，自由人可以随意买卖奴隶。即使是柏拉图和亚里士多德那样伟大的思想家，也都认为奴隶根本就不是人，而只配做其主人支配的物，这是这些伟大思想的致命缺陷，是其历史局限性所致。

民法调整的对象是以民事权利和民事义务为内容的民事法律关系，民事活动的最终目的是通过调整民事法律关系来实现民事权利。人格权与所有权是两大基本的民事权利，两者是人格法律关系与所有权法律关系的核心内容，其义务人是不特定的其他一切人，义务人承担的是不得干预权利人行使权利的不作为义务。而在债的法律关系中，义务人与权利人都是特定的。但债作为动态的民事法律关系，它是以债权为目的的，债务只是债权实现的手段，因而债也是以民事权利为核心的民事法律关系。因此，民事法律关系的特点之一，就是它是以民事权利为目的、以民事义务为手段的特殊社会关系，彰显着民法的权利本位。民法的权利本位，在不同场合具有不同的显现。

首先，权利本位是相对于义务本位而言的。权利本位是指民法应当建立于权利的确认与维护这一根本宗旨上，权利是民法的根基与价值取向，而义务只是从权利本位中引申而来的，义务是作为权利满足的一种手段，而非法律的最终目的。而义务本位论认为，义务才是民法的根本价值取向，权利只是次要的，因为权利可以放弃，但义务却必须履行。义务本位论强调的是，履行义务是民法的最高价值，它往往与社会本位或国家本位相联系，因为每个人必须承担起维护社会合作的连带义务，必须承担起不得妨碍社会合作所必需的整体秩序的义务。因此，个人权利本位又往往是与社会本位、国家本位相对立或相对应的法律理念。

其次，权利本位是与社会本位相对应的。民法的社会本位是指民法要以社会整体利益和秩序为基本的维护对象，以维护整体利益为民法的根本宗旨。现当代社会法学派强调法律的社会性，把社会作为法律的唯一来源，法律是由于社会交往的需要而产生的，因而法律离不开社会。每个人都是社会中的人，是社会关系中的社会关系人，因为在社会中每个人都不是孤立的，都必然地与其他人发生合作关系。法律是这种社会中的法律，法律产生于社会，又反过来调整、控制和维护社会关系，克服和消除那些阻碍社会合作关系和破坏社会秩序的障碍，使社会合作与交往顺利进行。每个社会成员都必须承担起维护相互合作的社会义务，那些违反社会共同义务或者不承担社会连带责任的行为都是反社会的行为，法律要对那些反社会行为进行严惩，因此现代社会法学强调个人的社会义务与责任。《德国民法典》与《法国民法典》的根本不同之处就在于，前者突出了民法的社会属性，不再把维护个人自由权利作为法律的唯一宗旨。这就是民法的价值本位取向重大变更的体现。

最后，权利本位是相对于权力本位而言的。关于个人权利作为法的基本价值本位问题，洛克等人最早进行了较为系统的论述。个人自由权利至上，这是西方近代自然法理论的核心理念。个人民事权利作为民法的基本理念，最早体现于法国近代民法典，而作为个人权利至上理念的理论真正奠基者应该是洛克。洛克在其《政府论》中反复阐明并论证自然权利至上理念，他把法律、政府和国家产生的根本来源归为自然权利的转让，而法律、政府与国家成立的目的是保护每个人的自由权利，而且是唯一目的。这隐含着一个基本理念：权利是目的、权力是手段，权力必须以保护权利为其唯一目的，个人权利才是法的根本价值本位，是法的产生与运作的根本宗旨。规范法学派认为，权力才是法律的唯一来源，法律就是权力者的普遍命令，个人必须无条件地服从权力者的命令，因而这种理论强调法律的权力本位，而非权利本位。

二、民法的社会本位论

社会本位，是指法律的根本宗旨是维护社会整体利益而非个人权利。社会本位，不是把个人自由权利放在法律价值理念的首位，而是把社会整体利益作为法律所应当追求的最终目的。法律的社会本位有诸多方面的表现，主要有：社会秩序稳定与和谐的构建，社会公共道德风俗的维护，社会核心价值观体系的引领等。现代法社会学派的思想要旨就是社会本位，法社会学家大都认为社会才是法律的根基，社会连带关系的维护是法律的根本使命。著名法社会学家狄骥认为，法律来源于社会关系，法律的宗旨就是维护社会连带关系，而这种社会连带关系就是相互合作的法律权利义务关系。他认为，法律的本位是社会秩序，每个人都有维护社会合作顺利进行的社会责任，因而他把社会责任作为个人必须承担的一种法定义务。法律要对那些阻碍社会合作而拒不履行社会义务的人进行法律惩罚，因而这种社会连带法律理论认为，法的首要价值是社会责任。现代具有重大影响力的法社会学家庞德把法律视为减少社会交往阻力并促进社会交流的工具，认为法律的基本任务就是对社会秩序进行有效控制，这就是所谓的法律社会控制论。庞德认为，法律的根本宗旨不是维护个人的自由权利，而是维护整个社会的公共利益，法律的根基是社会公益而非个人私利。在他看来，法律的主要任务是把社会交往的阻力与摩擦减少到最低限度。换言之，法律必须承担起促进社会交往的神圣职责，法律的根本任务就是促使社会交往阻力的最小化。他特别强调，法律要对那些反社会的公害行为进行严格的控制。总之，法社会学派都把社会整体利益视为法律的根基。法社会学不仅把社会视为法律产生的根源，而且把维护社会关系与整体秩序视为法律的根本使命，因而认为法律的基本价值取向就是社会整体利益，而个人都应当负有服从维护社会公共利益与整体秩序的公共义务，法律要对那些不履行这一公共义务的人进行惩罚，促使其承担社会责任。国家权力也必须承担对所有违反社会公共利益的个人自由进行依法干预的职责，因而法律应当授权国家对个人自由进行干预，这既是一项权力也是一项义务，而干预的目的是维护社会整体利益与秩序，干预的主要手段就是法律，而民法也必须体现社会本位这一基本理念。

三、民法的权力本位论

权力与权利在法律上的博弈，是有史以来至今未曾消减的法哲学主题。柏拉图曾经论述到，强力不产生正义，也从来不是正义的来源，正义的本质是美德，正义就是每个人承担起与其德性相适应的职务，每个人都负有为整个国家尽其应尽的义务。卢梭把政府视为人民委托的代理人，权力应当为权利服务，以权利为中心。孟德斯鸠更是把专制权力视为一切不平等、不正义的根源，认为法治的根本使命是制约权力，只有权力受到了法律的应有约束，才能真正实现个人的平等与自由。但是，现代实证主义法学则公然把权力视为法律的价值本位，认为所有的法律都是权力者的命令，是一种有效的命令，而人们必须服从这种命令。当然，这一学派也认为，这种命令必须是普遍的而非个别特殊的命令。法律是权力者的命令，而服从法律就是服从权力，因而服从权力是人们必须承担的法定义务，法律的本质是义务而非权利。在规范法学理论视野里，法律体系是由一系列义务规则构成的，而民法也被其认为是由民事义务规则构成的法律系统，即民法就是民事义务系统。权力的本质，是国家意志的体现，因而法律就是国家整体意志的体现，是权力的法律规则化。国家意志的本质是强制，法律的效力也就相应地体现为强制，法律的根本任务就是强制人们履行法律义务，进而服从国家的整体意志。

在经典社会契约论看来，权力与权利既是统一的，又是冲突的，两者在本质上是充满张力的，即权力越大，权利必然就会越小。权力本位是对权利本位的一种排斥，而权利本位在某种意义上也是对权力本位的否定，因为权力本位强调的是国家整体利益至上的法律理念，并不把个人自由权利放在第一位，而是过多地规定个人对社会和国家承担的献身义务。例如，柏拉图所设想的理想国就是国家至上理念的一种彰显，在这样的理想国里每个人都只拥有为国家各司其职的义务，履行这种义务就是正义美德，而法律的根本宗旨就是保护国家的整体正义。而当代新自由论继承并发扬洛克的个人权利正义理念，认为国家权力必须被限制在最小的范围之内，法律必须体现个人权利至上理念，充分保护个人的自由权利，这是对权力本位的一种否定。因此，权力本位与个人本位的法律理念不仅在古代是冲突的，在当代也仍然如此，两者的这种冲突与协调问题在当代和未来的西方也会继续存在下去。

四、权利、秩序与权力系统化

我国民事立法也要体现国家意志，国家意志主要是通过权力对权利进行干预来实现的，而权力干预民事权利的合理依据就是避免权利滥用，权力干预的唯一目的是把民事权利约束到合乎法律与公序良俗的范围之内。当然，在计划经济模式之下，经济运行主要由国家权力机关来规划，完全的计划经济是不允许任何个人之间的合同关系的，所有经济行为都是在国家计划之下运行的。

我们是社会主义国家，在民法制定中是能够很好地将这两种民法理念处理好，我们应当坚持以民事权利作为民法的基本理念，同时要体现社会整体利益，国家权力在个人民事权利危害到社会与国家整体利益时就有权进行必要的干预。我国改革开放的目的，就是要构建一个能够促进我国社会主义现代化建设所需要的社会主义市场经济体系。但是，改革的实践证明，权利、权力与社会秩序三者关系在法律制度上如何平衡确实是一个需要反思的重大课题。因为这不仅需要在理论上认清权利、权力与社会发展的关系，更要认清如何从我国的现实社会经济发展的需要来处理三者的辩证关系。

《民法典》的出台是我们法治理念走向成熟的反映，《民法典》第 1 条就把保护权利、维护社会经济秩序与弘扬社会主义核心价值观三者统一规定为民法的根本宗旨，体现出个人权利、社会秩序与国家权力的统一。但是，现实市场经济运行中仍然存在权利保护、社会公共秩序与国家权力三者关系的困境，这表现在市场经济一管就死、一放就乱，这种治理痼疾仍然没有得到完美匡正。我国民法的价值本位是复合型的，是个体权利、社会秩序、国家精神三者融合为一体的，是由三者构成的价值体系。我国民法的价值本位，不是单一的，而是由三个方面构成的一个整体系统。当然，在理论上讲，我国民法的价值本位是权利本位，但是这种权利本位同时兼顾了社会利益与国家意志，因而这与单一的权利本位是根本不同的。私权自治与保护是民法最基本的属性，而民事权利自治，要受到诸多因素的限制，如社会公共道德、社会秩序和国家利益等。

总之，从历史上经典理论和我国立法改革实践来看，单一价值取向必然是不完善的立法理念，于是《民法典》采取了复合式价值体系，这一体系就是由个体权利、社会利益和国家权力相统一的价值模式。三者的相互关系是，个体权利是民法的基本价值取向，或者说民法的核心价值是个体权利，社会利益是民法要兼顾的价值理念，国家权力是协调个体权利与公共利益的必要环节。尽管《民法典》规定了行使民事权利不得违反社会公序良俗和国家利益，但是我国民法的基本价值本位仍然是权利本位，而非社会本位或国家本位，只是说，权利本位要受到社会利益和国家意志的限制。

第三节 民法的私法属性

一、属性与公私法

属性是决定某物是其本身的本质特性，如果缺失了这一属性，那么这个事物就不再是其本身，就会消亡或异化、变质。属性具体显现为事物的功能、宗旨、使命、本能、本性，换言之，这些现象都体现着这一事物的属性。属性是一事物内在本质与外在特征的结合，是一事物区别他事物的基本标志。为什么是人不是一般动物？因为人的本质是自由，人的基本属性是理性，因而人被定义为：人是拥有自由的理性存在者。自然界完全受自然规律的支配，自己并不决定自己的命运，只有人才拥有自主的属性，人在本质上是受自由律支配的。法律就是人所特有的自我把握自我的理性能力，法律只是人作为理性存在的一种精神现象。

公法与私法区分的理论，是由古罗马的法学家乌尔比安最早提出的，乌尔比安还系统地论述了公法与私法的概念及其区分标准，并阐述了区分两者的意义。他认为，法律"有的造福于公共利益，有的则造福于私人。公法见之于宗教事务、宗教机构和国家管理机构之中"①。公法是调整社会政治关系的，涉及社会和国家的稳定，而私法是调整个人之间私事的，涉及的是个人利益。公法关系是不允许个人通过契约协商来进行变通的，而私法上的法律关系则允许个人协商来处理。这与我们平常所说的公私分明理念很相近，公事公办、私事私办。梅迪库斯把法的各种学说归结为三大类：第一，利益说。"根据利益说，判断一项法律关系或一条法律规范是属于公法还是私法，应以涉及的是公共利益还是私人利益为准。"② 这种分类也有其不足之处，现代社会公共利益与私人利益往往不容易区分，如《反不正当竞争法》就不能简单地划归为公法或私法，因为它既保护公共利益又保护私人利益。第二，隶属说。这是依据法律所调整的对象来区分的，如果调整对象是隶属关系的就属于公法，而那些不具有隶属关系的就是私法。隶属关系不是平等关系，是一种命令与服从关系，而平等关系是主体之间相互独立的，不具有命令与服从特性的关系。但是，此学说也有缺陷，因为私法里有时也存在隶属关系，如私法中的亲权关系就存在隶属关系，而行政部门之间也存在平等关系的情形。第三，主体说。"根据主体说，如果某个公权载体正是以公权载体的身份参与法律关系，则存在公法关系"③，而不是以公权载体身份参与法律关系的，就是私法关系。但是，这种学说也有其不足之处，它没有概括出公法的所有主要特征。

---

① 彼得罗·彭梵得：《罗马法教科书》，黄风译，中国政法大学出版社，1992，第9页。
② 梅迪库斯：《德国民法总论》，法律出版社，邵振东译，2001，第11页。
③ 梅迪库斯：《德国民法总论》，法律出版社，邵振东译，2001，第12页。

二、民法的私法属性

民法的私权自治性，就是民事主体对自己的私事有权自我决定，而不准他人强制干预，任何他人的违法干预都是违反私法自治原则的，因而自治也被视为民法的根本原则。私法最基本的原则就是私法自治或私权自治，而我国《民法典》上私权自治的基本表述是：自愿。自愿的基本含义是民事主体参与民事活动要依照自己的意愿，而自治是自愿的一种学理表述。自治的含义有两层：一是自治本身的正面含义，二是自治的反面含义。自治的第一层面的含义，就是私事由私人自己决定，自己是自己事务的主人，作出什么样的民事行为由自己来选择，与谁进行法律关系，以什么代价和条件进行民事行为，最终要由自己决定，当然自由意味着责任自负。第二层面的含义，即反面含义：私事自治就是避免他人干预，自己的私事自己当家，别人没有权利进行干涉，这就是一种所谓的消极自由，即免于他人干预的自由，或者免于强制的自由。私法是相对于公法而言的，公法是规范权力行为的法律，体现国家意志，如行政法、刑法、诉讼法等。公权与私权的关系是辩证统一的，一方面，公权保护私权；另一方面，公权与私权相互限制。公法是国家权力机关干预权的一种法定界限，在公权干预的范围内，私权是受到限制的。公法体现的是服从关系，不允许公法主体意思自治。而私法是私人的私权受到法律保护的法律，体现着私法自治原则，在法律范围内可以私权自治，私人拥有自我处分自己权利的自由，国家不能干预私事。例如，我叫什么名字，我拥有多少财产，我是否去签订民事合同及如何签订，国家在我不违反法律或侵害公共利益时都不得干预。私权是私人安全的堡垒，不经过本人允许，不经过法定程序，是不能干预的，例如，我的居住地，不经允许或经过法定程序，任何个人或机关都无权步入，否则就是侵权。西方近代法治原则的核心价值，就是私权神圣不可侵犯，个人自由权利至上。

当然，当代诸多西方国家也开始对私法自治原则进行种种限制，因而出现了私法公法化倾向，国家对私权自治进行各种限制，私权不再是绝对的不可干预。这种国家干预私权的依据，主要是出于社会公平、公共道德、公共安全、公共发展等公共需要。但这也导致了国家政府滥用公权力，甚至肆意粗暴侵犯公民私权，如美国屡次发生的警察殴打黑人致死案件。在西方国家也常常发生公权与私权的冲突，国家政府干预公民私权行为受到公众的抵制。因此，私权与公权如何平衡，公权对于私权控制的力度与范围如何限定，这一直是现代法治理论与实践中的一大难题。私权的另一层含义，是相对于政治权利而言的，个人享有两种权利，一种是民事权利，另一种是政治权利，前者属于民法调整的范围，后者是宪法、行政法调整的对象。政治权利就是个人依法享有的参与政治和公共活动的基本权利，如选举权、参政权、宗教自由权、言论自由权等。

我国改革开放初期受极"左"思想的影响，理论上并不承认民法的私法属性，认为一切法律都是国家意志的体现，都属于公法。因而那时人们普遍认为，不应当把法律分为公私两大阵营，并且至今仍然有少数学者认为，凡是法律都是体现国家意志的公法，不存在私法，而且认为公私法之分纯属西方资本主义法律体系所独有的，我国法律不应当承认与接受，也从来没有过所谓的私法。但是，在我国改革开放与社会主义法治体系构建的过程中，公法与私法理论已经开始为学界所逐步认可，"公法与私法之争与社会主义市场经济的确立相伴随"①。现在法学界大多学者认为，民法的本性是私权法，与行政法等是有根本区别的，"民法（不含已经出现公法化趋势的商法）立足于维护私人利益，采取自由调整方法，属于私法的典型代表"②。

民法是对民事主体的民事法律地位、民事权利能力、民事权利体系等民事法律制度进行全面系统规制的基本部门法。民法的私法属性，可以从以下几个方面来理解：第一，从宗旨上可以看出民法的私法属性。民法的根本宗旨是保护民事主体的合法权益，而民事权利的取得、行使和处分都完全依照自愿原则，完全由民事主体自主决定。民法宗旨所定位的民事权利本位决定了民法的私权自治属性，这是民法的灵魂之所在，它支配着整个民法内容与结构体系。国家只是对民事权利进行系统确认与有效保护，对侵害民事权利的行为进行法律干预。这些都说明民法在本质上是私权自治法。第二，从民法调整的对象来看，民法是调整私人民事关系的法。民法调整的对象，是平等的民事主体之间民事权利义务关系，民事关系的平等性表明民法的私法属性，因为平等关系是相对于命令与服从的公法关系而言的。第三，从民法的基本原则也可以看出民法的私法属性。民法的最基本的原则是自愿，自愿就是指，民事主体依照自己的意愿设立、变更或终止民事法律关系，依照自己的意愿进行意思表示和行使民事权利。自愿的本质就是自主，在民法理论上就是意思自治，也叫私法自治。因此，民事自愿原则就是民法私法属性在法律形式上的最为直接的

① 江平、张恒山：《共和国六十年法学论证实录·法理学卷》，厦门大学出版社，2009，第322页。
② 江平、张恒山：《共和国六十年法学论证实录·法理学卷》，厦门大学出版社，2009，第322页。

表述。第四，从具体民事制度来看，也表明民法的属性是私法。我国《民法典》分别规定了物权、合同、人格、侵权责任、婚姻家庭等具体民事制度，而这些民事制度系统规定了民事主体的财产权和人身权的内容种类、行使、转让、保护等制度。这些制度一般奉行的都是民事自治原则。从以上方面可以看出，民法的属性，必然需要民法的宗旨、基本原则、民事法律关系制度和各种具体的物权、债权等制度来系统地体现。因此，民法就是基于民事权利与私权自治的各种民事法律关系制度构成的完整体系，是由诸多小系统及其要素构成的大系统，这就是民法精神与体系的系统论特征。民法是调整民事关系、保护民事权利的基本法，而民法调整民事关系必须依据基本的法治理念，这些法治理念就是民法的基本原则。

本章小结

任何事物都有其本位与属性，而民法的基本属性、本质与特征都由其根本宗旨、原则与实现制度来体现。我国民法的权利本位是与社会秩序、国家意志相融合的，而民法在实现权利本位时，必须兼顾到其维护社会经济秩序和弘扬社会主义核心价值观的任务。民法的权利本位，决定了民法的私法属性。民法的属性，是民法区别于其他法律的特性，而民法的基本属性主要有权利属性、私法属性、市场经济基本法属性和基本部门法属性。民法最基本的属性是私法属性，其他属性都从这一属性中引发而来。民法私法属性的本质是私权自治，而自治的本质，就是抵抗外来的强制、干涉，实现自我决定自我的自由权利。传统民法理论认为，民法是调整平等主体之间的私事关系的基本法，它奉行的是自由权利至上的基本理念，因而民法私法属性意味着民法负有限制权力的任务，要求权力不得对私权关系进行主动干预。但是，现代法治已经不再奉行完全的私事自治理念了，而是对私事自治进行必要的干预，这就出现了所谓的私法公法化趋势，进而民法私法或公法属性的争论就重新成了热点话题。我们对民法属性的反思，将有助于深入理解民法的根本精神。

第四章

民法基本原则体系

第一节　相关概念阐释

一、原则与法则、规则、准则

原则与法则、规则、准则在意义上既存在相互联系，又有着根本区别。在哲学意义，法则是最高效力的原理，通常称其为普遍法则，它是原则、规则与准则产生的根源。原则是法则的具体化，是现实中的法则。原则又是规则的总根源，原则需要一系列的规则来体现，或者说，某个领域的规则都要受到某一或某些原则的支配。如果说法则、原则和规则都具有普遍性，那么准则却属于特殊性范畴。准则是个人把自以为法则、原则或规则的东西当作自己行为的标准，准则是个人认可的行为依据，因而准则具有个人性、主观性、特殊性。同时，准则所依据的法则、原则或规则是行为人主观化了的东西，不再保证其原有的客观普遍性。因此，四者是从普遍到个别、从抽象到具体的转换。

法则本身是客观的、普遍的、永恒的法。法则是客观存在的，是不以人的主观意志而改变的，是永恒的、不变的，因而它在效力上是普遍的，即法则对任何人都是有效的，而不论个人承认与否。例如，孟德斯鸠把法则称为法，并认为人有人的法，神有神的法，自然万物都有其特有的存在法则。我国古代的老子很早就提出并详细论证了道的概念，这个道就是普遍永恒的客观法则，并指出天道、地道、人道三大道及其相互关联法则，人的法则要受到天、地之法则的制约。道作为普遍法则是无形的、抽象的，是万物之源，人只有用思维才能把握。西方的自然法理论，把自然法则视为永恒的普遍法则，它是人定法的合法性依据。自然法则本身是永恒不变的理性法则，是人在自然状态下自动生效的法则，是人的自然存在法则。而人定法只能说是原则和规则，是人主观创造的行为标准，它往往被认为是对自然法则的一种认识与模仿，但前者并非对后者的真正描写。

原则在本质上是主观的，正如人们常说的，你有你的原则，我有我的原则；但这个原则只是行为的抽象理念，是行为的总方针和指导，并非具体的规则，例如，人人平等原则、人格自由原则。不同的民族也有各自奉行的法律原则，近代以来英国人把个人自由视为最高原则，而法国则把平等视为法律和国家的灵魂，德国则把个人自由与国家普遍利益相统一视为最高原则。规则是行为应当遵循的具体规范，法律规则是法律所拟定的具体行为规范，是具有国家强制性的普遍有效的行为标准，人们必须遵从，否则就要受到法律的制裁。准则，是现实中每个人行为时所设定的具体行为依据，他可以把某个具体的普遍法则、法律原则或法律规则作为自己的行为依据，也可以依据自己所设想的某种原则作为其行为依据，作为其行为准则。因而准则完全是个人自己的选择与决定，不具有普遍有效性，而只对行为人自己有效。但是，如果自己所选择的准则是与法律原则、规则相违背时，就会构成所谓的违法，因而可能会受到法律的惩罚。康德曾经对法则与准则进行了区分，他认为法则是普遍的、客观的，而准则是个别人的行为规范，而且只有准则符合了法则时，这个行为才是理性的。他提出这样一个法则，即每个人在行为时都应当始终使自己行为所依据的准则，能够同时成为普遍法则，那么自我就是一个理性立法者。同时，人应当使自己行为所依据的准则能够与普遍法则相一致，这时人才是理性的守法者。康德三大律令中最为根本的普遍法则是目的论法则，即任何人行为时应当始终把自己和他人的尊严与人格都当作其行为的目的而非手段，这就是自由并存的普遍法则。如果把自己偏私的准则当作普遍法则，那就是自负，自负必然导致行为的失败或对自己和他人的伤害。因此，原则是介于法则与规则之间的规范要求，是现实化了的普遍法则，它又是所有具体规则的总要求。

民法所体现的普遍法则是什么呢？它应该是民法所应当遵循的最高精神，而民法的基本原则和具体规则都是从此发生而来的。从这角度来讲，民法的普遍法则应该从人自身及其相互关系中来寻找，个人自身及其存在的社会关系的基本法则也可以从不同视角进行解构。人之所以为人的前提就是享有人格尊严和人身自由，反映在法律上就是人享有权利，人与人所构成的社会关系在法律上就是法律关系，因而法律应当遵循的普遍法则应当是权利至上，即权利应当受到普遍尊重。民法所应当遵循的普遍法则就是人格尊严与权利至上法则。民法的基本原则是民法普遍法则的具体化，是民法的普遍法则的主观具体化，对民法的立法、完善与适用都有着普遍指导意义，任何民事立法行为与民事法律行为都不能背离它。

二、民法基本原则的概念

民法的基本原则，就是民法价值理念的分类化，是所有具体民事制度、民事活动都必须遵循的基本要求，体现着民法的根本精神，是民法的灵魂之所在。从实践意义上讲，任何民事活动都不得违反它们，是所有民事行为的基本底线，也是社会秩序、文化与道德的底线。所谓基本原则，就是贯穿于整个民法体系始终的总精神，这里的"基本"就是最基础的、底线性的、普遍约束性的意思，因而民法的基本原则应当是所有民法规范体系都必须贯彻始终的普遍法则，它指导着具体民事法律制度。因此，民法基本原则，既是一种价值理念上的基础性要求，也是效力上的最高法则。例如，民事法律行为的效力制度就是此类原则的体现，违反民法基本原则的民事法律行为会导致无效或可撤销，如欺诈违反诚信原则，可能会导致可撤销或无效。

民法的基本原则，是由其基本精神与宗旨所决定的。法的精神，就是指法的根本价值取向，法的灵魂，而法的精神必须通过法的基本原则、具体规范来体现。民法的基本精神和宗旨，就是确认和保护民事权益。民法的精神与宗旨的实现，是通过调整民事关系来实现的，而民法基本原则就是民事主体参与所有民事关系都必须遵循的最高要求，即必须遵循的基本价值理念。民法的基本原则，也是宪法中有关公民拥有的人身与财产权利规定的一种延伸与具体化。什么是宪法及其精神？宪法是一个国家的根本大法，一个民族传统与时代精神的集中体现，展现着人民集体智慧文化的总水平与特色，是民族本质自我认识的结晶。现代宪法的本质或精神就是最大限度地规定与保障公民所应当享有的政治、民事等基本权利，因而人们常说，宪法是人民权利的总章程。民法是从民事法律的角度来全面规定民事主体所应有的民事权利的，因而也有说，民法是市民的权利总章程，而民法的基本原则是宪法根本精神在民事方面的具体展现与系统化。从现代法治体系构建角度来看，民法的基本原则体现着现代法治理念，是现代法治精神的集中显现。民法的平等、自愿、公平正义和诚信等原则，也是社会主义核心价值观中的平等、自由等基本内容的民法化，是当代法治精神在民法中的一种系统反映。因此，民法的基本原则，与现代法治精神、社会主义核心价值观在本质属性上是相通的，遵从民法基本原则本身就是在践行现代法治理念和社会主义核心价值观。

三、各基本原则的相互关联

民法的基本原则，不只有简单的一个，而是由多个原则构成的一个完整系统。每个原则不仅具有各自的含义，还具有不同的功能与地位。

第一，根基性原则：保权原则。保权原则就是权利受民法的全面确认与有效保护的原则，它在民法中的地位是由民法的根本宗旨所决定的。其根基地位表现在两个方面：一是它是所有的民法原则的根基，其他基本原则都是由此而生长出来，或者是此原则的延伸，或者是对此原则的限制。二是它是整个民法体系的根基，在整个民事规范体系中具有根基地位，因为每个民法规范直接或间接地与民事权利有关，要么是确认民事权利的，要么是保护民事权利的。

第二，前提性原则：平等原则和自愿原则。平等和自愿是保权原则引申出来的民事主体特有的两个基本原则。首先，平等原则，属于前提性原则。它是进行民事法律关系的前提，主体法律地位是平等的，主体权利能力享有上是平等的。民事活动的前提，是民事主体在法律地位上的平等性。其次，自愿原则，是属性原则。自愿是自由与责任的合一，凡是我自愿或同意的，我才必须承担其后果，因而自由意味着责任。私权至上、意思自治和责任自负，是法国早期民法典所确立的三大原则，被视为现代化法治的标志。自由原则或自治原则，现在有诸多限制，这些限制性原则主要有公序良俗原则、绿色原则等。

第三，补充性原则：诚信原则、公平正义原则。这两项原则是对保权原则、平等和自愿原则的一种补充。诚信原则有人称之为帝王式法则，将其视为民法的最高法则，而实际上它是补充性原则，因为它本身是一种道德性法则，但被民法转化成了民法原则。缔约过失责任、合同保守信息义务等民法规则，都是诚信原则的具体体现。公平正义原则有多层含义，有时指同等情况同等对待，有时指民事权利与义务的设定要合理，不能一方过分有利或过分不利，让一方只享有权利或承担责任。

第四，限制性原则：合法原则、公序良俗原则和绿色原则。这些原则主要是对保权原则与自愿原则的一种强制性限制。合法原则，是民事活动的绝对底线原则，即便是民事权利的行使，也不能违反法律，违法的民事法律行为都是绝对无效的。公序良俗原则体现的是社会公共利益，包括公共秩序和良好道德两个方面。以上这几项原则的内在关联，体现着个体自由权利与国家干预意志、社会价值本位的一种平衡，也是国家与社会的整体利益对权利至上原则与自愿原则的一种制度性限制，而限制的同时是更好地维护权利至上原则与自愿原则。绿色原则，是指民事活动必然要考虑到生态与环境的保护，即便是行使权利也不得给生态与环境造成破坏。因此，合法原则、公序良俗原则和绿色原则都是对保权原则、自愿原则的一种限制，违反这些原则的民事法律行为都应该是无效的。

第二节　前提性原则：平等原则

一、法哲学与宪法上的平等

平等有多重含义，如法哲学上的人格平等，宪法上的自由平等，政治权利上的平等对待与关怀，民法上的权利享有与义务承担上的平等。法律上的平等，是指法律之上无人且之下亦无人，人人都是法律之内的人，法律权利享有与义务承担上一律平等，没有特权与歧视。我国当代的社会主义核心价值观，其中的一个层面就是自由、平等、公正，而全面的法治建设，首先要让人们感觉到平等自由，相信法律确实是主持公平正义的，而民法作为法治的基础法律，也必须要体现社会主义核心价值观，平等则是价值体系中的一员，也是民法的基本原则之一。我们在探讨民法上的平等原则之前，可以就法哲学上的平等大致进行一个体系化分析。

法哲学意义上的平等，是指每个人作为人在抽象人格上是平等的，即人格平等。马克思认为，平等理念最早是由基督教提出的，早期基督教教义规定了所有的人都是人，人人在上帝面前是平等的，都是上帝的子女，人与人之间是平等的兄弟姐妹关系，也都享有上帝的平等关爱与保护，并不认为奴隶不是人。现代法治哲学理念下的平等，主要是指法权人格上的平等。法权平等是近现代法哲学的核心理念，近代契约自然法理论认为人天生是平等的，人人都享有平等的生命权、财产权、自由等自然权利，这些自然权利对于任何人都是平等的；而西方近代法律只是把这种天生平等规定为普遍规则，当然这种平等也只是形式的平等，并且形式上的平等也没有真正全面贯彻到底。

现代宪法都宣称人人平等原则，人人享有平等的法律地位和权利，也都必须平等地遵守法律，不得有任何人享有超越法律之上的特权；人人都享有得到法律平等保护的权利，人人在法律上都不得受到歧视；人人在受到严重生命生活困难威胁时，都享有得到国家救助的权利；人人都享有参与国家治理的平等机会，如（被）选举权、申诉举报控告权利等。但是，即便当代一些宪法宣示了这些平等原则，在具体法律规定上也还存在种族、性别上的不平等，现实中不平等观念与现象从来在一些国家中没有中断过。只有在社会主义中国，不仅在宪法和法律上能够把平等原则贯彻始终，而且在现实中也能够尽力做到人人平等。

二、民法上的平等

法律的平等，是指每个人在法律上的人格尊严与人格权利是平等的，每个人都平等地享有法律上确认的基本权利并受到法律的平等保护。民法上的平等，是指当事人在民事活动中的地位平等。这里的法律地位，是指所有的人在法律上的地位没有高低贵贱之分，都是平等的民事主体。进一步来讲，民法上的平等是指，每个人都是人，不论男人、女人，穷人、富人，官员、平民，都叫作自然人；不论是公有企业还是私有企业，在民法上都叫作法人或其他组织，谁也不比谁的法律地位高或低，谁也不能强制别人。法院欠债，也要依法负有偿还的义务。男女平等是最易于理解的平等，婚姻法中规定了男女平等原则，夫妻在家庭中的地位平等。

最普遍的平等，是市场交换上的平等，因为市场交换与竞争的前提就是平等，每个市场主体都拥有平等参与市场交易与竞争的权利。双方自愿合法的交易都被视为符合平等原则，这只是形式上的平等，一种机会上的平等。

国外有一个典型故事，原来我们用来批判资本主义的金钱至上观，但这一故事也同时是对民事平等原则的一种诠释：爷爷与孙子的帽子故事。孙子放学后开始做买卖帽子的生意，有一天带着没有卖完的帽子回到家里，爷爷见到想要一顶帽子，而孙子如何对待爷爷的想法呢？孙子说，爷爷应当和其他人一样付钱购买，而爷爷听后不仅没有责备其不孝顺，反而非常高兴，并大加赞赏。为什么爷爷大加表扬孙子？因为他为其孙子已经知道并遵循做生意的基本原则而高兴，这个基本原则就是市场经济的平等精神，平等交换就是平等对待。我们有时也常说，亲兄弟也要明算账，这也体现着市场平等。同理，如果是老师与其所教的学生、医生与病人之间进行买卖交易，是否违反平等原则？这在英国法律上规定为推定存在优势一方利用了其优势地位，这种不平等、不自愿的交易是可以请求法院宣布为无效的，除非能够证明没有利用这种不平等的身份关系，是双方完全自愿的。

再如，改革开放初期某乡政府以政府名义，到个人饭店吃喝多年欠款几十万元，并说饭店归属政府所管，吃了白吃，打的白条也不偿还。这在民法上，就是违反平等原则，从根本上违反民法的基本精神，在经济上违反市场经济法则。市场之中市场主体之间法律地位没有高低之分，谁也不能强制他人，谁也不能不履行自己的义务，即便是政府、法院欠债也要依法承担偿还的义务。

我国目前对于民法的平等原则，有着不同观点：第一，有人认为《民法典》中不应该把平等作为一种基本原则来规定，因为平等不仅是民法的基本原则，还应该是所有法律的基本原则，宪法就已经把平等规定为法律的基本原则，就是众所周知的法律面前人人平等原则，因而民法就没有必要再重复规定平等原则。第二，有人反对上述观点，反对者认为平等虽然是法律的基本原则，但民法上的平等原则与其他法律的基本原则有着明显的区别，民法上的平等指的是民事地位上的平等，是民事主体之间不具有从属或支配关系，而宪法上的平等原则主要指的是抽象的人格平等，是守法意义上的平等，是任何人都没有超出法律之上特权的平等。第三，有人对现行民法规范中对平等的定位存在异议。这种观点认为，《民法典》不应该把民法的调整对象规定为平等主体的民事关系，而应该把平等二字去掉。其理由是，民事主体之间本来就是平等的关系，而该条应该简要表述为：民法是调整民事法律关系和保护民事权利的基本法律。民事上的平等，主要是指主体之间没有隶属管辖关系，不是内部关系或命令服从关系，单位内部业务关系、行政管理关系不是民法上的平等。总之，民法上的平等原则，主要是指民事主体在法律上的地位平等，每个民事主体都是独立的民事主体，民事主体之间不是隶属关系，更非支配、命令与服从的管辖关系。换言之，平等意味着每个民事主体都拥有同等的民事主体资格，拥有同等的民事权利能力，因而平等是民法上主体资格上的基本特征。总而言之，平等是指民事法律关系中的民事主体特征，平等原则是民事主体参与民事活动的前提性原则。平等是自由的前提，自由原则才是民事主体主观意志上的平等，是民法的根本性原则，彰显着民法的根本属性。

第三节　核心性原则：自愿原则

一、自由的一般概念

自由是自古至今人们讨论最多，对人最重要，同时也是最有争议的论题。关于自由的热点话题很多，例如，什么是自由，自由与现代法治精神有何关系，自由与市民社会、市场经济有何关系，人类的自由梦想是否能够实现。我们在讨论民法自愿原则之前，要大致探讨一下自由到底是什么。卢梭在其《社会契约论》的开篇就提出了自由的理念与现实的张力问题，"人天生是自由的，但是，也无处不在枷锁中。那些自认为是别人的主人的人，实际上是比其他人更加彻底的奴隶"①。人天生本来是自由的，自由是人应有的本质属性，是人天赋的自然品性，但现实中的人却总是在枷锁之中受到外在的约束，现实中并不存在完全的自由。卢梭由此揭示了人的天赋自由与现实自由之间的张力，揭露了专制制度下是不可能有真正的自由的，人的天赋自由受到了现实专制的压制。法国现代自由主义大师贡斯当揭露了宪法上规定的自由与现实中自由状态的不一致性，"法国曾经颁布过的所有宪法都说要保障个人自由，然而，在这些宪法的统治下，个人自由却不断受到侵犯"②。宪法条文中规定的自由平等，现实中却是另一种情况，这说明自由不能仅存在于理论上，也不能仅停留于法律条

---

① 卢梭：《社会契约论》，徐强译，九州出版社，2007，第7页。
② 贡斯当：《古代人的自由与现代人的自由》，阎克文、刘满贵译，商务印书馆，1999，第202页。

文上，而应该实现于现实生活中。由此看来，西方一直向往的所谓自由只是停留在理论假设与宪法宣言上，真正的自由根本不能实现。这也说明现实的自由是多么弥足珍贵，自古以来多少志士仁人和伟大哲学家所追求的自由境界是多么难以完全实现。

自由是所有法律的总精神，人类所有的法学、法哲学都在不断地探求人的自由及其实现问题。自由是人的梦想，完美的自由也被一些人认为只是一种乌托邦，是人间的天堂。乌托邦就是人的最佳生存状态，是人的理想王国，是自由王国，而在这个理想王国里，每个人都是自由的，每个人都是自己的国王，也是这个国家的国王，每个人都是自己的主人，任何人都无须依从于他人。同时，自由王国里，人人都应该是圣人，人人也都拥有神圣不可侵犯的自由权利，人人也都自愿承担着不侵犯他人的神圣责任，这就是理性人。我国传统文化里没有自由和自由人的词汇，但并非没有与此相应的词汇与概念。我国古代的所谓圣人就是拥有自由能力的人，就是理性人，在西方的文化里就叫作自由人格。我国的圣人概念就相当于西方的理性存在者、自由存在者，也是正义存在者，圣人之所以是圣人，就是因为他们知道什么是正义之事，并愿意做正义的事，不去做伤天害理的事。圣人王国在本质上就是自由王国，在这里人人皆为君子，只有人人都是君子，人人才会拥有真正的自由，人人都是作为理性自由存在者而存在着。

在哲学意义上，自由被视为人的本质，人失去自由就意味着人失去了做人的资格。西方的自由理论主要有以下两种类型：

一是消极的自由。它是人作为人所应当拥有的最低限度的自由，即不受他人干预的自由。只要一个人不被强制，那么他就是自由的了。权力的唯一职能就是保护个人的自由权利不受他人侵害，政府充当着为公民看家护院的守夜人角色，超越这一职责界线就是政治暴虐。这就是所谓个人自由主义原则，这种自由也被作为最低限度的自由。这是个人本位的自由理念，突出了个人自由至上精神。但是，这种自由理念存在根本的缺陷，即个人自由易于与国家普遍利益相冲突，而处理这种冲突的原则仍然是个人自由至上，即国家利益让位于个人自由，因为这种自由理念奉行的是个人自由才是国家的根基，而非相反。在这种个人自由至上理念之下，社会和国家公共利益就很难得以保障。后来的功利主义者密尔就修正了英国早期的纯粹个人主义自由观，提出了社会责任之下的个人自由观。密尔在其《自由论》中阐述了其著名的自由概念，并提出了自由的两层含义：在纯粹私事领域和在不危害他人利益时是自由的，不应当受到社会力量的干预与强制；但是，当个人自由危害他人和社会利益时，他就必须向社会交代，对自己的自由行为负责，而且社会力量也有权对其进行过问、干预与惩罚。虽然这种自由理论一定程度上修正了洛克消极自由的理论缺陷，强调个人自由应当受到社会整体利益的限制，但密尔自由理论的本质仍然是消极自由，突出个体自由本位的法治理念，强调个人自由永远是国家发展昌盛的根本动力。

二是积极的自由。积极自由就是拥有理性能力的自由，理性能力就是指能够按照理性法则而行为的自主能力。积极自由强调人只有在理性法则上才是自由的存在者，认为只有拥有理性能力才是自由的，而人要成为自由存在者，就必须遵循理性法则，因而自由存在者也一定是理性存在者。如果个人缺乏或失去理性能力，那么国家就有义务帮助其拥有理性，甚至强制其遵循理性法则。康德良知说的本质就是理性自由，他认为人只有在遵从普遍法则时才是自由的，而良知就是自觉地把普遍的理性法则纳入自己内心，而普遍法则的核心理念就是把人当作目的而非手段。而黑格尔则把自由视为人的本质，自由只有在主观法与客观法相统一的层面上才是真正的自由，真正的自由是个人特殊性与国家普遍性的统一。因此，积极自由有时又被称为意志自由，其本质是整体自由，这与英美法系的消极自由的个体自由相对应。

实际上，积极自由与消极自由都有局限性，因为积极自由的本质是国家普遍性而非个体性，个人的自由只有在国家普遍性中才有意义，奉行的主要是国家利益至上理念，强调自由的共存，强调整体的自由。消极自由则走向了另一个极端，这种理论过分强调个人自由，而忽视了国家整体利益，因而这也是一种极为片面的自由理念。真正的自由应该是两者的结合，而这种结合只有在社会主义中国才能真正实现。

二、民法上的自由概念

自由是所有法律的基本价值理念，是所有法律的根本原则，而民法是有关民事主体的自由原则与规则的法，是规制民事主体自由及其限度的基本法。民法上的自由，是私法意义上的自由，与公法上的自由是有明显区别的，尽管两者在本质上是统一的和相互关联的。公法上的自由，是指公民的基本政治权利，是个体参与国家政治生活的基本自由，如选举和被选举的自由。

自由在我国民法中的表述一般是"自愿"。自愿原则就是指，凡是民事事务都由民事主体自己决定，别人没有权利对其进行干预。自愿原则有以下几层含义：一是，凡是我自己的私事，都由我自己来决定，这就是私事自治原则。二是，自我决定的民事事务，自己要对其负责，这就是自我决定自我责任，因而自由意味着责任。三是，自愿的反面含义就是免于他人干预，而他人干预我的民事事务就是对我的自由的冒犯，因而自愿意味着免于强制。

有人把民法上的自愿原则视为自由，也有人反对把自愿与自由等同起来。但是，可以肯定的是，西方的私权自治原则或民事自由原则，与我国民法上的自愿原则是相通的或相对应的概念。当然，自由的概念，就其本身的含义而言，要比民法上自愿原则的含义宽泛得多。也可以把民法上的自愿原则视为自由概念的一种具体化。

　　自由表达自我意志的能力，与个人的年龄和智力有关，即理性是自由能力的前提，这在民法上就是主体资格问题。民法上民事能力就是民事主体资格，就是民法确定的、能够作为民事主体参与民事活动的资格，这种主体资格在我国《民法典》中规定为民事能力制度。民事能力由两个方面构成：一是民事权利能力，二是民事行为能力。两者有何区别？权利能力人人平等，是抽象的权利享有，而民事行为能力是主体能够用自己的行为来行使民事权利和履行义务的能力。自然人只有达到一定年龄且智力正常，才具有相应的民事行为能力。如果与没有相应的民事行为能力的人达成合同，就会存在合同效力问题，无行为能力人所订立的合同是无效的，而限制行为能力人超越其行为能力所签订的合同则是相对无效的，即一般是效力待定的。只有完全行为能力人，在自由的情况下依法订立的合同，才是有效的。

　　民法上最典型的自愿原则，就是所谓的契约自由。每个民事主体都有权依照自己的意愿去参与民事活动设立、变更、终止民事法律关系，而合同关系是最为常见的民事法律关系。依照自己的意愿，就是不受他人的支配或强制，这种免于干预与强制的自由原则是英国式最低限度的自由。违反自愿的情形与法律后果的制度规定，体现着民法的基本价值理念。《合同法》中处处都体现着自愿原则，订立合同时必须遵守自愿原则，否则可能构成缔约过失责任，而合同变更、解除，除法定情形外，都必须经过对方的同意，合同义务的转移也要经过对方的同意。不自愿，就是违反自己的真实意思，在《合同法》上就是指合同双方根本就没有达成合意。欺诈、胁迫，都是由合同当事人或第三人所导致的一种不自愿情形。对于合同的重大误解，也是一种不自愿的表现，只是重大误解往往是错误方本人的原因所致。这些情形，都是由于违反自愿原则而导致合同的效力可撤销或无效的。自由、自愿、意思表示真实，其反面显现主要有不自愿、欺诈、胁迫、重大误解，自愿原则就是合同可撤销效力制度的法理依据。民法必须对这些违反自由原则的行为及其责任进行全面规定，只有这样才能够从广度和深度上来维护民事主体的自由权利。

私权自治是对权力非法干预的一种否定，只要不违反法律、侵犯社会公共利益或其他人的合法权益，权力就不能对民事主体的私权行为进行干预。在现实中，合同自由的立法价值就是保障民事主体免于权力的非法干预，权力的滥用是任何一种市场经济所面临的最具杀伤力的暗器，我们国家社会主义市场经济构建过程必然也会出现权利与权力的冲突问题。权力腐败的根源，往往在于权力非法干预合同自由，并从中非法牟利，反腐败也要注意民事领域的权力干预问题。对于合同自由理念的违反，本质上就是对社会主义核心价值观的一种践踏。因此，应当对违反合同自由的各种现象予以足够重视，不能把合同自由与核心价值观体系割裂开来，既不能放任合同欺诈泛滥，也不能任由权力干预合同的腐败现象任性发生。合同自由，绝不能理解为民事主体可以为所欲为，而是在尊重法律前提下的自由，是在不侵害他人和社会公共利益的前提下的自由，因而合同自由是遵从法治下的自由，也是受到法治保护的自由。

总之，自由是人的本质，自由在法律上的体现就是权利，而法律就是规定人自由的限度，而构建权利的体系，其最终目的就是使人成为拥有自由权利的法律主体，促成一个自由人的共同体。自由是民法的根本精神，民法的基本使命是保护民事合法权益，而合法权益的本质就是自由。自由在我国民法制度中通常表述为自愿，而自愿就是依照自己的意愿在法律范围内处分自己的民事权利。自愿原则尽管是民法的核心原则，彰显着现代法治最为核心的价值理念，但是也要受到诚信、合法、公序良俗与绿色等基本原则的限制。

第四节　补充性原则：诚信原则、公平正义原则

补充性原则是对前提性原则和核心性原则的补充，其包括诚信原则、公平正义原则。

一、诚信原则

诚实信用，就是要做一个真诚守信的正直之人，这不仅是人应当遵循的基本准则，也是人与人之间相互交往的基本规则，还是一个良好秩序所必备的社会法则，是一个民族的文明标志。人无信不立，国无信则不昌，诚实信用之核心要义是相互依赖与尊重，因而它不仅是个人的美德，也是一个良好国家所应当具有的基本德性。不说谎，诚实对待他人，不欺、不诈、不坑蒙拐骗，童叟无欺，这是一个人应当严守的道德底线。

市场经济是一种基于诚信原则相互依赖、相互合作与共同发展的经济运行模式。银行、保险、证券等金融类企业，都是以最

大诚信为根基的，而企业的商标品牌，就是一个法人的诚信标牌。诚信就是一个经济组织的生命，一旦一个企业失去了基本的诚信，那么它就必然会走向破产。整个市场一旦没有诚信原则作为基本保障，那么这个国家的经济秩序就必然会混乱无序，最终走向崩溃。从反面来讲，如果欺诈现象充斥社会各个角落，成为一种公害，严重阻碍着市场经济的健康发展，严重伤害或威胁着每个人的身体健康和生命安全，那么这样的市场经济秩序还是良好的吗？而这一问题的彻底解决仅仅依靠民法的救济是远远不够的，还要依靠行政法、刑法等法律的共同努力。

有人认为，诚实信用是民法的唯一原则，其他的平等、自愿等原则都可以归入这一原则；也有人认为，诚实信用仅是一个抽象的道德法则，不是法律规范的范畴，不能作为民法的基本原则。这两种观点都有其道理，但诚实信用作为基本道德原则其实也是民法的基本原则，法律的最终目的就是塑造人的基本美德，构建良好的社会经济秩序，促进一个民族和国家的文明进步，法律只是对这种基本道德予以确认和普遍化。

我国的诚信原则，是指在民事活动中，民事主体要做到两个方面：一是秉持诚实，二是恪守信用。诚信原则是作为基本原则规定于《民法典》中的，具体体现在以下几个方面：第一，订立合同时，违反诚信原则，就可能要承担缔约过失责任。如有恶意串通等违反诚信原则的且造成损害的，就要依法承担赔偿责任。因受欺诈而订立合同的，合同生效后的法定期间内是可以向人民法院或仲裁机构起诉或申请要求撤销该合同的效力。第二，在履行合同中，设定了合同保全制度，该制度规定代位权和撤销权。代位权是指，当债务人怠于行使其到期债务，而又不履行对其债权人的债务时，债权人依法有权以自己的名义，代位行使其债务人的债权。撤销权是指，债务人违反诚信原则，恶意延长其到期债权的履行期限或者无偿转让物权且伤害债权人利益时，债权人依法享有向人民法院请求撤销债务人该行为的效力。这是对于债务人严重违反诚信原则而又伤害到债权人的债权时，法律所赋予债权人干预债务人民事法律行为的法定权利。其立法目的，既是对债权人合法权益最大限度的保护，又是对民法诚信原则的维护，还是对整个市场秩序的维护。合同解除权法定情形之一，就是因为债务人违反诚信而产生的，当债务人预期违约或现实违约致使不能达到合同目的时，债权人有权依法解除合同，并追究债务人的违约责任。第三，合同履行后还要履行基于诚信原则的随付义务，如保守商业秘密、个人信息的义务，给予对方技术指导等必要帮助义务。违反这些诚信义务导致对方损失的，也应该依法承担相应的责任。第四，诚信原则还有补充法律规定缺失的作用，以及解释民事法律行为的功能。当民事法律规范对某种民事行为进行相应的规定时，或者当事人双方对某一法律行为产生分歧时，人民法院可以依据诚实信用原则进行裁判。

总之，诚信原则要求当事人真诚履行自己的义务和行使自己的权利。诚信原则在本质上是对自愿原则的一种限制与补充，即便是当事人自愿的民事法律行为，也不能违反诚信原则，如欺诈或恶意串通侵害他人利益的行为。因此，诚信原则，在整体上对于民事立法与适用都有着指导作用。

二、公平正义原则

民法作为基本法，如同其他法律一样，是以公平正义为其基本品性的，因为民法维护民事主体的合法权益本身就是公平正义理念的体现，这就是当代基于权利的公平正义。正义，在法理上讲有多重含义，诸如占有正义、分配正义、所得正义、交换正义、矫正正义，形式正义、实质正义和程序正义、结果正义。正如柏拉图所说，正义不仅是个人所需要的美德，也是国家和法律的首要法则，而柏拉图所说的正义是指每个人都应当承担与其德性相匹配的职责，都要各司其职地为国家整体昌盛做其应尽的贡献。这就是基于德性的整体正义理论。亚里士多德的正义理论是指应得其所得的正义，即每个人都应得其所应得的东西，不过分多得或少得，包括财产、职务和赏罚等方面的分配。过分得到其不应该得到的东西，或者过少得到其应得的东西，都是违反公平正义原则的，这就是分配正义或占有正义。亚氏的另外两种正义，就是基于分配正义上的交换正义和矫正正义。

民法的公平正义原则，体现于整个民法体系中，物权、合同、侵权责任等民事制度分别体现着占有正义、交换正义和矫正正义。第一，民法中的物权法律制度体现的正义原则，就是占有正义。占有正义，主要是指财产权上的正义，只要是依照正当手段占有的财产都是合法的，都是应当受到民法保护的民事权利，任何人不经法律程序不得对他人的财产占有权进行干预。第二，合同法律制度体现着交换正义。交换正义主要体现为合同正义原则，就是只要是经过合法契约而取得他人民事权利的，就是正义的，就应当受到法律的保护。合同正义原则体现在以下几个方面：其一，合同的成立要基于双方的自愿，不得强制、欺诈，这是合同订立程序上的正义。其二，合同的内容上，权利义务的分配要平衡，不可使当事人一方过分享有权利而使对方承担过多的义务，或者强加于对方过多的责任，或者免除一方过多的责任。公平正义原则的最主要的体现，是合同权利义务要公平合理，不得严重偏离正义价值，因而公平正义原则的本质就是互惠原则。这就是

《合同法》上的公平原则，它要求合同双方的利益平衡，不能使合同对一方当事人过分有利，而对另一方过分不利。显失公平原则和不当得利制度等都是正义原则的体现。其三，合同不得侵犯第三人合法权益。例如，债务人与第三人约定无偿转让其财产权时，不得伤害债务人的原债权人的债权，否则债权人有权依法向人民法院起诉要求撤销债务人无偿转让行为。第三，侵权责任制度和合同违约责任制度的立法目的就是维护公平正义，这种正义属于矫正正义。矫正正义，就是对那些侵犯他人权利的不法行为和违反契约的违约行为进行的一种纠正。

国家对违反公平正义原则的民事行为，必然要进行必要的干预，干预的手段在民法层面上主要是设定民事法律行为效力制度和民事责任制度。这种干预制度，主要有两种：一是对违反公平的民事行为适用可撤销制度，二是对严重违反公平的民事行为适用无效制度。具体来说，一种情况是，对显失公平的行为可适用可撤销制度，即对明显的不公平民事行为，国家并不完全否定其效力，也不完全承认其效力，而是规定受害当事人一方享有事后决定是否依法撤销其效力的选择权，而不是由国家直接规定其无效。这种干预是一种间接干预，国家允许当事人事后拥有撤销权，而一般民事法律行为生效后是不允许当事人任何一方撤销的。另一种情况是，国家直接把严重违反公平正义的民事法律行为规定为无效，这就是无效制度。例如，合同中约定的一方当事人对于其伤害对方身体而免责的约定，或者对于故意或重大过失而损害对方财产而免责的约定，国家是不承认其约定效力的，因为这种不公平的约定是国家不能容忍的，触动到了国家公平正义的最基本道德底线。因此，严重违反公平正义原则的行为可能是无效或可撤销的，其立法目的不仅在于保护个体正义，还在于维护社会的整体正义精神。

第五节 限制性原则：合法原则、 公序良俗原则、绿色原则

限制性原则的突出特点是，它们是义务性原则，其立法目的是对自愿原则的一种法定限制，限制性原则主要包括合法原则、公序良俗原则和绿色原则。从法理上讲，对民事自治的限制，本身不是为了限制而限制，限制的最终目的是更好地保护民事主体的私权自由，或者更好地维护所有民事主体之自由所需要的整体秩序与公共道德精神。因此，个人私权自由不能违反合法原则，不能违反公共秩序、良好风俗与绿色发展原则。绿色原则是最近才在民法中作为基本原则而出现的，这是我们对社会发展与环境保护之间关系之现实与理论反思的结果。违反这些限制性原则的民事法律行为要么是可撤销的，要么是无效的。

一、合法原则

合乎法律是民法的法治底线，违反法律就是违反国家意志，违反社会整体利益，国家必然会出面干预。因此，违反法律的民事活动都是不会受到国家保护的，《民法通则》就明确规定了违反法律的民事行为的无效性，之后的《民法总则》《合同法》等都有同样的规定，违反法律和强制性法规的民事法律行为都是根本无效的。民事法律行为无效制度的设立，本质上就是体现国家对民事活动的一种最强的干预意志，对私权自治原则的一种强制性限制，是一种绝对限制。这种限制表明了国家对违法行为的基本否

定态度，任何违反法律的民事法律行为，都是国家不予承认与保护的，也是国家根本不允许的，即便民事当事人双方都是自愿的。民事自治只有在法律许可的范围内行使，才能获得真正的自由，也才能得到国家的保护。这种合法原则，在法哲学上也是一个自古以来，尤其是近代的自然法学派等法学流派所主张的一种法治理念。洛克、孟德斯鸠等都明确阐述了个人自由与法律的关系，都一致强调个人只有在法律范围内的行为才是自由的，如果超出法律就不再自由了。因此，法律是个人自由的界限，也是国家干预自由的界线。民事合法原则，是对民事自治的一种限制，也是国家干预民事自治的一种理由与界线。但是，法律不是万能的，也有其局限性，法律并不能对所有的民事活动情形都作出规定，如果没有法律规定，民事活动就只能依据公序良俗原则，而公序良俗原则在一些社会法学家眼里就是活的法律，具有法律的效用，违反此原则的民事活动也是效力上有瑕疵的民事行为，会产生如同违反法律一样的法律后果。因此，公序良俗原则也是对民事自治原则的一种限制性原则，下面我们来讨论公序良俗原则。

二、公序良俗原则

公序良俗，是指一个社会的公共秩序和良好风俗。我国《民法典》中规定的公序良俗原则，是指民事主体的所有民事活动都必须遵循公共秩序、良好风俗，违反此原则的所有民事法律行为都是无效的。

（一）风俗与民族精神

风俗是一个民族长期形成并流行的风气、礼节、习惯等，其内在蕴含的是历史传统和时代精神，而法律体系是建立在社会风俗与民族精神之上的普遍规则。民族精神需要外在的行为规范来体现，风俗与法律是两种基本的民族精神载体，"一个民族的'精神'便是如此，它是具有严格规定的一种特殊的精神，它把自己建筑在一个客观的世界里，它生存和持续在一种特殊方式的信仰、风俗、宪法和政治法律里——它的全部制度的范围里——和作成它的历史的许多事变和行动里"①。民族精神，是一个民族生存所依据的基本理念，它体现为这个民族特有的法律、习俗等现象。一个民族的历史，就是这个民族的精神理念的形成史，是这个民族本质特性的自我认识及其客观化的演进过程。一个民族的文字、法律、制度改革以及经济政治大事件，等等，都是这个民族精神的自我敞开和自我展示。风俗是传承一个民族的精神基因，也会经历从青壮年到老年的过程，这个过程就是民族精神的生成与更新完善的进程，"在一个民族的发展中，最高点便是它对于自己的生活和状况已经获有一个思想——它已经将它的法律、正义、道德归为科学，因为这种（客观的和主观的）统一里含有'精神'自身所能达到的最深切的统一"②。没有思想就不会有客观现实性，这种民族思想就是对一个民族根本特质的普遍揭示和深层把握，是一个民族对自己的目的和使命的自我反思，是一个民族理想的一种科学归纳和理性展示。风俗习性的发展，首先要体现为一种民族思想原则体系的深层变更，或者叫作思想革新。其次体现为法律制度的变革，这只是民族思想意识改进的必然结果。民族思想只是在理想层面上提出这个民族所需要的核心价值理念，而民族生活则是一种现实的东西，它是民族理想的外在客观化，因而一个民族的思想意识与这个民族的现实生活状况虽然并非完全一致，但存在着紧密的关联。民族精神彰显着这个民族的本质与性

① 黑格尔：《历史哲学》，王造时译，上海书店出版社，2006，第68页。
② 黑格尔：《历史哲学》，王造时译，上海书店出版社，2006，第70页。

格，这种民族个性需要通过其民族意识、民族观念、民族风俗和法律制度等来展现，同时民族精神又是不断发展着、更新着的。

一个民族通过发展来不断发现和展现自我本质，不断揭示并证明民族自我本质的伟大性与正确性，探讨将其民族精神如何公理化。民族精神的公理化过程，也是这种公理被这个民族整体接受与践行的过程，只有这样民族精神才会现实化为人们的实践活动，形成人们的自觉行为，这种现实化是通过风俗习惯信仰来完成的。风俗习惯信仰的背后必然蕴藏着一种精神的东西，风俗习惯信仰必然是一个民族精神的现实展示，绝不是一种偶然的外在现象。精神，本身是一种自在物，但它如果离开人的活动和制度，那么就只是一种抽象的东西而不具有现实性。因此，风俗作为一种精神产物必须由人的活动与制度来呈现。

（二）法与风俗的一般关系

风俗处于法律和宗教之间。法律是由人规定的并由国家强制力保障的一体遵行的行为规范，宗教是通过戒律、启示和规劝来促使人们遵循的行为规范和精神信仰，而风俗则是一种人们长期形成的行为规范和处世观念，它是靠众人的聚合力自动起作用的，是长期稳定的行为规范，其本质是一个民族性格的体现，因为风俗是这个民族在某个时代或整个民族历史过程中逐步形成和演进的行为规范与风尚理念。风俗往往起着类似法律的作用，人们在风俗面前并没有反抗的自由，因而风俗具有一定的强制性，这种强制性是出于世俗的舆论压力，这是因为人们害怕被众人视为异类而不得已遵从之。当然，人们一旦接受了风俗理念，就会从内心去遵守这种风俗，而无须外在的压力。风俗是没有文字规定的法律，而法律是由官方文字固定下来的风俗，"法律是制定的，而风俗则出于人的感悟"。"风俗较为固定，所以就近似法律"。① 风俗与法律的根本区别主要体现在，风俗不是依靠国家强制力来得以遵行的，风俗是由人的内心确定形成的一种信念，风俗是必须自觉遵从的，否则就无法与人交往了。再者，风俗是一种根深蒂固的、世代坚守的规范与信念，具有较强的社会性和稳定性。风俗在信念上具有宗教的一些属性，两者都是具有自动起作用的行为规范，都具有一些精神信念的属性，因而都是规范和信念的统合，也都是依靠启示与规劝而让人接受的，而不是依靠国家权威来产生和执行的。

在法治社会，风俗习惯是法治的基础与补充。卢梭认为，最为重要的法律，是深深地根植于人内心中的法律，这种法律就是道德良心，这是民族精神的集聚，是效力最大的法律。这种良知最终体现为一种风俗习惯，这种风俗习惯在人定法失灵时也仍然会起到法律的作用，"我这里就是在说道德、习俗，而且最重要的是信仰：这些未能为我们的政治理论家所认识的重要方面，正是其他所有法律所赖以成功的基础"②。风俗与道德并不直接分开，而会被作为基本道德来对待，风俗与道德一样是法律所必须依赖的社会大众基础。风俗也可能带来一定的偏见，但是它和偏见一样，一旦形成就很难改变，这就是风俗的力量，"一旦习俗形成，或者偏见一旦形成，改革就逐渐变得不可救药了"③。公理与风俗也具有内在的联系，公理要想得到人们的普遍遵守，就必须将其转变为人们的风俗习惯，"'公理'必须变为'风俗'——'习惯'；实践的活动必须提高到合理的行为；国家必须具有一种合理

① 孟德斯鸠：《论法的精神》，孙立坚等译，陕西人民出版社，2001，第205页。
② 卢梭：《社会契约论》，徐强译，九州出版社，2007，第137页。
③ 卢梭：《社会契约论》，徐强译，九州出版社，2007，第109页。

的组织，然后个人的意志才能够成为真正的意志"①。因此，风俗要具有合理性，最佳的路径就是借助于国家的力量，由国家把公理法则培植于人的风俗习惯中。换言之，公理要转换为风俗习惯，也需要国家进行合理的组织，而这种转换的有效手段之一就是法律。

风俗与法律关系，在孟德斯鸠法的精神体系中是一个重要的法哲学话题。在孟德斯鸠看来，风俗与法律是一般与特别的关系，两者都具有法的意义，风俗是一种活在人内心中的法律，是无须国家强制而自动生效的"活法"。风俗的这种"法律"属性是不可忽视的，风俗不应当通过强制手段加以消除或改变，"法律是一个国家的特殊制度，习俗则是一个国家的一般制度。因此，就不应该用法律去改变习俗。用法律改变习俗会显得过于粗暴蛮横"②。由此看来，风俗的效力要高于人定法，因为风俗彰显着国家的一般制度、民族的伦理根基。我们一般认为，风俗只不过是一种民族习惯而已，是一种偶然的社会现象，甚至把风俗与恶俗混为一谈，而没有从民族国家的精神层面来看待它。黑格尔是从民族和国家层面来阐述风俗的精神本质的，认为风俗是一个民族的精神积淀，是一个民族自我本质认识程度的反映，风俗也是一个民族精神特质的自然显现。而孟德斯鸠把风俗视为一种国家的一般制度，这意味着风俗具有类似自然法的意义，只不过是一个特定国家的自然法则。法律本身并不能直接解决风俗问题，因为法律主要调整手段是强制，而风俗根本上是自然形成的，"法律与风俗的区别是，法律规范的对象是公民的行为，而风俗规范的对象则是

---

① 黑格尔：《历史哲学》，王造时译，上海书店出版社，2006，第 316 页。
② 孟德斯鸠：《论法的精神》，申林编译，北京出版社，2007，第 117 页。

自然人的行为"①。风俗有好坏、优劣之分，在不同政体的国家里会产生不同属性的风俗，良好风俗的国家就不需要过多的法律。风俗不宜于用法律的手段来强制改变，更不能用暴力来改变它，但是可以通过立法在政体原则允可之下来改善人们的风俗，限制一些与政体精神相背离的不良风俗。风俗与法律都是一个民族的基本精神的体现，而民族精神体现着这个民族的性格特征。

风俗与政体是相互影响的，有何种类型的政体就会有相应的风俗，而腐化的风俗往往会使政体败坏。专制之下，送礼就必然成为一种时尚与风俗，而送礼的本质是一种权力腐化，是对平等理念的一种否定，是对个人财产的一种制度性掠夺。孟德斯鸠认为，在专制政体下，贪污是一种普遍现象，而没收财产也是常见的，个人财产权是没有法律保障的，而在共和国里，没收个人财产是一种非法剥夺，是对于共和国平等原则的冒犯。平等是共和国的基本精神特质，"在共和国里，剥夺一个公民必要的物质生活，便是做了一件坏事，就是破坏平等，平等是共和政体的灵魂"②。在专制国家里，向上级送礼是必然的事，送礼是一种习惯，送礼是迫不得已的事，而非出于某种品德，因为在专制国家里，既无荣誉又无品德；而共和国的原则是品德，良好风俗是共和国的基础。奢侈是品德的大敌，奢侈是财产不均的结果，是一种不必要的浪费，它不仅使个人的私欲膨胀，也会腐蚀社会风气，进而破坏法律，败坏社会风尚，"一个被奢华腐蚀了的灵魂，它的欲望是很多的，它很快就成为拘束它的法律的敌人"③。因而共和国法律要限制奢侈，制定有关节俭的法律。奢侈总是伴随着生活腐

① 孟德斯鸠：《论法的精神》，申林编译，北京出版社，2007，第118页。
② 孟德斯鸠：《论法的精神》，申林编译，北京出版社，2007，第42页。
③ 孟德斯鸠：《论法的精神》，申林编译，北京出版社，2007，第64页。

化，淫乱就会变成一种普遍的风气，"我们谈过了的淫乱所以成为风气，是因为它和奢侈是不可分的，奢侈问题跟随着淫乱，淫乱问题跟随着奢侈"①。民主政治社会需要培养人民的俭朴的习惯，需要形成朴实、勤劳的风俗，避免那种游手好闲的腐化习气，因为只有那些拥有良好风俗的民族才能作出伟大的事业，而那种坠入腐化堕落习性的民族是不可能干出什么大事，而哲学家和教育家应当肩负起培养和引导年轻人服从良好风俗的好习惯。孟德斯鸠认为，要塑造良好的风俗，就必须加强法治，而真正的法治只有在良好政体中才能构建，这种良好政体也只有在共和政体国家中才能出现，因而共和政体的核心问题就是权力制约问题，解决这一问题的关键就是权力在法治之下的合理分工与相互牵制与共同协作。从风俗与法治相互关系的角度来看，良好风俗也只有在三权分立的良好政体中才能实现，因而也可以说，风俗与法治政体之间具有相辅相成的辩证关系。孟德斯鸠的三权分立设想本来是为了防止权力腐败，但西方历史与现实反复证明，在资本主义制度下是根本不可能依靠形式上的三权分立来实现真正的权力约束的，而只有在社会主义制度下的中国才能真正实现权力制约理念，使权力规制在以为人民服务理念为根基的法治体系之内，而民法正是我国全面法治体系中的基础部门法，它对权利、权力和风俗之间的相互关系都有相应的规范与调整。

（三）民法与风俗

风俗是民法的最早渊源，而民法又反过来通过调整人们的民事活动来影响、塑造人们的风俗，风俗是一种约定俗成的被人们长期遵从的行为规则，是活着的法。习，即常态的行为；惯，即

---

① 孟德斯鸠：《论法的精神》，申林编译，北京出版社，2007，第71页。

反复出现的行为。风俗是某个民族所拥有的共同习惯。风俗一般是基于一定的理念而长期形成的较为固定的行为规范，它也是人们普遍认可并具有普遍约束效力的规范，尽管它没有被明确规定为法律规则。

民法与风俗的关系主要表现在以下几个方面：首先，民法来源于风俗，民法的早先渊源是习惯法，习惯法是对于习惯的法律认可，使习惯具有了法律上的普遍性和有效性。其次，民法的最终目的就是培养良好的社会风俗，使良好法律规则变成人的一种风俗习惯。民法的使命，就是通过调整民事关系，维护民事合法权益，来塑造一种良好的社会秩序，而这种社会秩序的实质就是公序良俗。最后，我们不仅要看到民法塑造守法习惯的功能，还要注意到良好习惯是形成遵行民法规范的坚实基础。守法习惯的扩大就是文明风俗，而如果说习惯是个人性格的显现，那么社会风俗就是一个民族精神特质的体现。

公序良俗，是民法理论体系中的一个极为重要的单元，以前却并没有引起理论上应有的重视。我们现在通行的说法是，公序良俗是公共秩序和良好风俗的合称。公序良俗的本质是一个民族共同的精神风貌，是一个国家法治体系的产生根基和运作平台。风俗习惯作为一种较为固定的行为处事规范，是人们在较长时间内形成并得到人们普遍承认的，在一定程度上相当于法律的效力，而这种效力本身并不是依靠国家强制力来保证实施的，而是依靠社会的普遍压力和个人自觉来自动生效的。我国现实中就存在法律与风俗冲突的例子，例如，春节燃放烟花爆竹，生子、升学中的随礼现象。我国一些地方制定了春节禁止燃放爆竹的条例，规定凡是违反规定者轻者罚款，重者要受到行政拘留，但一开始人们照样燃放，尽管燃放者少了些。禁止燃放烟花爆竹是为了消减大气环境污染，立法目的无疑是良好的，但是人们长期形成的风俗并不能一时依靠法律完全禁止。当经过一段时间人们普遍理解与接受这种法律制度后，会知道这对自己和他人都是有利而无害的，就会自觉地依法约束自己的行为。有的地方规定禁止除婚丧嫁娶以外的随礼，对国家公务人员办理婚丧嫁娶的规模也作出了详细的规定，违反者要追究相关人的责任，主要是行政责任，其目的是塑造一个良好的社会风俗习惯。再如，原来的重男轻女习俗与计划生育规定的冲突。前段时间有个争议较大的案件，房屋买卖合同中卖方没有事先告知买方其房屋曾经发生自杀事件，合同履行后买方才得知这一情形，买方认为自杀是一种不吉利的事件，并认为卖方应该事先告诉他，而卖方却没有告知，构成一种欺诈，依法应该拥有撤销合同的权利；而卖方认为，自杀并非合同的必要内容，卖方没有告知此事的义务，并且认为对方把自杀当作晦气事件是一种迷信，法律不应该保护封建迷信。该案件的关键问题在于，卖方是否应该告知买方此事，如果有义务而没有告知，并影响到合同的签订的，那么就会构成合同欺诈行为。而是否有告知义务的关键是，自杀是否影响到合同的订立。对此问题有两种对立的回答：支持卖方的人认为自杀是一种事实行为，而那种认为自杀是不吉利的观念是一种迷信、一种不科学的落后思想，卖方没有告知的义务，也就不构成欺诈；支持买方主张的人认为，这不是迷信问题，其理由是，自杀在中国传统风俗里确实是极其重大的事件，一般认为这是不吉利的，是凶宅，一般理性的人是不会去购买的。客观地讲，自杀晦气的确是一种迷信现象，但是这也长期形成的一种观念，对当事人心理会造成不良影响，会直接影响到合同订立，因而卖方事先应当如实告知对方。

我们有必要区分一下良好风俗与恶习。不是所有的风俗习惯都是合乎道德和法律的。例如，挖祖坟的行为，曾经被认为只是一种不道德的行为而不是法律问题，当然也不是民事法律问题，并认为这纯粹是一种迷信现象，不属于民法调整的范围。祖坟虽然不是人的真正居所，只是埋藏去世的人的地方，但祖坟在民间被视为一种神圣之地。中国传统中有崇拜祖先和祭拜先人的习俗，敬祖如神灵，并且把坟地视为一种风水之地，如果坟地被人挖掘，就等于是破坏坟地主人家的生存运气，虽然这是没有科学根据的，但它确实会给人带来精神的不快，深深地伤害着其家人的人格尊严。因此，挖祖坟也是一种民事侵权。有些地方曾经盛行配阴婚的习俗，甚至出现通过买卖尸体甚至杀害活人来配阴婚的恶性事件，这不仅不是良好风俗，还是严重的侵权或犯罪行为。另外有的事件在表面上看是个人私事，但其本质涉及社会文明与人格尊严问题，一个典型事件是强制人给狗送终的怪事，一位男士在大街上不知怎的把一位女士的爱犬给致死了，这位女士让这位男士赔偿巨款，男士赔不起，女士就让他给狗披麻戴孝送终，还要给狗做一个棺材。

法律并没有直接规定公序良俗，其中的公共秩序情形还较易于判断与把握，而良好风俗在现实中往往很难把握，例如，所谓的"小三"接受赠与是否属于违反良好风俗，这也是近年来颇受争议的民法现实问题。"二奶"现象曾经引起社会的激烈争论，一个富人临终前留下遗嘱把自己的房屋赠与给他的一个相好的年轻女士，男的死后发生房屋纠纷，遗嘱是否有效呢？遗嘱自由与公序良俗有冲突吗？很多人认为"小三"是应该受到谴责的，不应得到这种不义之财，这种遗嘱违反良好风俗原则，应当是无效的。但反对的声音也很多，认为遗嘱是私权自治原则的体现，不能因为受赠人是女性就违反了公序良俗，这会导致对女性的歧视。在一些地方还有跪拜长者的风俗，这是一个具有一定复杂性的社会现象，本身没有恶性，但现在也都不再盛行了，只有在某些行业还保留着跪拜收徒的习俗。

不得违反法律与公序良俗的法则，其实质就是对民事权利的一种否定性保护，也是对个人民事自治的一种限制。当个人私事行为涉及公共利益与良好风俗时，就要受到一定的限制，而这时的个人私事就不完全是个人的事情了，因为私事不得妨碍人们共同生存秩序与公共道德诉求，私事不能超越公序良俗，否则就会破坏人们共同交往的良好环境，就会造成个人之间的自由冲突。因此，私权自由原则从来都是相对的，个人自由绝对不是为所欲为的自我任性，而是要顾及他人权益和公共利益，否则就会造成他人的不自由或社会的混乱。

（四）公序良俗原则的意义与效力

公序良俗包含公共秩序与良好风俗两个方面，公共秩序是一个社会所应有的正常秩序，诸如公共场所秩序、公共文明秩序或公共利益，是多数人所共同享有的生活良好状态或环境。良俗是指良好风俗习惯和相互友善与尊敬的社会传统。良好风俗就是人们长期形成并自觉遵从的行为规范，起着如同法律的作用，如我国的拾金不昧、尊老爱幼的传统。公序良俗是人们公认的基本生活秩序，是人们之间相互交往或相处所必须遵从的秩序或规范，是人们长期以来形成的良好生活习性，是一个民族生活特征与精神特质的体现，也是传统民族习惯与当代精神创新的一种结合。

公序良俗的属性，既是一种不成文的民族社会风俗，也是人们生活中活生生的有强烈约束力的共同规则，例如，我们常说的"规矩""潜规则"。因此，公序良俗的效力与法律具有同等性，法律是人们必须遵守的，而公序良俗也是人们不得不遵守的，我国

《民法典》也明文规定了公序良俗原则，人们在民事活动中应当遵循公序良俗，违反此原则的民事法律行为是无效的。公序良俗原则主要起到限制民事自治和权利滥用的作用，《民法典》第 8 条规定："民事主体从事民事活动，不得违反法律，不得违背公序良俗。"《民法典》第 143 条对民事法律行为效力的法定要件中也有同样的规定：民事法律行为"不违反法律、行政法规的强制性规定，不违背公序良俗。"这是一种典型的禁止性民法规范，是对任意性规范的一种限制，体现着国家对私权自治原则的一种强制性干预。《民法典》继承了《民法总则》公序良俗原则的规定，这一概念在此之前只是作为理论上的一种探讨，没有任何法律规范性意义。违反法律的民事法律行为是无效的，而违背公序良俗原则的民事法律行为与违反法律具有同样的法律后果，即无效。《民法典》第 153 条第 2 款规定："违背公序良俗的民事法律行为无效。"这里的无效是绝对无效，与违反法律具有同样的法律后果。显然，公序良俗原则具有法律规范的效力，是民事法律行为必须遵从的。

公序良俗原则在效力上具有法律的同等效力，但是公序良俗情形又是法律没有规定的，例如，换妻、配阴婚、定亲礼等。换言之，只有在没有法律相应规定，而又侵害到公共秩序或者违反了良好风俗时，才能适用这一原则。如果法律已经规定某种情形是违法的，那么就不能再适用公序良俗原则来作为裁判的依据了，例如，重婚、赌博、欺诈等。确实有一些学者把重婚、赌博作为适用公序良俗原则的常见情形，其实这是在阐明该原则在法律中的体现。从本质属性上看，违约行为、侵权行为也都违反了公序良俗原则，但是因为已经有法律对此做了规定，那么就无须再适用公序良俗原则了。由此看来，公序良俗原则具有弥补法律空白的功能，以防止因法律某种真空而导致民事纠纷无法得到法律上的应有救济。

三、绿色原则

我国 2017 年颁行的《民法总则》第一次规定了绿色原则，现行《民法典》完全承继了这一原则。绿色原则，本身就是我国社会发展到新阶段所提出的新发展理念，绿色发展是新发展理念中的重要内容之一。将绿色发展理念作为民法规范的基本原则进行规制，这是我国民事立法走向成熟与完善的体现。

（一）绿色原则的立法问题

绝色原则作为民法的基本原则，主要体现的是社会整体利益，因而其功能是对民事自愿原则的一种限制，其最终目的无非是实现个人利益与整体利益的一种和谐。《民法典》第 9 条规定："民事主体从事民事活动，应当有利于节约资源、保护生态环境。"把节约资源与保护环境纳入民法体系，并将其置于总则显要位置，这足以说明我国对绿色原则的重视程度。首先，绿色原则是对民事活动的一种约束。只要是民事活动都应当受这一原则约束，显然它不是权利性规定，而是义务性规定。其次，其内容上包括两个方面：一是节约资源，二是保护环境。节约资源，在一般情况下应当理解为，它是对民事活动行为的一种控制，要求人们从事民事活动时要节约资源。这里的关键问题是如何理解"节约"，节约本身应该是一种道德提倡，带有规劝的语气。而且对于如何衡量节约也是一个现实问题。与节约资源相对的情形，主要有两种，一种是正常合理地利用资源，另一种是浪费资源。节约资源的要求，比正常利用资源要高一个层次，而浪费资源又比正常利用资源低一个层次。由此看来，节约资源是一种较高的要求，它更倾向于一种口号式的提倡，或者说它是一种愿望性道德诉求，而非最低限度的道德要求。法律上如何衡量"节约"就具有了不确定性，因为节约与否在现实中是非常难以判断的。据此，在法律行文上可以参考如下表述：从事民事活动，应当合理利用资源，不得浪费或破坏资源。

（二）绿色原则的法源回顾

在《民法总则》颁行之前，我国《宪法》、有关行政法等法律法规对资源节约与环境保护已经作出诸多规定。

首先，《宪法》针对资源与环境问题的相关规定。《宪法》第9条对自然资源的种类与归属进行了列举式规定，"矿藏、水流、森林、山岭、草原、荒地、滩涂等自然资源，都属于国家所有"，并且规定了国家对自然资源的特殊保护措施，"国家保障自然资源的合理利用，保护珍贵的动物和植物。禁止任何组织或者个人用任何手段侵占或者破坏自然资源。"注意这里的行文：国家保障自然资源的"合理利用"，禁止侵占与破坏，而《民法典》的行文是"节约资源"，其节约主体不是国家而是民事活动主体，不是保障而是"有利于"。其次，《宪法》第26条规定："国家保护和改善生活环境和生态环境，防治污染和其他公害。"这里的环境有两个，一是生活环境，二是生态环境，而这两个环境都需要国家保护和改善。这里需要注意的是，一般只需要规定"保护"即可，为什么又多了个"改善"？这说明《宪法》制定时已经出现环境恶化情形。保护是正面的规定，而"防治污染和其他公害"则是从反面进行的一种规制。因此，《宪法》有关环境保护与防治污染的规定，就是民法绿色原则的原初法律渊源和《民法典》的《宪法》依据。

其次，《环境保护法》《矿产资源法实施细则》中的相关规定。1989年颁布的《环境保护法》第6条规定："一切单位和个人都有保护环境的义务，并有权对污染和破坏环境的单位和个人进行检举和控告。"这里的保护环境义务是一切人都必须承担的义务，当然也是一切活动都必须遵行的行为规范，这当然也包括民事活动。任何人都有对污染和破坏环境者进行检举和控告的权利，这说明这种违法行为不仅是一般的民事侵权行为，还是行政违法或刑事犯罪行为。因此，保护环境不仅是一个民法问题，还会涉及行政违法与刑事犯罪问题。由此看来，保护环境早在 1989 年就应当是民事活动应当遵循的一般行为规则，并且是禁止性规范，即任何民事活动都必须遵守的民事规范。只是这一规范还没有在当时的《民法通则》中加以明文规定。1994 年颁布的《矿产资源法实施细则》第 17 条对合理利用和保护矿产资源进行了相关规定，探矿权人应当"遵守有关法律、法规关于劳动安全、土地复垦和环境保护的规定"。该实施细则第 31 条规定，采矿权人应当"有效保护、合理开采、综合利用矿产资源""遵守国家有关劳动安全、水土保持、土地复垦和环境保护的法律、法规"。这里就明文规定了探矿人和采矿人应当遵守环境保护的法律，而这些探矿人和采矿人可能就是合同当事人或他物权的取得人，因而也就是民事活动主体。这些相关民事主体必须履行"有效保护、合理开采、综合利用矿产资源"的法定义务，并且这些义务是强制性规范，而非任意性的规范。这也可以说是早期的民事绿色原则的法律渊源之一。

最后，除了《矿产资源法实施细则》《环境保护法》等法律法规外，《民法通则》也把环境污染作为一种特殊侵权进行了明确的规定。

总之，不能说《民法典》规定绿色原则之前，我国就没有禁止破坏和保护资源环境的规定，更不能说那些规定对民事活动没有法律上的约束力。现在似乎有一种观点认为，《民法典》第一次规定了民事活动不得破坏资源环境的禁止性规则，而对以前的保护环境实现绿色发展的诸多法律规范视而不见，给人的印象是，好像现在我国才开始保护环境。当然，明文把保护资源环境作为民法的一个基本原则进行规定，在我国现代民法史上还是第一次，并且近年来我国自然资源有效利用和环境保护方面取得的显著成果，也是有目共睹的。

（三）绿色原则与民法体系构建

为了更好地保护资源与环境，解决长期以来积累的资源浪费与环境污染问题，《民法典》在总则编中，把绿色原则列为民法的基本原则。尽管绿色原则现在已经成为民法的基本原则，但是如果没有科学有效的具体保障制度，那么这一原则也可能沦为一句美丽的口号。笔者认为，可从以下几个方面提供具体保障制度。

首先，《民法典》中的绿色原则需要进一步准确化。建议从以下几个方面着手：一是，一切民事活动都必须遵守有关资源环境的法律法规，把合理利用资源和保护生态环境明确规定为民事主体的一般法定义务。二是，明确规定任何违反绿色原则的民事活动都是无效的。现行《民法典》并没有明确规定绿色原则的效力问题，这方面应当参照公序良俗原则效力的规定，即违反公序良俗原则的民事法律行为无效。三是，在总则的时效制度中，明确规定违反这一原则的民事责任追究与索赔不受诉讼时效的限制。

其次，处理好绿色原则与其他民法基本原则的关系。第一，绿色原则与诚实信用原则的关系，两者有时很难区分，例如，当事人没有尽到环境保护的诚实告知义务，这既违反了诚实信用原则，也违反了绿色原则。第二，如何理解与把握绿色原则与公序良俗原则的关系。有学者把绿色原则纳入公序良俗原则，认为前者是从后者自然延伸出来的，把违反绿色原则视为违反公序良俗原则的一个方面。这在逻辑上似乎有道理，但是这种看法忽视了绿色原则的独立性和应有价值，也不利于绿色原则的现实适用。

再其次，在《民法典》的各种民事制度中都应当适当地体现绿色原则。人格权、物权、合同、侵权责任、知识产权等都要尽量地体现这一原则，"落实绿色原则，对社团自治、所有权神圣、合同自由、遗嘱自由等进行必要限制，主要是经由民事法律行为的效力判断实现的。在具体情境中实现绿色原则对民事法律行为效力的影响，需要立法者供给更多具体规则，也需要裁判者积极探索"[1]。有人建议在《民法典》人格权中增加环境权与健康权，并在环境权下面扩展出环境保护权、环境健康风险防范权等，"《民法总则》绿色原则反映了生态文明建设的时代要求，在人格权编中确认良好环境权，是以公众健康为目的的环境保护制度完善的重要方面"[2]。这种良好环境权就是具体的环境人格权。有人建议在《物权法》中引入环境物权概念，并增加环境要素物权；在相邻关系等制度中突出环境保护，体现绿色原则，使用"将环境物权纳入用益物权编等方法来构建环境物权"[3]。绿色原则不仅需要实体法的全面确认，更需要通过行政、司法等实践加以严格贯彻落实。

最后，完善现有诉讼法，更好地维护绿色原则。第一，应当完善诉讼时效制度。《环境保护法》第 66 条规定："提起环境损害赔偿诉讼的时效期间为三年，从当事人知道或者应当知道其受到

---

[1] 樊勇：《私人自治的绿色边界——〈民法总则〉第 9 条的理解与落实》，《华东政法大学学报》2019 年第 2 期。

[2] 刘长兴：《环境权保护的人格权法进路——兼论绿色原则在民法典人格权编的体现》，《法学评论》2019 年第 3 期。

[3] 陈广华、毋彤彤：《民法典背景下环境物权构建的可行路径》，《环境保护》2018 年第 20 期。

损害时起计算。"这是直接规定环境污染损害赔偿的民事诉讼及其时效的情形。但是,环境污染、破坏资源的严重危害行为,其诉讼时效不应当限于三年,而应当不受时效限制,只有这样才能更好地防止破坏资源环境的侵权行为。第二,加强公益诉讼在维护绿色原则中的特有作用。针对环境侵权问题,除了一般民事诉讼以外,又出现了一种新的诉讼形式,即公益诉讼。第三,完善民法与刑法的制度衔接,使两者更好地相互配合,避免以民代刑现象。以民代刑的做法,客观上并没有起到彻底禁止严惩违反绿色原则的违法行为,而如果只追究刑事责任而忽视民事责任,同样既不利于绿色原则的有效遵行,也不利于受害方合法权益的有效保护,因而必须把民法与其他法律有效衔接起来,相互配合来共同维护绿色原则的普遍遵行。

本章小结

民法的基本原则,彰显着民法的基本理念与总体精神,贯穿于整个民法规范体系中,展示着民事立法的价值取向。民法的基本理念主要有平等原则、自愿原则、权利受保护原则、公平正义原则、诚实信用原则、公序良俗原则和绿色原则等。这些原则既相互促进,又相互制约,共同构成了一个完整的民法原则系统。

一方面,这些原则都有着各自不同的含义与功能,分别对每种基本原则进行探讨,将加深对民法的宗旨、属性及其精神的理解。另一方面,这些基本原则在民法系统中的地位与作用是不完全一样的,而且它们之间也存在着特殊的关系。在整个民法基本原则体系中,自愿原则处于核心地位,它彰显着民法的基本属性、价值本位与根本精神。平等原则是前提性原则，是自愿原则的前提。权利受保护原则，是自愿原则的保障性原则，也可理解为自愿原则的具体化原则，是自愿原则的一种延伸。公平正义原则、诚信原则、合法原则、公序良俗原则和绿色原则，这些基本原则体现的是社会整体价值精神与公共利益，其功能主要是对自愿原则的一种补充和限制，目的是使个人特殊利益与社会公共利益相统一，限止个人权利的滥用，也是对所有民事主体的自由权利的整体性保障。

CHAPTER 05 >> 第五章

民法典专题

第一节　两大法系的法哲学基础

法系，是一个具有地域性、历史性、连续性的法律传统的体系。大陆法系和英美法系是逐步形成的"性格"完全不同的两大法系。这里的"性格"不同，主要体现在各自所依托的法哲学思维方式、法律的渊源等方面。法典作为法律的主要形式，是大陆法系法律的形式。下面我们来探讨一下两大法系的法律思维模式的特点。

一、大陆法系的法哲学思维

大陆法系主要是指以法国、德国为代表的欧洲大陆国家的法律体系，其法哲学思维模式是理性演绎式，属于理性主义法学。大陆法系以法典为其主要法律渊源，尤其是民法典较为发达。理性主义法哲学的思维路线是，从一般到个别，从普遍到特殊的演绎式思维。大陆法系着重于立法的完整与系统，制定法是其主要的法律形式，法官裁判时，只要把制定好的法律规范运用到具体个案就可以了。这个思维模式就是所谓的三段论，一个结论要由大前提和小前提联合论证才能推导出来。演绎推理要想正确，就必须保证大前提和小前提都必须是正确的，并且大前提中包含着小前提。这个大前提就是法典中的法律规范，大前提正确就是法典制定要合乎理性与实际，即我们所说的立法科学。立法的思维路线是：从个别到一般；法律适用的思维路线是：从一般到个别。法典所规定的法律规范就是公式，一旦制定出来就具有了普遍性，就如同直角三角形、勾股定理，具有公理性质，适用时就无须再证明法律规范这一大前提的正确性。

　　大陆法系法哲学思维的优点是：法律适用上方便。法律人的任务就是把已经制定好的普遍条文套用到具体案件，因此，易于产生"懒"法官，他无须再去论证法律条文规范本身的正确性，而只要确认所需要的法条与案件法律事实之间具有直接关联性即可。其缺点是：法律条文本身往往过于抽象、宽泛，而具体案件千变万化，法条并不能把所有情形都囊括，并且法条本身的文字也会有多重含义，应用起来易于产生分歧。例如，因欺诈所订立的合同是可撤销的。表面上看这个规范很完善、科学、清楚，但是在适用中就会出现争议，欺诈的故意性如何证明？如果不能直接证明故意，那就不构成欺诈了。英国规定的无意的虚假陈述规则就克服了故意欺诈规则的缺点。对于同一条文，不同的人也有不同的理解，适用上存在较大困难。例如，正当防卫不得超过必要限度。那么，什么是正当防卫的必要限度？这也是长期以来争论不休的一个问题，针对这一问题就形成了理论上的必要说、相当说等观点。因此，法典式思维最大的不足是，可能导致案件处理结果的不公正：同案不同判，同一个案件因不同的裁判者会得出截然不同的判决结果，一审、二审、再审甚至会出现完全相反的裁判结果。这里的关键问题是，三段论的大前提、小前提都没有变，而每个裁判所得出的结论却是截然相反的。

二、英美法系的法哲学思维

英美法系以判例法为主要形式，遵循前例，典型有效的判例是具体案件裁判的法律依据，因而其法律思维模式就表现为：从个别到个别的类比推理路线。其实，英美法系完整的法哲学思维路线是：先由个别到一般，再由一般到个别，"一般"是联结两个具体案件的中间媒介，这个媒介就是两个案件的相似性，而法律论证中必须论证中介的"一般"，即各方当事人都竭力证明自己所引用的判例是与本案最为相似的，并要求法官依照己方引用的判例结果来裁判本案。虽然英美法系近年来也开始制定一些条文法来弥补判例法的不足，但判例法仍然是裁判的主要法律依据。法律人遇到一个具体案件，首先要在浩瀚的有效判例中寻找最相似的判例，然后总结出一般的法则或规则，把这个规则运用到新的案件中，以求得相似案件得到同样对待的裁判结果。

英美法系法哲学思维的优点是：同案同判，形式上保持了公正，其法理根据是同样情况同样对待，追求结果公平。其缺点是：有效判例太多不易把握与适用，没有系统的规则体系，案件处理结果往往事先难以预料；如果有新型的案件出现，就会导致没有相应的前例可供遵循的困境。判例要及时更新，其中的规则也要更新，但这种更新很难满足现实变化的需要。

第二节　民法典的意义与精神

一、民法典的意义

法典是指同一属性法律部门所有法律规范体系的汇总。法典是法律体系编纂的全面化、科学化、系统化，法典编纂追求编纂上的外在美与内在美的完美统一。民法典本质上承载着人类的一种梦想，是民法规范的理想化状态。每个国家都会面临民法典的体系化难题，英美法系国家至今没有真正意义上的民法典，尽管边沁等法哲学家也曾呼唤英国要制定法典，他认为法典是一个民族法治成熟的重要体现。追求完美的法典是一个形式与内容都极为复杂的难题，这也是我国《民法典》历经多年才出台的原因之一。

《民法典》的意义、价值在于：第一，它是民族精神的集中体现，彰显着这个民族的文化状态和现代化文明程度，是这个民族自我认识、自我觉悟与自我发展的一种法律现象。第二，它是现代法治化程度的一种客观标尺。一个国家文明昌盛，必然有其先进的法治文化支持，法治全面现代化。一个国家的现行民法是这个国家的历史习俗和时代精神的一种结合，它是这个民族现代法治文化的集中体现。世界上有两种法哲学思维模式：一是经验主义思维，从个别到一般，再由一般到个别的思维路线，判例法为其法律的基本形式；二是理性主义思维模式，大陆法系国家制定的法律，其思维路线是由一般到个别、普遍到特殊。英美法系以英国普通法为基础发展起来，注重判例的作用。以法国、德国为代表的大陆法系，是以法典形式著称的，尤其是《民法典》极为发达。

二、民法典的基本精神

民法的基本精神是民事权利至上，而民法典是民法的最高级范式，体现着一个民族对于自由权利、社会文明的认识高度。一个国家的法治精神，主要体现在两大法上，即宪法和民法，公事权力的法和民事权利的法。民法是整个法治体系的基础性法律，其他法律都是基于此而设定运作的。现代民法典集中彰显着自由、平等、正义理念，系统确认人格尊严和物权、自治权等民事权利，宣示着国家保护私权的法治精神。民法典是民法理论与民法规范完美融合的结晶，也是一个民族自我精神追求的一种法治理想状态。古罗马文明，不仅有外在的物质文明，如那些精湛的建筑技艺，还有那些留给世人的法律文明，如古罗马的法律体系中最为完善的就是民法体系。罗马法，不仅是大陆法系的法律之根，也是英美法律的源头活水，尽管这两大法系的外在体系与思维模式有着根本之别。罗马法包括四部法典，即《学说汇编》《法学阶梯》《查士丁尼法典》《新律》。《法国民法典》包括三个部分：人法、财产法、财产取得的方式及其保护。《德国民法典》包括五个部分：总则、债法、物权法、亲权法、继承法。《法国民法典》与《德国民法典》代表着近现代西方民法典的最高成果，但两者的风格与精神导向却有着显著不同。

第三节 《法国民法典》的特色与影响

一、《法国民法典》的立法背景与特色

1804 年《法国民法典》是一部具有现代意义的民法典，是第一部带有资本主义性质的民法典。拿破仑参与了法典编纂的整个过程，并提出了一些有益的建议。拿破仑在晚年时说过，其一生中有过无数令人称赞的战功，但唯一值得骄傲的是他所主持编纂的民法典，我们可以从中体验《法国民法典》的历史意义和他对法典问世的贡献。《法国民法典》是资产阶级的民法革命之产物，确认了人的权利的平等性，人格的平等关照，法国人特别钟情于"平等"，平等是法国人的民族信仰，被孟德斯鸠和卢梭等视为法律和国家的灵魂和最高原则。自由、平等、博爱首先体现在法国的《人权宣言》中，这是法国大革命的最大贡献。《法国民法典》相应地确认了三大民法原则，即人格（权利）平等，所有权至上，过错责任。《法国民法典》体例上分为三编：人法、财产法、财产取得的方式及其保护。其主要优点是，体系上明晰、简单。语言上讲究平民化、通俗化，简练且优美，例如，其规定因欺诈、胁迫、重大误解所致，皆可依法撤销。

《法国民法典》是一部早期资本主义性质的民法典，体现了资产阶级的基本要求。资本主义的基本特征，就是个人自由至上，追求财产私有与经济自由竞争。它是法国自然法理论与罗马法相结合的结果，在体例与一些法律概念上主要以古罗马的《法学阶梯》为蓝本。

《法国民法典》确立了资本主义民法基本精神：民事权利平等原则、财产权绝对原则、契约自由原则及过错责任原则等，其中私权至上原则是最为核心的民法精神。私权至上原则，就是自由的基本内容，自由就是个人拥有私有财产及其交换的权利，这种私权是受到法律绝对保护的，是神圣不可侵犯的。法律和国家的唯一使命就是维护个人的私有权利免于一切侵害，即使国家、政府和法律也不能侵犯这种绝对权利，这就是资本主义的个人主义自由观。

二、民事权利平等原则

《法国民法典》第 8 条规定："所有法国人都享有民事权利。"所有法国人都是民事权利的享有者，这就是平等原则。所有的法国人，说明只要是法国人就毫无例外地享有民事权利的资格。这里的不足之处在于，这种平等只局限于法国人范围内，而没有规定一般的"人"的平等，而《德国民法典》第 1 条规定的"人"的范围，则不局限于德国本国人，也包括外国人。《法国民法典》的民事权利平等原则，在历史上具有开创性意义，它是在法律上对封建专制的一种否定，等级制度在民法上被彻底摧毁了。人不分身份等级，在民法上一律平等，都平等地享有民事权利，都受民法的平等保护。《法国民法典》第 488 条规定："满 21 岁为成年；到达此年龄后，除结婚章规定的例外，有能力为一切民事生活上的行为。"这是有关自然人民事行为能力的经典规定，21 岁是一个民事成年的年龄标准，但结婚年龄的民事资格遵从婚姻法的规定，而不适用 21 岁的一般民事资格的规定，显然法国把一般民事资格与结婚的民事主体资格进行了明文区分。《法国民法典》第 13 条规定："外国人经政府许可设立住所于法国者，在其继续居住期间，享有一切民事权利。"这是有关涉外民事主体资格的规定，为现代国际私法奠定了范例。民事主体资格的涉外问题上，《法国民法典》适用的是属地原则，并且明文规定居住于法国的外国人享有一切民事权利，这里的一切民事权利，在理论上就是同等原则，外国人与本国人享有同等的民事权利，充分体现了《法国民法典》的开放精神。这种变通规定，弥补了该法典第 8 条关于民事权利主体只限于法国人的不足。

三、财产权绝对原则

西方民法现代化的核心标志，就是财产权神圣不可侵犯原则。财产权绝对原则的含义是，依法所得的财产不受他人、政府和国家的干预，这是对封建制度下国王任意剥夺个人财产权的一种法律否定。封建社会的财产权制度特征是分封制，国王把一部分土地分封给贵族和大臣，贵族和大臣再把其一部分土地分封给其下一层的小贵族和部属，这样层层分封，这种分封是根据下级对上级的贡献来确定的，而下级为报答上级的分封，又要定期向上级封建主纳税或纳贡。可以说，封建社会的财产制度就是分封赏赐与侍奉纳贡相结合的一种不平等关系，体现着等级身份制特征，个人财产权没有稳定性，可能受到上一等级的封建主或国王的任意剥夺。《法国民法典》第 537 条第 1 款规定："除法律规定的限制外，私人得自由处分属于其所有的财产。"该法典第 545 条规定："任何人不得被强判出让其所有权；但因公用，且受公正并事前的补偿时，不在此限。"私权自治，就是民事主体可以自由的基于其意志进行民事活动。私权自治有两个除外情况：一是处分私权不得违法；二是私权被公用，并且事前得到了公正补偿，也就是说，即使是出于公用的理由，也必须对私有财产进行公正的补偿，并且必须是在事前进行补偿，而不是事先"打白条"。

四、契约自由原则

契约主体和契约能力资格是平等的和法定的。《法国民法典》第 1123 条规定："凡未被法律宣告为无能力之人均得订立契约。"订立契约要具有订约资格，只要拥有这种资格就有权与他人订立契约，这就是契约自由。该法第 1594 条也有类似规定："一切法律并未禁止其为买卖行为之人，均得买受或出卖。"契约能力的法定主义，是指只要法律允许其作为订立契约的人，其就具有契约能力，就可以进行合同行为，并受到法律的保护。

契约自由，就是契约的订立是在双方当事人自愿的前提下进行的，是双方当事人的合意。契约自由，有以下法律特征：一是，契约是合意的结果。《法国民法典》第 1101 条明确规定了契约的概念与基本特性："契约为一种合意。依此合意，一人或数人对于其他一人或数人负担给付、作为或不作为的债务。"契约是一种合意，是合同各方当事人的意思表示达到合一，这强调了契约的合意本质。同时，法国把契约的特性定位为一种给付义务，突出了契约的义务特征。二是，契约须依法成立。契约需要以自己的名义订立，并且订立主体自愿受到所订立的契约的约束。《法国民法典》第 1119 条规定："任何人，原则上仅得为自己接受约束并以自己名义订立契约。"三是，依法成立的契约具有法律约束力。《法国民法典》第 1134 条规定："依法成立的契约，在缔结契约的当事人间有相当于法律的效力。"《法国民法典》对于合同效力的规定很有特色，强调了契约的约束力，把有效合同的效力表述为"相当于法律的效力"，即在当事人之间产生了法律强力和制裁效力，违反合同就如同违反法律，因而合同具有抑制法的效力，只不过这种法律效力只是对于契约各方当事人而言，受到合同相对性的限制。法国的契约自由也适用于婚姻，《法国民法典》把婚姻规定为一种契约关系，这是《法国民法典》的一个特色，该法典第 1387 条规定："夫妻间的财产关系，仅在无特别约定时，始适用法律的规定；夫与妻只须不违背善良风俗，并依后述各条规定的限制，得随意订立契约。"夫妻之间也是契约关系，不仅财产关系可以订立契约，而且其他事项也可以自愿订立约定。只要不违反善良风俗，不违反法律，夫妻间的契约是受到法律承认和保护的。可见，契约自由已经深入到法国的家庭关系中了，这也表明契约自由精神在法国社会生活中的地位。

五、过错责任原则

《法国民法典》第 1382 条规定："任何行为使他人受损害时，因自己的过失而致行为发生之人对该他人负赔偿的责任。"这里的"任何行为"是针对任何人而言的，只要行为造成了他人损害且主观上存在过失的，无论是任何人都要对受害人进行赔偿。任何人都负有过错责任，这是一种责任负担上的平等，它意味着没有人享有超越法律之上的特权，也不对没有过错的行为人追究赔偿责任。过错责任原则是对自由原则的一种限制，任何人都要对自己的自由行为负责。同时，对受害人的赔偿也是博爱的一种体现。因此，过错责任原则体现着法国大革命所宣扬的自由、平等、博爱的价值理念，这是对法国封建王朝的任意追究责任专制思想的根本否定。自由是指个人对自己的私事有自我选择与自我决定的权利，凡是法国人都享有民事权利。同时自由也意味着责任，每个人都要为自己的自由选择负责任，不仅要担负契约责任，也要为自己的过错行为承担责任。个人过错责任原则有以下含义：一

是，个人是自己行为的责任主体。自己的责任自我承担，其他人
对此不承担责任。刑法上称作罪责自负、反对株连，民法上也要
求个人责任原则，这是对封建身份家长制的一种否定。二是，个
人只对自己主观上有过错的行为负责任。主观过错是个人负责的
前提，反对客观归责的责任原则，主观没有过错是有害行为免责
的有效理由。如果主观上没有过错，即使客观上作出的行为造成
了他人的伤害，依据过错责任原则的规定，行为人也不承担民事
责任。过错责任原则在法典中得以明确规定，这在当时是一种法
律上的革命，是对封建专制不平等制度的一种法律革命，彻底摧
毁了统治者对平民任意惩罚的法律根基。

六、《法国民法典》的历史地位与影响

《法国民法典》是近代思想启蒙与法国经济政治发展现实需要
的一种联姻，是近代典型的资本主义性质的民法典。1804 年的
《法国民法典》颁行后，欧洲大陆的诸多国家纷纷效仿它来制定本
国的民法典。拿破仑用其暴力征服了欧洲大片地域，但最终以失
败而告终，他虽然没有用武力统一地域上的欧洲，但统一了欧洲
的民法，统一了欧洲的法治文化，同时也用法治形式摧毁了欧洲
的封建专制的法制体系。

首先，《法国民法典》的问世，是人类文明的一大飞跃，它不
仅是罗马法的复兴，而且在罗马法基础上赋予了时代新思想，确
认了新兴资产阶级的新理念，推进了人类文明的发展，使人类进
入了一个新纪元。它确认了具有现代性的民法基本原则：第一，
民事权利平等原则。每个法国人和居住于法国的外国人都拥有平
等的权利，可以从事所有的民事行为。第二，契约自由原则。契
约自治是现代法治的一种标志，契约既是对人格平等的承认，又

是对封建等级特权在法律制度上的否定。第三，过错责任原则。没有过错就无须承担民事责任，该原则否定了任意强加于民事主体责任的专权制度。拿破仑对《法国民法典》的制定提出了一些基本要求：所要制定的法典必须符合人民和时代的基本要求，要具有先进性和前瞻性。尽管拿破仑个人还潜在地拥有封建专制思想，正如他后来复辟帝制，但是《法国民法典》中的民事权利平等、契约自由和过错责任原则在当时是具有历史超越性的。

其次，《法国民法典》的大众化品性。拿破仑为法典的制定提出了一个要求，就是制定出来的法典必须是广大人民能够广泛理解和接受的，要让一般民众听得懂、容易记、便于用。法典的语句行文表述上，要尽量把条文表述得像诗文一样，读起来朗朗上口，又要如同歌谣一样，通俗易懂、简明扼要，使文化程度不高的市民也能记得住。总之，尽管拿破仑统一欧洲的暴力行径给多个国家人民带来了深重的苦难，但是拿破仑之伟大之处主要就在于他对欧洲腐朽的封建势力与制度的革命，不仅是从形式上，而且从法治精神与体系上进行了彻底的清算，为后世人类文明作出了非凡的历史性贡献。

第四节 《德国民法典》的特色与影响

一、《德国民法典》的体系

《德国民法典》是德意志帝国在 1896 年公布并于 1900 年 1 月 1 日施行的。这是欧洲继《法国民法典》之后的第二部具有重大影响的民法典，是资本主义进入垄断时期的新型法典。《德国民法典》没有采用《法国民法典》的三编制体例，而是采用五编制，分为：总则、债法、物权法、亲权法和继承法。《法国民法典》与《德国民法典》两者各具特色，前者具有思想体例上的奠基意义，后者主要在民法理论与技术上有所发展，但在思想上具有保守性。德国的五编制民法典体系，在很多方面都有新创造和先进性，具有德国式特色，因而得到了欧洲诸多国家的效仿，是进入 20 世纪的人类新成就，在人类民法史上具有里程碑的意义。

二、《德国民法典》的制定

在 18 世纪，德国各个州法律学界都把民法理论视为一种共识性理论，这就是所谓的"潘德克顿法"，并在此基础上形成一种"德国普通法"。德国普通法是中世纪以来在德国逐步形成的适用于全国的通用法规，它是罗马法和教会法在德国发展的结果。与德国普通法相对应，德国各州在适用德国普通法的同时也保持着本州的特别法。德国普通法主要是私法，以罗马法为其基本内容，它在当时还只是作为德国地方法的一种补充法，但后来逐步为地方各州所通用。德国普通法，是德国法学家们长期研究的结晶，这种专门研究德国普通法的理论后来形成了一个具有历史意义的法学派，这就是所谓的"潘德克顿学派"。

德国普通法所依据的蓝本是罗马法大全中的《学说汇编》，而普通法中的私法部分被称为"潘德克顿法"。作为德国所采纳的罗马法私法，它是后来的德国普通法的基础，它于 15 世纪开始在德国适用。从 17 世纪开始，为克服普通法与各地方法之间的冲突，德国就开始着手进行统一德国民法典的活动。启动编纂民法典，其主要目的是统一德国各邦同时存在的地方法与普通法。《德国民法典》制定的法律基础是诸多处于分割状态的州的民法典。在

1871 年德意志帝国成立时，法律还没有统一，而把所有独立州的
民法典和习惯法整合起来并制定一部统一的民法典，则是当时德
国法律界精英们所要努力做成的民族大事。《德国民法典》制定之
前，就已存在的州民法典主要有：《巴伐利亚民法典》《普鲁士普
通邦法典》《奥地利普通民法典》《撒克逊王国民法典》等。这些
民法典大多已经先后跨越上百年，其体系内容各具特色，也都各
有成功之处，但它们之间也存在很大差异。因此，德国精英们认
为，要实现德国的真正统一，就必须构建统一的民法典。经过二
十余年的努力，法典编纂专家们在德国普遍法基础上，对国内各
地法典进行整合，并纳入了民法理论的一些新鲜东西，参照罗马
法《学说汇编》的概念体系，到 19 世纪末终于把经典的《德国民
法典》呈现于世人面前，德国人最终实现了统一民法典的梦想。
《德国民法典》的成就，不仅在于它实现了德国各民族法律文化与
民法典的统一，而且给欧洲乃至整个人类的民法典发展带来了新
生机。

三、《德国民法典》的特色

第一，体系特色。《德国民法典》采用的五编制结构，打破了
自罗马法至《法国民法典》的人与物两分法的民法体制。法国的
民法典分为三编：人法、财产法、财产取得的方式及其保护；而
《德国民法典》分为五编：总则、债法、物权法、亲权法、继承
法。与《法国民法典》结构的不同之处在于：《德国民法典》设置
了总则，债作为单独一编，继承也独立成为一编。

第二，设置了民法总则。总则是对人法与物法共同的原则和
规则进行了一般规定，作为各个分则的总纲，体现着民法典的总
精神与基本宗旨。民法一般性规则的规定，如民事法律关系、民

事主体的人、民事能力、民事行为，这些是适用于分则的基本内容。然而，《德国民法典》的总则体制也存在一些突出问题，总则有的规定并非适用于分则全部规范，如法人的规定就并不贯穿于分则各部分。

第三，设置了统一的债法。《法国民法典》虽然也有契约之债和非合意之债的规定，但没有统一的债法。《法国民法典》把担保物权规定在取得所有权的方式里，作为合同法部分，这曾经引起一些人的质疑，认为担保物权属于物权法，而不应该规定在合同之债体系中，而《德国民法典》就把担保物权规定在物权法体系中，不再将其规定在合同之债部分。

第四，独立地规定了继承编。德国把继承作为单独一编来规定，而法国把继承作为物权取得方式的一个种类，并将其规定为所有权取得方式。继承虽然也是取得财产权的一种法律方式，但它毕竟是基于身份关系而产生的，因而就不宜于将其与买卖合同规定的一起。

第五，权利能力、行为能力、法律行为、意思表示等概念，都是《德国民法典》独具特色之处。这些概念都是德国理性主义哲学在民法典中的体现，具有形而上学的意蕴。权利能力与行为能力，是有关民事主体资格的高度概括与抽象，而法律行为作为最重要且最常见的民事法律事实，对于民事法律关系理论生成与发展具有根基性意义。有关买卖合同的物权转移规定，德国适用的是表示主义，以物的交付或登记为所有权转移的标志，而法国采用的是意思主义，即只要买卖合同订立生效，所有权也就随之而转移，无须以物的交付为准。

第六，对于所有权绝对原则进行了一定的限制。《法国民法典》第544条规定："所有权是对于物有绝对无限制地使用、收益及处分的权利，但法令所禁止的使用不在此限。"所有权只受到法律的限制，法律不限制就是绝对的权利，任何人都无权干预。《德国民法典》对所有权的限制不仅表现在受到法律的限制，还表现为受到第三人权利的限制，《德国民法典》第 903 条规定："物之所有人在不违反法律或第三人权利之范围内，得自由处分其物，并得排除他人对物之一切干涉。"《德国民法典》强调了物权的自由处分权原则，同时又特别规定了物权处分的限制性条件，即物权处分必须在不违反法律或第三人权利的前提下才能得以行使。有人认为，这是对私权神圣不可侵犯法则的一种修正，其实，法国的私权神圣原则也是有条件限制的，即要求物权处分不得违反法律。

第七，对契约自由原则进行了一些限制。《德国民法典》第 157 条规定："契约应依诚实信用的原则及一般交易上的习惯解释之。"诚信原则作为对契约条款争议进行解释的一种基本依据，该条规定突出了诚信原则对契约自由的一种适度干预。该法典第 242 条也规定："债务人须依诚实与信用并照顾交易惯例履行其给付。"契约自由不得违反诚实信用原则，诚信原则是契约自由的道德底线，因而诚信原则如同法律一样成了契约行为必须遵守的。有人认为这是公共道德的一种限制，西方早期的放任自由主义在德国民法中得到了一定的纠正，个人自由受到了社会公共道德的限制。

第八，明确规定了善良风俗原则。《德国民法典》第 138 条第 1 款规定："法律行为违反善良风俗的无效。"该法典第 826 条规定："以背于善良风俗的方法故意加害于他人者，应向他人负损害赔偿义务。"其实，《法国民法典》也对善良风俗进行了明确的规定，《法国民法典》第 6 条规定："个人不得以特别约定违反有关公共秩序和善良风俗的法律。"《法国民法典》所谓的违反公共秩序与善良风俗，只限于当事人之间的特别约定范围。而德国的违反或违背善良风俗，在适用范围上不只是针对约定而言的，还包括所有民事行为。《德国民法典》对于善良风俗的规定，主要有两个方面：一是效力上，违反善良风俗的民事行为是无效的。二是赔偿责任上，违反善良风俗的民事行为，并不必然承担赔偿责任。确定当事人负有赔偿责任，除了其行为客观上违反了善良风俗外，还必须具备另外两个法定要件：一是该行为必须在主观上是故意的，二是该行为在客观上造成了他人的损害。

总的来说，《德国民法典》在许多方面都超越了《法国民法典》，在内容和体系上都独具特色，可以说是《法国民法典》之后的又一民法典编纂经典之作，至今仍然是民法理论界必研之作。但是，德国民法的法典化，不是大革命的结果，而是温和改革的结果。《德国民法典》问世之前，德国处于封建诸侯割据的分裂状态，主要诸侯国大多都有其法典，这些法典之间相互冲突。为消除诸多法典之间的冲突，实现德国法律上的统一，当时德国法学家经过长期努力，在已有的诸多民族特色法典之基础上进行了大量的融合工作，最终实现了德国人期望已久的统一的《德国民法典》。因此，《德国民法典》具有很大的包容性，既要考虑当时德国资本主义的要求，也要照顾到诸侯国的要求以及当时封建势力的要求，还要考虑到资本主义垄断时期的经济需要，可以说，《德国民法典》既有极强的现代先进特色的一面，又有浓厚的落后保守的一面。

四、《法国民法典》与《德国民法典》的异同

法德两国民法典代表着西方不同时期民法典编纂水平的最高境界，两者在各个方面都有其特点。《法国民法典》讲究民众化，通俗易懂，法文化的大众化。《德国民法典》讲究科学化，脱离大

众，一般民众难以理解。

（一）相同之处

第一，来源相同。两者都是法典的形式，都来自罗马法。第二，基本价值属性相同。两者的基本精神理念都是自由、平等、正义，都奉行私权至上的基本原则。两者在本质上都属于资本主义法治范畴，其共同宗旨都是为了抵制专制、维护市民社会的市民私权，尊重和维护资产阶级的根本利益。

（二）不同之处

第一，渊源上，两者不完全相同，《法国民法典》是来源于罗马法大全中的《法学阶梯》，《德国民法典》源自罗马法大全中的《学说汇编》。

第二，体系上，法国采用的是三编制，法典总共分为三个部分，人法、财产法、财产取得的方式及其保护。体系简明，易于把握，采用的是传统的人、物两分法。《德国民法典》采用的是五编制。《德国民法典》的先进之处表现在：其一，设立了民法典总则，以总则来统领法典整个体系，把分则所有共同之处都集中整合在一起，居于各分则之首。其二，设立了债法，规定了债的总则，又系统规定了合同之债、侵权责任之债等具体债的类型。德国人的理性哲学思维相当发达，《德国民法典》的总则就是其哲学理念的一种显现，追求民法典在体系完整、理念完善、概念理性等方面的整体理想化。

第三，两者所奉行的基本原则有着重大差异。法国主要确立了三大民法原则：民事权利平等、契约自由和过错责任。这些原则总体上确立了资本主义早期的平等自由权利理念，这是对封建专制特权的彻底否定，映射着法国大革命的精神追求。《德国民法典》颁行是在《法国民法典》制定约一个世纪之后的事，两者在时间上相差几代人岁数，资本主义已经进入垄断时期，早期资本主义所信奉的完全自由放任的发展理念所带来的缺陷已经逐渐显露。法律的制定与变化都是一个国家的经济政治现实要求的集中系统反映，《德国民法典》的编纂也必须符合当时和以后德国经济政治发展的基本要求，这集中体现在其民法典基本原则的定位上。《德国民法典》在继承《法国民法典》三大基本原则的基础上，又修正了这些原则，具体表现在以下几个方面：其一，对民事权利平等原则进行了一定的限制，在行使权利时不得侵害他人或公共利益。其二，对契约自由明确地加以限制。《德国民法典》明确规定，契约不得违反法律，而《法国民法典》则直接把契约视为当事人之间的事。《德国民法典》第313条规定了情势变更原则，即对已经生效的契约，因发生了特别的情况致使原来的契约根基已经丧失，此契约可以依法单方面解除而不属于违约。其三，针对过错责任原则，增加了无过错原则，以弥补过错责任原则的不足，形成两种法定责任原则并存的格局。

第四，《法国民法典》以民事权利为民法体系的核心，而《德国民法典》是以民事关系为民法体系的纽带。德国以民事行为、民事法律关系作为民法体系建构的基本要素，而《法国民法典》以人的权利和人对财产的权利为两个基本内容来建构民法规范体系。

第五，法典所遵循的价值理念不同。《法国民法典》奉行的是个人权利至上原则，《德国民法典》所遵循的是个人自由与社会利益相统一原则，前者主要体现的是个人本位，后者突出了个人与社会本位的融合，这种差异主要是由两个国家所处的时代与基本国情造成的。《法国民法典》代表资本主义初期的民法典模式，是早期大陆法系民法典的楷模，而《德国民法典》是资本主义垄断时期的典型代表。《德国民法典》有其保守的地方，不如《法国民法典》激进，例如，《德国民法典》没有人法的专门规定。《德国民法典》是对当时所存在的四个主要民法典进行改造而形成的，而《法国民法典》的产生是建立在大革命基础上的，拿破仑征战欧洲，铲除了各个封建强权，目的是为资产阶级争取自由平等权利。总之，法德民法典各有其独特之处，代表着资本主义不同时期民法典编纂的最高水平，不仅是欧洲大陆法系形成的根基，还影响到亚洲一些国家民法典的编纂。

第五节　我国《民法典》编纂及其意义

一、我国《民法典》的编纂

我国《民法典》是在《民法通则》《民法总则》《合同法》《物权法》等基础上，进行整合而成的，是我国改革开放以来民法理论研究与实践探索努力的最终结果。我国民事立法的历史演进，正是我国改革开放与社会经济文化发展变化在民法渊源上的反射，是法律系统与整个社会系统之间相互推动促进的见证。《民法通则》是改革开放初期所制定的基本民法规范，它相当于我国简写的民法典，体例与内容上都具有民法典的基本要素。《民法通则》作为民事基本法在我国适用了三十余年，在我国社会经济文化发展中起到了民事基本法的作用。后来《合同法》《物权法》和《民法总则》的先后颁行，是为了满足我国社会经济文化改革发展的新需要，标示着我国民事立法依次推进并走向完善的历程。这些民事法律文件的制定以及之后的司法解释、修改，都经历了法学与社会学等诸多学科著名专家的争论，并经过国家立法部门的反复论证修改，而非简单地照抄他国民法典的"作业"。民事立法要考虑的主要因素有：一是考察借鉴他国相应的成熟立法。二是要充分考察本国的基本国情。三是依据本国需要来构建合理有效的民法规范体系。在民法典体例上，我国现行《民法典》显然没有采用《法国民法典》的体例，而是在总体上与《德国民法典》的体例相近，但又有自己的特色。我国在《民法典》编纂过程上，曾经有多个民法草案版本，有五编制、七编制和九编制。九编制主要包括：第一编总则，第二编物权，第三编合同，第四编人格权，第五编婚姻，第六编收养，第七编继承，第八编侵权责任，第九编涉外民事关系的法律适用。但是最后颁行的《民法典》采用了七编制，设有总则编，下设六个分则编置于总则统领之下，最后还有一个附则。与《德国民法典》相比，两者体例上最大的共同之处是两者都设有总则，两者最大的不同之处是德国设有债的法律关系编，而我国没有一个统一的债法编，而是把合同法之债与侵权责任之债分别规定为两个独立的一编。我国《民法典》的制定中出现过诸多分歧与争论，主要有：人格权是否单独成编；债法是否单独成编；知识产权是否独立成编；是否需要一个债法总则；商法是否与民法分离。争论最大的问题，就是人格权是否单独成编，一直到草案进入表决通过前还存在分歧。尽管理论上的争论仍然存在，但不能不说，人格权单独成编在世界民法典编纂史上的确是一种首创，在民事立法史上的地位与意义不可小视。总之，我国《民法典》编纂的过程本身就是一个很好的教科书，能够给人们对现行《民法典》的全面理解与把握带来诸多启示。

二、我国《民法典》的主要特点

我国《民法典》的编纂经过长时间的争论、讨论、修改，现在终于以《民法典》的形式出现于世人面前了。这是我国立法史上的一个里程碑，尽管还有诸多不尽如人意之处有待以后完善。

整个《民法典》分为七个部分，形成了《民法典》的七编制体例。

第一个部分是总则编。这一部分具有中国特色的地方有：立法目的上突出了民法弘扬社会主义核心价值观的功能与使命；基本原则上突出了公序良俗与绿色原则在民法活动中的作用与意义；民事主体上，把自然人作为最基本的民事主体进行全面规定，同时突出了法人的独立性，对法人的民事行为能力进行了详细规定，强调了法人必须承担社会责任；民事权利上，对取得民事权利的法律事实进行了集中规定，对行使民事权利的基本原则进行了全面规定，对数据、网络虚拟财产权进行了确认；民事行为能力上，突出了意思表示与民事行为能力的关系，并较为详尽地规定了意思表示的种类、生效等内容。

第二部分是物权编。这一部分分别规定了物权通则、所有权、用益物权与担保物权，以及占有的确认与保护，增加了居住权，加强了对物业业主的权利保护。

第三部分是合同编，该部分对合同的订立、履行、违约责任等进行了系统规定，新增了情势变更原则、保理合同、物业服务合同等内容；还增加了"准合同"制度，把无因管理和不当得利之债归入合同制度。

第四部分是人格权编，该编规定了人格权的一般规定、生命健康身体权、姓名名称权、肖像权、名誉荣誉权、隐私权和个人信息权等内容。

第五部分是婚姻家庭编，分别规定了结婚、离婚和收养制度等内容。结婚方面变化不大，离婚方面增加了提出离婚后考虑期并将其作为离婚的法定要件。收养方面对收养条件进行了一些新的补充规定，突出了对收养人、被收养人及其相关人合法权益的全面保护。

第六部分是继承编，该部分规定了一般原则、法定继承、遗嘱继承与遗赠等内容。增加了遗产管理人制度，完善了遗嘱改变及其程序与效力，对遗赠抚养协议双方当事人之民事权利义务进行了详尽规定。

第七部分是侵权责任编。该部分规定了一般原则、损害赔偿、责任主体特殊规定、各种具体侵权责任等内容；新增加了"自甘风险""自助行为"等制度；完善了原有的精神损害赔偿制度，规定了故意的知识产权侵权和生态环境侵权的惩罚性赔偿制度；明确了交通责任事故的赔偿责任，确立了商业保险与强制保险的赔偿先后顺序，增加了无偿载人的责任减免规则。

总之，《民法典》不是把原有的《民法总则》《物权法》《合同法》等法律进行简单叠加，而是在已有成熟的法律基础上进行反复修改、补充、融合与完善，可以说是诸多思想者的思想融合。

三、编纂《民法典》遵循的基本原则

《民法典》是一个国家的民族传统与时代精神的一种契合。我国《民法典》的编纂是建设当代法治中国的一个大事件，为了能够最大限度地满足中国特色社会主义建设的需要，满足人民日益增长的美好生活的需要，其编纂坚持了以下主要原则：

第一，坚持社会主义制度的正确方向。《民法典》的编纂是一个综合系统性大型立法活动，其作为国家基本法之一的民事立法，涉及我国政治经济文化基本结构，涉及社会经济文化生活各个方面，因此，必须保证《民法典》编纂总体方向的正确性，必须始

终明确中国特色社会主义基本属性与要求。整部《民法典》的编
纂，都要始终明确坚持和完善社会主义基本经济制度、推动社会
经济文化高质量发展、实现中华民族伟大复兴和国家富强的总体
目标。

　　第二，坚持权利本位和以人民为中心的根本理念。民法是权
利本位法，自由权利是《民法典》的精神核心，因而我国《民法
典》坚持了民事权利至上的价值本位，彰显了人民至上的根本法
治理念。权利至上的本质就是人民至上，《民法典》开篇就声明了
其"保护民事主体的合法权益"的根本宗旨，而《民法典》的颁
行正是增进人民福祉、维护人民根本利益的必然要求。

　　第三，坚持以中国当代实际发展需要为出发点。《民法典》的
编纂，要参考借鉴他国成熟经验，但是不能不顾我国基本国情而
盲目照抄他国民法典。我国《民法典》编纂始终遵循着法律符合
现实需要的总方针，要以我国社会经济文化实际情况为出发点，
以全面推进社会主义现代化建设和满足人民全面自由发展需求为
总目标。满足人们日益增长的生活需要，是社会经济文化发展的
最终目的，而《民法典》的制定通过确认和保护民事权益来促进
人民的幸福生活，同时通过推进社会经济文化健康发展来间接地
促进人们的幸福美好生活。因此，我国特色社会主义建设的需要
和人民日益增长的美好生活的需要，这两个需要就是我国《民法
典》编纂的基本国情。

　　第四，坚持德治与法治相结合，把社会主义核心价值观全面
融入《民法典》体系，弘扬中华民族传统美德与社会主义时代精
神理念，塑造和维护崭新的民族精神和社会风貌。民法是民众基
本道德与权利相结合的基本法，是善良与权利的一种完善融合。
公共秩序、良好风俗、公共道德理念，在《民法典》中都有具体

的体现，其立法目的就是通过调整和维护民事权利义务关系，来塑造一个和谐稳定的文明社会。

第五，坚持科学立法与民主立法相结合，注重《民法典》的完整系统性。我国正处在全面构建法治中国的伟大时代，《民法典》的编纂是法治中国建设的重要组成部分，是当代中国法治建设中推进全面依法治国、推进国家治理体系和治理能力现代化的重大举措。《民法典》的编纂坚持民主立法与科学立法相结合的路线，历经长时间、跨世纪的编纂过程，由诸多学者探讨争论和广大民众参与。法典为了法律体系的系统化，把合同制度、物权制度、侵权责任制度等进行了科学的融合与合理衔接；各个制度与规范之间不重叠、不矛盾，保持了整个民法规范体系相互性与完整性的统一；从早先提出到最后颁行，经过了很多讨论、提案、修改，有诸多专家学者参与其中并付出了长时间的努力。

本章小结

法典代表人类立法史上的最高形态，但并非所有的国家都以法典为其主要法律渊源。西方两大法系的主要区别就在于，各自拥有截然不同的法律渊源，英美法系并不以完善的法典为其立法形式，而是以判例为其主要法律渊源。以法国和德国为代表的欧洲诸多国家的法典都很发达，《法国民法典》为资本主义早期蓝本，后期以《德国民法典》为样板，形成了法典式的大陆法系特色。探讨《法国民法典》《德国民法典》的体系与主要内容，对于认识我国《民法典》的编纂具有启示意义。我国《民法典》主要参考了《德国民法典》的体例与内容，在体例上以总则来统帅各个分则部分，形成了普遍性与特殊性相统一的一个民法规范体系，而在内容上主要以民事法律关系为整个民法体系建构的纽带。民事法律关系最为核心的就是民事权利，民法通过规范和调整民事关系来保护民事权利，因而分则就以民事权利来构建，如物权编、合同编、人格权编等。我国《民法典》的编纂，是从我国实际需要出发，坚持科学立法与民主立法相结合的原则，坚持促进中国特色社会主义事业全面发展和促进人民幸福美好生活的根本目的。经过诸多学者长期共同努力，我国《民法典》最终得以与世人见面，这是我们国家和人民生活中的大事，也是我国全面法治建设的重要方面，相信它将在保护民事合法权益、维护社会经济秩序、弘扬社会主义核心价值观和全面推进社会主义现代化建设方面起到全面保障作用。

CHAPTER 06 >> 第六章

民事法律关系系统论

第一节 民事法律关系概述

一、民事法律关系的概念

社会关系经由民法确认质变为民事关系。只有民法所确认和调整的社会关系，才是民事法律关系；凡是没有得到民法确认的社会关系，都不可能是民事法律关系，这两个命题是等值的。

有人认为，"民事法律关系是由民法规范调整的具有民事权利义务内容的财产关系和人身关系"①。也有人认为，"民事法律关系是民法所确认的具有权利义务内容的社会关系，它是民法所调整的财产关系和人身关系在法律上的表现"②。还有人这样表述，"民事法律关系，是由民事法律规范调整形成的，在同等对待的主体之间的以民事权利义务为内

---

① 张俊浩主编《民法》，国际文化出版公司，1988，第21页。
② 佟柔：《民法》，法律出版社，1986，第12页。

容的关系"①。这些是当前最具代表性的民事法律关系的概念。这些概念尽管表述上各具特色，但基本内容上是相似的，其主要原因在于：一是，这些概念均出自教材，要照顾到一般学习上的一致性与标准性；二是，它们都是依据《民法通则》所做的学术解释，甚至可以说是对法律规范的一种照搬；三是，这种相似也反映了我国法学理论多样性不强的特点，理论概念上保持高度的一致，有"千篇一律"之嫌，这不仅体现在句子结构的表述上，还体现在核心词汇的相同上，例如，都把民事法律关系定位为由民法调整的财产关系和人身关系，这两个关系的顺序也完全相同，而这种顺序在本质上是不适当的或不正确的，因为人身关系应该放在前边，这样才能强调以人为本的核心理念，而后来的《民法总则》和现在的《民法典》对此就进行了"拨乱反正"，把人身关系放在了财产关系之前。

　　这些定义都存在一个共同的缺陷，它们都只道明了民事法律关系产生的一个原因，而在语言表述上隐去了不该缺少的另一个原因，即民事法律关系不仅是民事法律规范调整的结果，还是民事法律事实所引起的。如果说，后一个原因可以隐去，那也必须道明这一定义只是民事法律关系的一种定义，即抽象的民事法律关系，而非具体的民事法律关系的定位，然而我们平常所常用的这一概念，往往是具体意义上的民事法律关系。用一个不常用的定义来对其定位，这是不适当的，也不能揭示这一概念的全部内涵，在适用中也易于引起误会。

　　法律条文意义上的民事法律关系概念，是抽象的定义，这是从法律调整对象上讲的，而具体的民事法律关系概念，应该是一

---

① 马俊驹、辜明安主编《民法》，武汉大学出版社，2012，第44页。

定法律事实经由民法规范调整后而产生的民事权利义务关系。抽象民事法律关系只是笼统地表述民法调整的对象是民事权利义务关系，而具体的民事法律关系是民法对基于某种法律事实所产生的以具体民事权利义务为内容的民事关系。抽象的民事法律关系是静态的，具体的民事法律关系是动态的。前者可以理解为是一种公式，而后者则是公式在现实中的运用。抽象的民事法律关系是书本上的、文字上的或法条上的民事法律关系概念，而具体的民事法律关系则是现实中、行动中的民事法律关系。抽象的民事法律关系，转换成具体的民事法律关系，必须受到民事法律规范的调整，那就必须具备两个条件：一是出现具体的法律事实，二是由相应的民事法律规范调整。具体民事法律关系的形成，就是由纸上的法律变为活的法律关系，现实中的活着的法律关系。一般的法律规范所规定的抽象民事法律关系，经由具体案件的法律事实，从而产生了的具体的民事法律关系。因此，民事法律关系应该有两种概念：抽象的和具体的民事法律关系。

民事法律关系的概念，有狭义和广义之别。狭义的民事法律关系是具体的民事法律关系，如当事人之间的合同关系；广义的民事法律关系，是一种抽象的、一般的、纯粹的、模式化的、类型化的民事法律关系，它是相对于法律规范而言的。我们可以将民事法律关系的概念分为三个等级：一级的民事法律关系，就是一般民事法律关系，二级的民事法律关系主要有合同法律关系、物权法律关系、侵权之债法律关系，三级的民事法律关系是现实的法律关系。前两级属于概念化的民事法律关系，而第三级属于个别的民事法律关系，两者属于一般与特殊、抽象与具体的辩证关系。以上层次分类，在《民法典》中的体现为：一是一般型概念，如总则中的民事法律关系概念。二是模式型概念，即分则各编的民事法律关系类别。三是具体型概念，分则每编中的各种具体民事法律关系，如合同编中的买卖合同、赠与合同等。民事法律关系作为一个公认的法律用语，完整地体现在《民法典》中的地方其实并不多。《民法典》第 133 条规定："民事法律行为是民事主体通过意思表示设立、变更、终止民事法律关系的行为。"还有一处是《民法典》第 464 条："合同是民事主体之间设立、变更、终止民事法律关系的协议。"民事法律关系有时也会表述为"法律关系"，《民法典》第 448 条对地役权作出了以下规定，"债权人留置的动产，应当与债权属于同一法律关系，但是企业之间的留置的除外"。这里的"法律关系"实际就是"民事法律关系"，但是不知为何没有用"民事法律关系"一词。《民法典》第三编第七章的标题是"合同的权利义务终止"，该章的首条（第 557 条）规定"有下列情形之一的，债权债务终止：……"显然，民事法律关系有很多通俗便利的表述形式，最简便也是最常见的表述就是民事权利或权利义务关系，例如，物权关系也称物权，合同关系也称协议。总之，民事法律关系是指基于具体的民事法律事实，由民事法律规范所调整，以民事权利义务为其内容的社会关系。民事法律关系的主要特征有：一是，一定的民事法律事实是其产生的事实依据。二是，相应的民事法律规范是其产生的法律依据。三是，以民事权利义务为内容。三者的逻辑关系是，两个原因产生一个结果，基于一定的法律事实和相应的民事法律规范这两个原因，产生了以民事权利义务为内容的特殊社会关系。可以看出，将这三者整合起来表述，就是民事法律关系的概念。

二、民事关系的概念

通常的民法教材里，都有专门章节来阐释民事法律关系的概念、三个要素等，并且一律采用的是"民事法律关系"，而不是"民事关系"。现在的问题是，民事关系与民事法律关系这两个概念是等同的吗？如果是等同的，为什么不用更为简单的表述？显然两者并不完全等同。

民事关系，作为一个法律概念或术语，应该说是有法律依据的，或者以法律为依据。我国《民法典》第 1 条规定"为了保护民事主体的合法权益，调整民事关系，……"这里用的就是"民事关系"，表明它是民法调整的对象。如果这一条文规定了民事关系这一概念是偶然的，那么《民法典》分则第二至第七编每编的首条行文上都一律采用了"民事关系"这一表述，这显然不是偶然的表述。《民法典》第一章"基本规定"的第 11 条规定，"其他法律对民事关系有特别规定的，依照其规定"。该条文中的"民事关系"应该理解为最一般意义上的民事法律关系，而非特定具体的民事法律关系。《民法典》分则第二至第七编每编的首条法律条文用语高度相似，具有程式化的表述，可能是出于法典表述上的规范性和一致性的考虑。《民法典》分则第二至第七编每编的首条都是这样规定的："本编调整因……产生的民事关系"，这里的省略号处可以分别填充以下词语："物的归属和利用""合同""人格权的享有和保护""婚姻家庭""继承""侵害民事权益"，填充后就形成了完整的条文。从以上对《民法典》相关法条的文字分析来看，这些条文的共同核心语词就是"民事关系"。从以上分析，可以归纳出以下命题，民事关系是指受民事法律制度调整的因某种（类）法律事实而产生的关系。这里有个问题需要探讨，《民法典》分则第二至第七编的首条，都如此行文："本编调整因……产生的民事关系"，这里本编指物权编、合同编等，如果把"本编"分别置换成：物权编、合同编等，那么第二至第七编的首条就变成各编法律制度的定义了。例如，物权编的首条就变成了：物权编调整因物的归属和利用而产生的民事关系；这里的问题是，"本编""物权编""合同编"的真实含义是什么？调整因法律事实而产生的民事法律的东西，只能是民事规范或民事制度或民事法律，关键的问题是这里的"编"是民事规范还是民事制度抑或民法？《民法典》之前的民法体系包括《民法总则》《物权法》《合同法》《侵权责任法》等法律，而现行《民法典》的分则各编其实就是上述这些法律的汇集，原来这些法律摇身一变就转换成了物权编、合同编等。分则各"编"应该理解成"制度"为宜，而不应表述为"法"，因为这会产生称谓上的逻辑紊乱。

那么，"民事法律关系"和"民事关系"两者到底有无区别，这个问题似乎并未引起人们的关注，能够做的就是分析两者异同的可能性。第一种可能，两者可能是一回事，民事关系只是民事法律关系的简称。第二种可能，民事关系是抽象的民事权利义务关系，是某一种类的民事权利义务关系，而非具体的关系；相应地，民事法律关系则是指具体的现实民事权利义务关系，是民事主体之间就具体法律事实而依法产生的权利义务关系。

三、民事法律关系的特征

概念与特征的辩证关系，是一与多的关系，是综合与分析的关系，这是一个逻辑思维定势。简单来讲，概念的展开就是特征，特征的综合就是概念。把一个事物的主要特征综合起来，就是这一事物的概念，因为这些特征反映了这一事物区别于他物的特殊之处。当然，一个事物区别于他物之处主要是本质特征，除此之外还有非本质特征。本质特征是由这一个事物的内在性质决定的，如果某一事物一旦失去了其本质特征，那么这一事物就不再是该事物了。给一个事物下定义，如果没有把其本质特征表达出来，或者表达得不准确或不全面，那么这个定义就是错误的。

我国对民事法律关系的特征，主要有以下几种论述：第一，三特征说。民事法律关系的主要特征有：一是一种思想社会关系，二是受法律调整的一种社会关系，三是具有平等和有偿性质的权利义务。① 第二，四特征说。一是主体上的平等性，二是内容上的民事权利和民事义务性，三是产生上的意定性，四是民事权利与民事义务的对应性。② 四特征说也有不同的表述：一是民法所调整的社会关系在法律上的表现，二是权利义务关系，三是具有平等性，四是具有一定程度的任意性。③ 这几个论述都提到了民事法律关系的这些主要特征：民法的调整性；内容的权利义务性；主体的平等性。但是，这些表述都有一个共同的问题，就是没有涉及民事法律关系产生的事实依据，而这应该是民事法律关系概念的一个重要特征之一，也可以说是必不可少的一个特征。这些特征表述都提到了民事法律关系所产生的法律依据，即它是由民法调整产生的；但并不是仅仅一个法律原因就能引起民事法律关系的产生、变更或终止的，而是与另一个原因一起共同引起的，这个原因就是民事法律事实，因为单纯的民事法律规范并不能直接引起民事法律关系的法律效果。

目前的教材与资料中，能够把民事法律事实表述为民事法律关系的特征的并不多见，眼下只有魏振瀛主编的《民法》教材中有此表述，他把民事法律关系的特征归结为三项：一是民法调整的社会关系，二是基于民事法律事实而形成的社会关系，三是以

---

① 佟柔：《民法》，法律出版社，1986，第13页。
② 张俊浩主编《民法》，国际文化出版公司，1988，第22页。
③ 王利明：《民法总则》，中国人民大学出版社，2020，第139-140页。

民事权利义务为基本内容的社会关系。① 这里它把作为民事法律关系产生的法律事实视为民事法律关系的三大特征之一，这就把民事法律关系的主要特征概括得较为完整、全面。

通过以上探讨，民事法律关系的最主要的特征，应该包括如下方面：第一，它是受民法所调整的。这是它产生的法律依据，它本身就是民法调整的对象，包括确认和维护民事法律关系两个方面，分为人身关系或财产关系两类。第二，它是由具体民事法律事实所引起的。这是它产生的事实依据，如具体合同行为，如果没有这一法律事实，就不可能产生具体的合同关系。第三，它必须是以民事权利和义务为其内容的。民事权利是民事法律关系的核心，民事义务是为了民事权利的实现而存在的，而民事法律关系的产生、变更与终止，就是民事权利义务内容的产生、变更或终止。民事法律关系与民事权利的联系如此紧密，因而人们又往往把民事法律关系与民事权利两个概念互换，如人身关系又可称作人身权，财产关系又可简称为财产权。其实，两者是不完全等同的，只不过民事权利是民事法律关系的核心内容而已。

总之，民事法律关系的特征主要有：第一，产生依据上。需要两个依据，即民事法律事实，是其产生的事实依据；民事法律规范，是其产生的法律依据。第二，内容上。以民事权利和义务为其内容。第三，效力上，由国家强制力保障。第四，主体上，法律地位是平等的。第五，意志上，自愿、自治的。前两项是实质特征，后三项是形式特征，这五点都是民事法律关系所特有的且是必不可少的特征。

---

① 魏振瀛：《民法》，7版，北京大学出版社，2017，第30页。

第二节　民事法律事实

一、民事法律事实的概念比较

对于民事法律事实的概念，也有不同的定义，我们可以对一些具有代表性的概念进行粗略比较，并从中得到一些启示。法理学上对法律事实的定义是，"所谓法律事实，就是法律规范所规定的、能够引起法律关系形成、变更和消灭的客观情况或现象。"[1]这个定义中用两个概念来定位法律事实概念，这两个概念分别是法律规范和法律关系。

下面比较一下民事法律事实的定义。第一种定义，没有用"依据法律规范"，而是直接用一个"民事法律关系"来对民事法律事实进行定义，"民事法律事实是指能够引起民事法律关系形成、变更和消灭的客观现象"[2]。"民事法律事实是指能够引起民事法律关系形成、变更和消灭的客观现象"[3]。显然，这两个定义可以说是完全重合的，都省去了能够引起民事法律关系的法律依据。然而，这种定义是不完整的。第二种定义加上了法律规范的概念，但只是笼统地用"依法"两字，至于依据的是民法规范还是刑事或行政法律规范，并没有言明，"民事法律事实，是指依法能够引起民事法律关系形成、变更和消灭的客观现象"[4]。应该说，这也

---

① 张文显：《法理学》，高等教育出版社、北京大学出版社，2011，第 118 页。
② 魏振瀛：《民法》，7 版，北京大学出版社，2017，第 33 页。
③ 马俊驹、辜明安主编《民法》，武汉大学出版社，2012，第 57 页。
④ 王利明：《民法总则》，中国人民大学出版社，2020，第 33 页。

不是完整的定义。第三种定义，直接表明"依据民事法律规范"能够引起法律关系效果的客观事实，"凡是由民法规范规定的能够引起民事法律关系发生、变更或消灭的客观情况，称为民事法律事实，简称法律事实。既包括自然现象，也包括人的活动"①。从以上比较中可能看出，第三种定义是较为准确完整的定义。因此，完整的民事法律事实概念，应该如此表述：依据 A（民事法律规范），且能引 B（民事法律关系），则为 C（民事法律事实）。与之相关的两个概念可以表述为：B（民法法律关系）=基于 C（民事法律事实）+依据 A（民事法律规范）=产生的社会关系；民事法律规范 A=C（民事法律事实）调整相应的 B（民事法律关系）所依据的规范。

二、民事法律事实的相关法条

具体民事法律关系，可以依据民事法律规范和民事法律行为、事实行为、法律规定的事件或者法律规定的其他方式而设立、变更或终止；而民事权利是民事法律关系的核心内容，因而具体民事权利也必然是由法律规定的法律事实所引起的。

我国《民法典》总则的第五章"民事权利"有两个条文值得重视：一是关于债权产生的法律事实的条文，《民法典》第 118 条规定："债权是因合同、侵权行为、无因管理、不当得利以及法律的其他规定，权利人请求特定义务人为或者不为一定行为的权利。"这也是传统民法理论上的债之种类，依据债产生的法律事实不同，债分为合同之债、侵权之债、无因管理之债、不当得利之债，这就是所谓的四大典型债。二是关于"民事权利"产生的法

---

① 巴忠山主编《法学概论》，吉林大学出版社，1989，第 162 页。

律事实的集中规定，《民法典》第 129 条规定："民事权利可以依据民事法律行为、事实行为、法律规定的事件或者法律规定的其他方式取得。"这里的"民事法律行为、事实行为、法律规定的事件或者法律规定的其他方式"就是所有法律事实种类在法律上的有效表述。需要注意的是，这两个条文规定的是债权、民事权利产生的法律事实，而非债权法律关系、民事权利义务或者民事关系产生的法律事实，从本质上讲应该是对债权债务关系和民事关系或民事法律关系的法律事实的规定。但是，我国《民法典》总则中没有专章规定"民事法律关系"或者民事关系，而是专章规定了"民事权利"，因而就出现了这种情形，即有民事权利产生的法律事实的规定，而无民事法律关系产生的法律事实的专项全面规定。从《民法典》总则第六章"民事法律行为"规定中，可以看出前面的民事权利实指民事法律关系，《民法典》总则第 133 条规定："民事法律行为是民事主体通过意思表示设立、变更、终止民事法律关系的行为。"这表明，民事法律行为是民事法律关系的产生、变更或者终止的最一般的法律事实。该条文与上面有关民事权利产生的法律事实的条文规定相对应，民事法律行为既是民事权利产生的首要法律事实，也是民事法律关系产生的主要法律事实，因而两个条文都涉及民事法律行为，且都是作为法律事实属性进行定位的。

我国《民法典》分则第二至第七编的第 1 条都明确规定了该编所调整的法律关系，也都表明了本编所调整的民事关系是基于何种法律事实。这些分编的行文都具有相同的式样："本编调整因……产生的民事关系。"这里的法律事实，包括"物的归属和利用""合同""人格权的享有和保护"等，具体分析如下：

第一，《民法典》第二编规定的是"物权"，即通常所说的

"物权编"。该编的首条（第 205 条）表明了物权编调整的对象，"本编调整因物的归属和利用产生的民事关系"。该条表明了物权关系是基于物权行为而产生的，物权行为就是物权关系产生的法律事实，包括物的归属和利用两种行为。因此，从法律事实的角度来看，物权编调整的民事关系是基于物权行为而产生的。从此条还可以推导出以下两个命题是正确的：凡是基于物权行为而产生的民事关系才属于物权编调整的范围；凡不是基于物权行为而产生的民事关系都不属于物权编调整的范围。这里的"本编"应该理解为或物权法编或物权法律制度编，这里的"民事关系"就是物权关系，但是该条文并没有直接规定"物权法编"和"物权关系"。这可能是出于整个表述上的统一化与逻辑上的一致性。

第二，《民法典》第三编规定的是"合同"。该编首条（第 463 条）表明了合同编调整的对象，"本编调整因合同产生的民事关系"。从法律事实的角度来看，合同编调整的民事关系是基于合同而产生的。换言之，凡是基于合同行为而产生的民事关系都属于合同编调整，凡不是基于合同行为而产生的民事关系都不属于合同编调整。这里"本编"就是以前所谓的合同法编，这里的"民事关系"就是合同关系，但是该条文并没有直接规定"合同法编"和"合同关系"。该法条蕴含着合同法律规范、合同行为、合同关系三者的辩证统一关系，合同法是调整因合同（民事法律事实）产生的民事关系，是规范合同行为、调整合同关系的所有法律规范。合同关系是由合同行为而依法引起的民事关系，合同行为就是引起合同关系的事实依据。

第三，《民法典》第四编"人格权"首条（第 989 条）规定"本编调整因人格权的享有和保护产生的民事关系"。从该条文可以看出，"人格权的享有和保护"就是人格关系产生的法律事实。

人格权编也就是人格权法，这里的民事关系特指人格关系，因而可以得出以下命题：凡是基于人格权的享有和保护而产生的民事关系，都是属于人格权法调整；凡是人格权法调整的民事关系，都是基于人格权的享有和保护而产生的；凡不是基于人格权的享有和保护而产生的民事关系，都不属于人格权法调整的范围。

第四，《民法典》第五编婚姻家庭编第1040条规定"本编调整因婚姻家庭产生的民事关系"。因婚姻家庭而产生的民事关系，都是婚姻家庭编调整的对象。这里的"因婚姻家庭"可以是婚姻家庭行为，如结婚、离婚、收养，也可以是婚姻家庭方面的事件，如死亡。

第五，《民法典》第六编继承编首条（第1119条）就规定，"本编调整因继承产生的民事关系"。因为继承而产生的民事关系，都属于继承法律制度的调整对象。继承就是遗产转移给有权承受者，包括法定继承、遗嘱继承等。作为法律事实的继承，到底是民事行为还是事件？这里要区分两种情形，法定继承是事件，无须意思表示作为生效要件，只要有死亡发生，而遗嘱继承不仅需要死亡事件，而且需要遗嘱这一意思表示行为，因而遗嘱继承本质上属于民事法律行为，它需要两个法律事实才能生效。

第六，《民法典》第七编侵权责任编首条（第1164条）就规定"本编调整因侵害民事权益产生的民事关系"，这里的"侵害民事权益"就是通常所说的侵权行为，它是侵权责任法律关系产生的事实原因。凡是侵害民事权益的行为，依据本编的规定就会产生相应的侵权之债的民事关系。

总之，有不同的法律事实，就会依据不同的法律制度，产生不同的法律关系，或者说，不同的民事法律制度都是调整基于不同的法律事实而产生的民事法律关系的法律规范体系。从法律事实的视角，法律关系可以进行如下分类：第一层面的分类，可以把民事关系分为人身关系和财产关系，人身关系是基于人身利益的享有而产生的不直接具有财产内容的民事关系；而财产关系是基于财产的享有与保护而产生的民事关系。第二层面的分类，可以把人身关系分为人格关系和身份关系，财产关系分为物权关系和债权关系。当然还可进行第三层面的分类，例如，身份关系可以分为婚姻家庭关系和继承关系，债权关系可分为合同之债、侵权之债等。这些民事关系的分类或种类，都是由不同的法律事实而决定的，因此，有何种法律事实就会依据相应的法律规范制度而引起相应的民事法律关系产生、变更或终止。

第三节　民事法律规范、法律事实与法律关系的"三位一体"关系

一、案件分析

民事法律关系理论，既是构建与理解民法体系的金钥匙，又是分析与解决现实民事法律问题的总公式。

案件事实：甲打了乙。

问题：（1）该案件法律事实是什么？（2）可能触犯哪些法律？（3）可能引起哪些法律关系？

问题分析：

（1）殴打行为，是何种法律事实？可能是侵权行为、行政违法行为或犯罪行为；也可能是合法行为，如正当防卫行为、自甘风险行为。

（2）殴打行为，可能适用到以下法律：民法、行政法或刑法。

（3）殴打行为，可能引起以下法律关系：民事法律关系、行政法律关系或刑事法律关系；民事诉讼、行政诉讼、刑事诉讼等法律关系。

（4）具体情况分析：如果没有违反行政法或刑法，则可能构成侵权行为，引起民事法律关系；如果是故意殴打致人轻伤以上或者过失致人重伤的，有可能构成犯罪，引起刑事法律关系；如果殴打行为没有构成犯罪，而只是触犯了《行政处罚法》，则可能引起行政法律关系。另外，也可能存在刑事附带民事或行政附带民事的法律关系，这是两种不同性质的诉讼关系的合并。

（5）法理依据分析：法律规范、法律事实、法律关系三者是"三位一体"的关系，法律关系是由法律事实和法律规范这两个因素决定的。案件分析的思路是：先确定法律事实的性质，再确定相应的法律规范，最后确定会产生何种法律关系。也就是，根据法律事实寻找相应的法律规范，然后得出结论：属于何种法律关系及其具体内容，即享有何种权利、履行何种义务或者承担何种法律责任。

二、"三元系统"思维法

一般来说，完整的事物至少是由三个基本要素构成的；任何一个事物的性质都至少需要其他两个与之相关的事物来确定，因为任何事物都是在其他相关事物中来显示自己的基本属性的。例如，教师、学生与学校的关系，就是"三位一体"的关系。教师就是在学校教育学生的专业人员；学生就是在学校接受教师教育的人；学校就是教师教育学生的场所。这运用的就是所谓的"三元系统"思维法。事物都是由诸多矛盾构成的完整体系，各种矛盾体相互结合而构成一个整体系统，这就是系统论的一种体现。

民事法律规范、法律事实、法律关系三者是"三位一体"的系统体系。这三个概念中的任何一个概念，都必然需要由另外两个概念来界定，任何一个概念都同时内含其他两个概念，只有用另外两个概念来界定一个概念，这一概念的界定才是完善的。我们可以将其称作"三元系统"思维法，这一思维法可以回答以下问题：

什么是民事法律关系？什么是民事法律事实？什么是民事法律规范？

民事法律关系、法律事实与法律规范三者之间的辩证逻辑关系是什么？

界定民事法律规范必然涉及法律事实与法律关系这两个概念。民事法律规范，就是规定何种民事法律事实（行为与事件）能够产生何种民事法律关系的所有民事规范。同理我们可以说：凡是规定民事法律事实和相应民事法律关系的法律，都是民法；规定何种民事法律事实能够引起何种法律关系的法律规范，就是民事法律规范。

民事法律关系可以界定为：因为一定的法律事实，并依据相应的民事法律规范，在当事人之间所产生的具体民事权利义务关系。

民事法律事实可以界定为：凡是依据现行有效的民事法律规范，能够在具体当事人之间引起民事法律关系的产生、变更、消灭的所有事实，包括事件和行为。

现在设定 A、B、C 分别代表民事法律规范、民事法律事实、民事法律关系，即 A = 民事法律规范，B = 民事法律事实，C = 民事法律关系。那么，我们会得出如下表述和推论：

第一，民法（A）是调整因民事法律事实（B）而生的民事法律关系（C）的所有法律规范。凡是调整基于民事法律事实而引起的民事法律关系的所有规范，都是民法或民事法律规范。

用公式表示：A = B + C。例如，合同法 = 调整基于合同行为 + 产生的合同关系的所有法律规范。

第二，民事法律事实（B）是依据 A 能够产生 C 的所有事实。

第三，民事法律关系（C）是依据 A 和 B 而产生的具体民事权利义务关系。

三个"凡是"的论断与命题、公式：

凡是由 A 和 B 所引起的，都是 C。

凡是依据 A 能够产生 C 的，都是 B。

凡是规定 B 能够引起 C 的，都是 A。

同等的三个命题：

凡是 C，必然由 A 和 B 的结合所引起。

凡是 B，必然依据 A 而产生 C。

凡是 A，必然是规范 B 和 C 的。

以上三个命题转化为文字表述即为：

凡是民事法律关系，必然是由两个因素所引起，即具体的民事法律事实和相应的民事法律规范。

凡是民事法律事实，必然是依据法律规范能够引起民事法律关系后果的事实。

凡是民法规范，都是为了规范民事法律事实与相应的民事法律关系的法律规范。

同等命题与推论：

凡是依据民事法律规范由一定的法律事实所引起的法律关系，就是民事法律关系。

凡是依据相应的民事法律规范，能够引起具体的民事法律关系的所有事实，都是民事法律事实。

凡是用来规范民事法律事实与相应的民事法律关系的法律规范，都是民事法律规范。

从以上命题可以看出，每一个概念都必然包括其他两个概念，否则这个概念就是不完整的，只能算得上是一种解释。三者是"三位一体"的关系，三者之间不是孤立的，是相互关联又相互独立的。三者之间的内在联系公式为：

$$A = B + C$$
$$B = A + C$$
$$C = A + B$$

不同的法律事实，依据不同的法律规范，会产生不同的法律关系。有何种法律事实 B，有相应的法律规范 A，就必然产生相应的法律关系 C。任何一个法律问题都要以事实为根据，以法律为准绳，任何法律人或当事人，都必须遵守法律，这就是法律适用的基本原则。我们平常所谓的基本法律理念或法律思维，就是法律事实、法律规范与法律关系"三位一体"的模式，即任何法律结论都建立在具体的法律事实和相应的法律规范基础上。凡是基于一定的民事法律事实并受民事法律规范调整所产生的民事关系，就是法律结论。任何民事法律关系，都是基于一定的民事法律事实，依据相应的民事法律规范的调整，在民事主体之间所产生的，以具有民事权利义务为内容的社会关系。因此，民事法律关系，必然是由两个条件引起的一个法律结果，"民法的规范、法律事实和民事法律关系是三个不同的概念；但它们又有密切的联系。民法规范是确定法律事实的依据，法律事实是引起民事法律关系设立、变更、终止的原因，民事法律关系则是法律事实引起的结果。"① 只有这两个原因同时出现，才能产生具体的民事法律关系。

三、三段论法律思维模式

三段论是亚里士多德最早系统阐述的逻辑思维方法。人高于世界万物之处就是人有两样东西——德与智。德，是指人拥有善恶、对错、正义与邪恶的是非观念，拥有一般善观念与正义感。智，是指人拥有高级思维的能力，高级思维就是抽象思维能力，抽象思维就是黑格尔所说的思想把握，理性的东西只有通过思想才能把握。用概念进行的抽象思维是一般动物所不能做到的，这在逻辑上讲就是指人拥有运用概念、判断、推理进行思维的能力。运用已知的东西来推断未知的东西的推理能力，这就是具有创造性的思维。法律就是一种创造性的思维活动，它不仅是让人背记的法条，更是一种高级智力活动。法律人必须要了解把握三段论法律思维模式。

这其中的关键词就是概念、判断、推理。判断是指概念之间的联系；推理是指从一个判断到另一个判断，从已知到未知的推断。三段论是法律适用中最为常用的逻辑思维模式，一个案例的分析、判断、结论，都要遵循着如下思维公式：

案件事实 + 法律规范 = 法律结论

这个法律思维公式，就是"三元系统"思维法在三段论法律思维中的一种展现，就是民事法律事实、民事法律规范、民事法律关系的"三位一体"关系。换言之，三者相互关系在逻辑上的一种思维模式，就是三段论法律思维模式。这里，案件涉及的法

① 金平主编《民法学教程》，内蒙古大学出版社，1987，第52页。

律规范是分析判例的大前提，案件的法律事实是小前提，法律结论是定性、处理结果。要想法律结论正确、准确，就必须大前提、小前提都是真实的，并且要一一对应。

三段论法律思维模式的基本要求：

第一，前提必须为全称。"在三段论中必须有一前提是肯定的，而且一定要有全称的前提；除非前提之一为全称，否则或者不能建立三段论，或者它会同所提出的主题无关，或者原有观点会被看作是未经证明的假定。"① 大前提必须是全称判断，是包括了所有的主体在内的一种命题，其表述是：所有的主体都是或应当……而不能是或然或单称判断，例如，有些主体是或应当……那个主体是或应当……大前提是三段论推理的第一个环节，是整个推理的根基，因而大前提的主体必须包括了所有的成员，不能有例外。

第二，大前提必须是正确的。作为推理的大前提，要么是无须证明的公理，要么是已经证明的真理，"前提必须是原始的和不用证明的，否则它们就需要证明才能被认知"。大前提必须是确定的、正确的、普遍的和无须证明的，如果是错误的，那就不能充当大前提，例如，人是马、人是四条脚的动物、犯罪是善的、善就是恶，这些均不能作为大前提。

第三，大前提必须包含着结论。"前提必须是结论的原因，比结论被知道得更清楚，并且先予结论而存在。"② 大前提不仅包含着小前提，还必须包括结论。换言之，结论是以大前提为判断依据的，只有大前提正确，结论才可能是正确的，而小前提就是连接大前提与结论的一个桥梁。

---

① 亚里士多德：《工具论》，李匡武译，广东人民出版社，1984，第 113 页。
② 亚里士多德：《工具论》，李匡武译，广东人民出版社，1984，第 160 页。

法律的适用要严格遵循三段论的逻辑思维。首先，法律规范是法律结论的大前提，它是法律事实这一小前提所对应的公理性依据，而不能以法律以外的东西作为大前提。其次，法律结论所载明的法律权利义务关系就是法律规范与法律事实之间逻辑推理的必然结果，"法官对每个刑事案件都应进行一种完整的三段论式逻辑推理。大前提是一般法律，小前提是行为是否符合法律，结论是自由或者刑罚"①。这就是所谓的"以事实为根据、以法律为准绳"的法律适用的基本原则。法律规范是定罪量刑的依据，而道德原则或正义理念等都不能替代法律规范，因为道德或者正义理念都只是抽象的东西，且是主观的东西，所以道德往往会导致罪与非罪的不确定性。

第四，三段论法律思维的一般公式：A + B = C

A 是大前提：是一个公理性的法律规范。它是一般性、普遍性规范，是全称判断，绝对命令的命题。例如，只要是依法成立并生效的合同，合同当事人都要全面履行，否则就要承担违约责任。又如，对于他人作出伤害的行为，主观上有过错或依法应当承担责任的，就构成侵权，产生侵权行为之债。

B 是小前提：就是民事法律事实。它是一个推理的中项，是联结大前提与结论的中介。缺乏中项，就不会产生具体的民事权利义务关系。例如，合同行为、侵权行为、不当得利行为、无因管理行为，或是事件、地震，这些就是民事法律事实。凡是能够将作为大前提的民事法律规范与作为结论的民事法律关系联结起来的所有客观事实，都是民事法律事实。这在实践中就表现为案件事实，只有那些对构成法律关系有影响的案件事实，才是主要的

───────────────

① 贝卡里亚：《论犯罪与刑罚》，黄风译，北京大学出版社，2008，第12页。

或有效力的民事法律事实。

C 是结论：由前两项所产生的必然结果，这一结果就是一种有效的民事法律关系，即具体的当事人之间产生的特定权利义务关系。这种法律关系，在判案时叫作"定性"，就是判断案件是民事案件、刑事案件还是行政案件，如果是民事案件，就要判断享有何种民事权利、履行何种民事义务或者要承担何种民事责任。只有 A 和 B 都同时准确无误，且两者具有对应关系时，才能保证 C 的正确性。如果 A 引用不当，与 B 不具有逻辑上的全集与子集的关系，那么得出的 C 就不具有正确性；如果 A 引用恰当，但 B 缺乏准确性，那么也无法得出 C。

第五，三段论法律思维具体应用。如何理解《民法典》合同编、合同行为与合同之债三者之间的关系？

从辩证法上，它们是因果关系，《民法典》合同编、合同行为是合同之债的两个原因。从概念种属关系上看，《民法典》合同编本身包含着合同行为与合同之债。从逻辑关系上看，任何一个命题都必然地包含着其他两个命题，每个命题都必须联系其他两个命题，才能显现自己。从逻辑上讲，三者是演绎推理关系，民事法律规范就是大前提，小前提就是民事法律事实，结论就是具体的民事法律关系。从法律适用的基本原则视角来看，三段论法律思维模式就是：以事实为根据，以法律为准绳。

四、法律思维基本原则

现代法治思维，其核心要义就是"依法办事"。依法办事，就是把事与法结合起来，做一切事情都要遵守法律，使"事与法"完全一致。依法办事，要求处理一切案件都要遵循"以事实为根据，以法律为准绳"。《民事诉讼法》第 7 条、《刑事诉讼法》第 6

条、《行政诉讼法》第 4 条，都明文规定审理案件必须"以事实为根据，以法律为准绳"，其实不仅审判机关审理案件必须遵循这一原则，而且所有法律主体在涉及一切法律关系问题时，都必须遵循这一原则。不仅程序法上要坚持这一原则，而且实体法律关系的处理上同样适用这一原则。这一原则的基本要求是，一切法律结论的得出，都必须建立在案件事实清楚、法律适用准确的基础上。换言之，只有符合了事实清楚、法律准确这两个前提条件，所得出的法律结论才是可靠的、正确的。

第一，在分析具体案件时，任何一个法律结论与判断都必须建立在这一基本原则之上，遵从法律，尊重事实。无论是法律职业人还是一般公民，任何违反这一原则的人，都是违法的，都要受到法律的否定与制裁。用法律语言来描述，即为对任何案件的定性与责任量化，都要建立在"以事实为根据，以法律为准绳"这一原则基础之上。我们现在法治中国的全面构成之最为关键的环节，就是用法律思维来提升执政能力，就是要使权力在法律这一准绳下运作，把"以事实为根据，以法律为准绳"切实转化为所有权力者的法律修养和思维习惯。法治中国构建的基础是民事权利得以维护。任何民事法律关系的产生、变更与终止都是基于民事法律事实和相应的民事法律规范这两个前提，任何民事权利都是基于法律事实而取得的，这也是"以事实为根据，以法律为准绳"原则在民法上的体现。

第二，"以事实为根据"，这里的事实主要指"法律事实"。法律事实与案件事实是两个根本不同的概念。前者是指法律规定的，对法律关系的产生、变更与终止有决定意义的那些案件事实，凡是依法能够引起法律关系的产生、变更与终止的一切情形，都是法律事实。后者是有关案件真实情况的所有事实，主要有：何事、

何人、何时、何地、何因、何果，罗马法学称这为"六何"。两者
的联系是，案件主要事实不清楚，会影响对案件法律事实的判断。
民事案件中的法律事实，如合同行为、侵权行为，是决定民事法
律关系效果的事实，而具体地点、原因等非法律事实的案件事实，
并不具有决定民事法律关系效果的功能。另外，民事法律事实是
需要证据证明的，这涉及《民事诉讼法》举证责任原则等法律
问题。

　　第三，"以法律为准绳"，要求以法律作为分析案件的依据。
从法治理念角度来讲，以法律为准绳是现代法治的基本理念，它
要求人们树立法律至上信念，不能曲解法律，不能藐视或践踏法
律。在分析处理民事法律关系时，必须坚持以民事法律规范为标
准，要依据具体的法律事实来决定适用哪条民事法律规范，只有
这样才能正确地判断具体法律关系的产生、变更或终止。假如法
律事实认定上要把握其真实性，那么民事法律规范的适用则主要
突出一个"准"字。

　　第四，法律事实、法律规范、法律关系，三者是两个依据、
一个结论的关系，这在案件处理时就体现为"以事实为根据，以
法律为准绳"的原则。所有民事法律关系的产生、变更与终止，
都要基于"以事实为根据，以法律为准绳"这一原则，所有法律
判断与结论都应当遵循这一法律适用原则。它不仅是法官、律师
等法律人必须严守的"铁律"，也是其他所有民事主体所必须遵循
的"铁律"。"以事实为根据，以法律为准绳"前面省去了一个主
语，即一切法律结论的得出，而法律结论的实质内容就是法律关
系，法律关系的内容就是法律权利、义务或责任。民事法律关系
是两个原因所推导出的一个法律结果，"法律关系的形成、变更和
消灭，需要具备一定的条件。其中最重要的条件有两个：一是法

律规范；二是法律事实"①。而法律规范所规范的对象包含两个：一个是法律事实，二是法律关系。"民事法律规范是民事法律关系发生的根据，民事法律事实是民事法律关系发生的原因，民事法律关系是民法调整平等主体之间的人身关系和财产关系的结果。"②总而言之，三者既相互包容又相互独立，任何一个概念都必须放在另外两个概念中才能展现其全部内涵与外延。

第四节　民事法律关系与民法体系

民法，就是专门调整民事法律关系的法律规范系统，是由抽象民事法律关系和具体民事法律关系构成的完整体系。如果一个法律调整的对象不是民事法律关系，那么这个法律部门就不是民法；如果一个法律关系不受民法调整，那么这个法律关系就肯定不是民事法律关系；如果一个社会关系受民法调整，那么这个社会关系就肯定是民事法律关系。由此看来，民法就是设置有关民事法律关系的构成要素、具体种类及其产生、变更与终止等法律规则制度的法律部门。

一、民事法律关系与民法的一般关系

民法与民事法律关系，两者是调整与被调整的关系。民法以调整民事法律关系为使命，以民事法律关系为其唯一调整对象，因此，民法就是专门调整民事法律关系的基本实体法。"民法是调

---

① 张文显：《法理学》，高等教育出版社、北京大学出版社，2011，第118页。
② 魏振瀛：《民法》，7版，北京大学出版社，2017，第31页。

整平等民事主体间财产关系和人身关系的法律规范的总称。"① "民法是调整平等主体的自然人、法人、非法人组织之间的财产关系和人身关系的法律规范的总称。"② 我国《民法典》把保护民事主体的合法权益、调整民事关系作为民法的基本任务，《民法典》第1条规定 "为了保护民事主体的合法权益，调整民事关系……"该法条的用语是 "民事关系"而没有使用 "民事法律关系"。再看第2条 "民法调整平等主体的自然人、法人和非法人组织之间的人身关系和财产关系"。第2条规定的是民法的调整对象，这里并没有直接用 "民事关系"，而是用了 "人身关系和财产关系"，这种行文确实令人费解。

体系是由要素构成的，体系与要素的关系相当于整体与部分的关系，部分只有在整体中才有其意义，部分脱离整体就成了死的东西，失去了其本质、功能或属性，没有整体上的意义。系统论，是指任何事物都是由诸多部分作为其组成元素构成的完整体系。民法作为一个体系，整体上是由总则与分则构成的，而总则和分则又是由诸多要素构成的。民法的总则，主要是由民法宗旨、民法原则、民事主体和客体制度、民事权利制度、民事法律行为等构成的一个相对完整的体系。民法分则是由人格权制度、物权制度、合同制度、婚姻家庭制度、继承制度和侵权责任制度构成的一个完整体系。无论是总则，还是分则，都是对民事关系某一个方面的展开，或者是对民事法律关系之三要素的具体规制，或者是对引起民事关系产生的法律事实的规制，或者是对具体法律关系的主体、客体、内容、法律事实及其变更等方面的特殊之处的规制。

---

① 江平、张佩霖编著：《民法教程》，中国政法大学出版社，1986，第3页。
② 魏振瀛：《民法》，7版，北京大学出版社，2017，第2页。

二、民事法律关系与民法总则

我国《民法典》总则中具体规定了民事主体制度、作为民事法律关系核心内容的民事权利制度、作为能够引起民事法律关系的最常见的法律事实的民事法律行为制度、保护民事权利的民事责任制度和时效制度等主要内容。第一，民事关系主体包括自然人、法人和其他非法人组织。《民法典》系统地规定了自然人的主体资格、监护、失踪与死亡宣告制度和"两户"制度，"法人"和"非法人组织"制度。第二，《民法典》专章规定了民事权利制度，列举式地确认了各种民事权利及相关法律事实。有民事权利，民事义务就会随之而生，于是《民法典》没有对民事义务进行单独规定，只是在后面的民事责任制度里对违反民事义务的各种民事责任进行了详尽的规定，这也变相地规定了民事义务。第三，《民法典》规定了民事法律行为制度。《民法典》总则第六章第七章分别规定了"民事法律行为"和"代理"制度。民事法律行为是引起民事法律关系产生、变更或终止的最常见的民事法律事实，于是《民法典》用专章对其进行了系统规定，主要规定了民事法律行为的一般构成要件、有效要件以及效力种类。代理制度只是民事法律行为的补充制度。第四，《民法典》总则第八至十章分别规定了"民事责任""诉讼时效"和"期间计算"制度。这三章是民事权利的保护制度，其最终目的是维护民事法律关系秩序。总之，《民法典》总则是对民事法律关系一般制度的抽象规制，而分则各编则规定了不同种类的民事法律关系制度。

三、民事法律关系与民法分则

民事法律关系在《民法典》分则各编中均有体现。

第一，分则各编中的民事法律关系主体种类。《民法典》分则各编分别规定了各自民事关系的主体：物权关系主体、合同关系主体、人格权关系主体、婚姻家庭关系主体、继承关系主体、侵权责任关系主体。物权关系主体有所有权人、担保物权人和用益物权人。合同关系主体具有相对性，即债权人与债务人，或互为债权债务人，如买卖合同的出卖人与买受人就是互为债权债务人。合同关系主体一般都是双方，《民法典》唯一明文规定是三方当事人的典型合同是融资租赁合同，《民法典》第 735 条规定，"融资租赁合同是出租人根据承租人对出卖人、租赁物的选择，向出卖人购买租赁物，提供给承租人使用，承租人支付租金的合同"。融资租赁合同的主体分别是出卖人、出租人、承租人，而出租人同时又是买受人。人格权关系主体的特征是，其权利人是特定的，而义务主体是不特定的其他所有人。婚姻家庭关系主体具有身份性，如夫妻关系、监护关系的主体，而继承关系主体可能是基于法定身份，如法定继承，也可能是基于遗嘱，如遗嘱继承。侵权责任关系主体则具有更多的特殊性，侵权责任关系主体与合同关系主体不同，前者不受行为能力的约束，而后者要求具有法定的民事行为能力，无民事行为能力的人所订立的合同是无效的，而限制民事行为能力的人除纯粹获利的合同或与其民事行为能力相适应的合同之外，其他合同的订立则需要事先得到其法定代理人的同意或事后的追认才有效。侵权责任关系主体即使是无民事行为能力的人也能依法成为侵权责任主体，只不过其责任依法转移给了其法定监护人，当然，如果行为人有财产，应当先由其财产赔付，不足部分由其监护人承担，因而理论上把监护人责任称作替代责任或补充责任。也有相当一部分侵权责任关系的责任主体，并非对其行为负责，而是对其所饲养的动物或管理的物品造成他人损害的后果负责。还有的侵权责任关系的责任主体，依法并不是第一责任承担人，而只是承担补充责任，例如，《民法典》第1213条规定，机动车致人损害的，责任属于机动车一方的，先由强制保险人赔偿，不足部分由商业保险人赔偿，仍然不足或者没有投商业保险的，由侵权人赔偿。这在理论上称为责任转移，侵权人的民事责任依法转移给了第三方，这是侵权责任关系主体的一大特点。总之，每类或每个民事关系，都有其特定的民事关系主体制度。

第二，分则各编中的民事法律关系客体种类。民事法律关系客体，是指民事权利义务所指向的对象，包括物、行为、智力成果、权利等。《民法典》分则各编民事法律关系的客体，也是各不相同的。换言之，不同种类的民事法律关系需要有不同的客体。物权编分别规定了所有权法律关系、用益物权法律关系、担保物权法律关系，这三种法律关系的客体分别为所有物、用益物和担保物。合同编中的有名合同体系，主要就是依据各种合同的客体的特殊性来建构的。合同编分别规定了财产类、完成工作成果类、完成行为类、提供服务类、知识产权类等有名合同关系，这些合同关系的客体分别是财产、成果、行为、服务、知识产权等。人格编所调整的民事法律关系是人格权关系，各种人格利益是人格权关系的客体。婚姻家庭编所调整的是因婚姻家庭而产生的民事关系，即婚姻家庭关系，而身份利益是婚姻家庭关系的客体。继承编调整的民事法律关系是继承关系，而继承关系的客体是财产，是被继承人生前所留下的个人合法财产。侵权编所调整的民事法律关系是侵权责任关系，而给付行为是侵权责任关系的客体，给付就是债务人向债权人承担民事责任的履行行为，如损害赔偿、赔礼道歉、返还占有等给付行为。

　　第三，分则各编中的民事法律关系内容种类。民事法律关系的内容是民事权利和民事义务，享有与实现权利，需要依赖义务的履行。民事权利一旦确定，民事义务也就相应地确定了，或者说有何种民事权利就必然有相应的民事义务来满足它。民事法律关系的核心内容，有的偏重于民事权利，如物权关系、人格权关系，《民法典》第二编的标题直接规定为"物权"，以下三个分编"所有权""用益物权""担保物权"，也都是以民事权利而非民事义务为标题；有的民事法律关系的核心内容偏重于义务与责任，如合同关系偏重于合同义务的履行，而侵权责任关系的重心在于责任的承担而非权利的享有。依据民事权利的产生的不同，民事权利可以分为原权和救济权，《民法典》分则中的物权、人格权等属于原权，而侵权责任请求权属于救济权。如果按照传统民事权利分类，民事权利分为人身权和财产权，那么《民法典》分则的人格权编、婚姻家庭编等属于人身权范畴，人格权分为人的姓名权、肖像权、名誉权、身体健康权、生命权、隐私权等，身份权分为监护权、抚养权、赡养权、继承权、夫妻互助请求权等；分则中的物权编、合同编等则属于财产权范畴；而继承权编则属于基于身份权的财产权范畴。

　　综上所述，民事法律关系是指由民法调整的、在平等主体之间由于特定的法律事实而产生的民事权利义务关系。其三要素包括主体、客体与内容，民事法律关系主要由特定的法律事实引起。第一，《民法典》总则把民事法律关系规定为其调整对象；总则系统规定了法律关系的主体制度，规定了主体资格，自然人、法人和其他组织的权利能力与行为能力；总则还规定了民事法律关系的权利制度和行为制度等。第二，《民法典》分则分别规定人格权、物权、债权等制度，这些属于抽象民事法律关系的类别化。

民法制度体系，就是依据民事法律的三要素及其具体制度来建构的，其目的是全面调整和保护民事法律关系，维护以民事法律关系为主体的社会经济秩序。总之，民法就是调整民事法律关系的专门法，通过调整民事法律关系来实现民法的各项基本任务。

本章小结

民法体系的整个框架，就是一般民事法律关系构成要素与具体民事法律关系构成要素及其产生的法律事实等制度的逻辑构建。我国《民法典》基于民事法律关系的一般制度、种类制度与具体制度三个层面，分别设立为总则编、分则各编、分则各编中的具体法律关系规范。总则编规定了民法的基本宗旨、调整对象、民事主体制度、民事权利制度、民事法律行为与代理制度、民事责任与时效期间制度等，都是对民事法律关系的价值意义、构成要素制度、产生法律事实制度及其保护制度的一般性规定，是从分则各编具体法律关系提取的共性制度或"公因式"。分则各编规定的是民事法律关系种类及其具体民事法律关系，尽管在行文上并没有标明是"民事法律关系"，但其本质属性上仍然是将某类民事法律关系作为一"编"。如果以民事法律关系来对分则各编进行重构，那么就会发现民事法律关系与分则关系的"真面目"，分则各编的标题就会变更为：物权法律关系编、合同法律关系编、人格权法律关系编等，当然这里的法律关系也可替换为法律制度。总之，民法就是调整民事法律关系，保护民事权利，维护社会经济秩序，弘扬社会主义核心价值观，促进社会主义建设的基本法；其基本宗旨是保护民事权利，而保护民事权利的手段就是调整民事法律关系。

每个民事法律关系，都必然是由主体、客体、内容三个要素构成的一个完整体系，三个要素中最核心的要素就是民事法律关系的内容要素，而民事法律关系内容中最核心的要素是民事权利。于是民事法律关系，有时又称为民事权利义务关系，有时又直接简称为民事权利，例如，人格权法律关系，有时称作人格权利义务关系，或人格权。民事法律构成理论，如同刑法理论中的犯罪构成要件理论，它是解构民事法律规范与条文的基本公式，是概括某个民事法律关系概念与主要特征的基本思路，也是分析案例的金钥匙。

民事法律关系的产生、变更与终止（以下统称产生），都需要相应的依据。民事法律关系，必须由两个依据才能产生，即民事法律规范与法律事实。民事法律关系、民事法律规范和法律事实，三者既是"三位一体"的关系，又是三段论逻辑关系，还是法律适用基本原则的理论法源。这三个概念中的任何一个都必然包含着其他两个，任何一个概念都必须由其他两个概念来界定或表述。任何民事法律规范都是对何种法律事实能够引起何种民事法律关系的界定；任何一个民事法律关系都依据某种法律事实和相应的民事法律规范而产生；法律事实是依据民事法律规范能够引起具体民事法律关系的客观情形。具体民事关系的产生，必须首先有法律事实出现，而这种法律事实又是法律规定的，而最常见的法律事实是民事法律行为。总之，民事法律关系，是解析整个民法体系结构的总公式，是把握民法宗旨及其实现的理论入口。

第七章

民事法律行为专题

第一节　民事法律行为及其相关概念

一、民事行为的概念与种类

民事行为这一概念，现在似乎不存在了，常见的是民事法律行为、事实行为和侵权行为这三个概念。但是，民事行为还是有其存在的必要性与理由的，因为需要有一个能够概括民事法律行为、事实行为和侵权行为这三个概念的一般概念。《民法通则》就有"民事行为"的概念，现在《民法典》里未使用这一概念，然而理论上仍然应该有一个一般概念，即民事行为。民事行为，是能够依据民事主体自己的意志依法设定民事法律关系的行为，是与事件相对应的一种民事法律事实。它是依据民法能够引起民事法律关系的产生、变更和终止的所有行为。

依据民事行为与意思表示的关系，民事行为分为三种：一是，民事法律行为。这是最为常见的民事行为，它是依据法律和自己的意思表示两个因素产生的自己所意愿的民事法律关系之效果的行为。二是事实行为。它是指行为人不具有设立、变更或终止民事法律关系的意思表示，就能够依法产生某种民事法律关系之法律效果的行为。三是准民事法律行为。它是指只要行为人作出某种单方意思表示的声明并告知相对人，依据民法相应规定就能够引起某种法律关系的产生、变更或终止之法律效果的行为，主要有通知、催告和宽恕。例如，解除合同、拒绝要约、债权转让等通知，只要告知对方就会依法产生相应的法律效力。又如，相对人有权催告被代理人在 1 个月内追认。再如，被虐待的人生前宽恕继承人虐待行为的，继承人可不丧失继承权。

二、民事法律行为的概念与特征

民事法律行为，是指民事主体依法通过意思表示设立、变更和终止民事法律关系的行为。意思表示与民事法律关系的关系，是互为表里、内容与形式的关系，人们往往把两者互换使用，用意思表示来代替民事法律行为。

民事法律行为的主要特征有：第一，性质上，它是最常见的民事法律事实，受民事法律规范调整。它是依据法律规范能够产生相应的法律效果的行为，即能够依法引起法律关系发生效果的法律事实。第二，形式上，以意思表示为必要因素。第三，目的上，以引起民事法律效果为目的，是一种有目的的行为，是以依法设立、变更、终止民事法律关系为目的的。第四，意志上，它是自愿的民事行为，自愿主要体现在以下方面，按照自己的意愿来参与民事活动，按照自己的意愿设立、变更、终止民事法律关系，按照自己的意愿取得和利用民事权利，这些都是私法自治原则的具体展示。因此，民事法律行为的本质是私权自治，即民事主体有权依法自我决定自己的私事，自主决定自己是否参与某种民事活动，自我决定取得、行使和终止自己的民事权利。

三、事实行为的概念与特征

事实行为，是指基于民事法律规范就能够直接引起相应民事法律效果的民事行为。只要某种民事行为发生，依据民事法律规范，而无须相应的意思表示，就能够引起民事法律关系的产生、变更、终止，那么这种行为就是事实行为，它是与民事法律行为相对应的民事行为。

事实行为的主要特征有：第一，非表意的行为。它不以行为人的意思表示为要件，只要出现了法律规定的能够引起相应的法律关系的某种行为，那么行为人就应当依法承担某种民事义务或能够享有某种民事权利。例如，民事主体一旦作出了不当得利的行为，那么就会依法引起返还不当得利的民事义务，也就是在行为人与相对人之间产生了给付不当利益与接受该利益的民事法律关系。不当得利之债的成立，不以行为人是否作出了某种意思表示为必要条件。第二，具有法定性。事实行为不仅有客观行为发生，还必须有相应的法律规定，否则就不能引起民事法律关系。事实行为分为两种：一是有相对人的事实行为，如无因管理、不当得利、正当防卫、紧急避险、侵权行为、违约行为等；二是无相对人的事实行为，如无主物的占有、拾得遗失物、抛弃自有物、创作发现、自货加工等。第三，可能是合法的，也可能是违法的。例如，侵权行为必然是违法的行为，而无因管理行为则是合法的行为。但是，无论某种行为是否合法，只要法律规定能够发生某种民事法律关系的效果，就属于事实行为。

四、民事法律行为与事实行为的异同

（一）相同之处

两者都是法律事实且属于行为，而非事件。两者都能依法引起法律效果。

（二）不同之处

第一，意图上。前者要求有明确的主观意图，即以引起民事效果为目的；后者只需客观行为。第二，形式上。前者以意思表示为要件，是表意行为，还要求民事法律行为人的意思表示真实，才能够引起相应的法律后果；后者是非表意行为。第三，依据上。前者依法由当事人意思自治产生法律后果；后者依据法律规定而直接产生法律效果。第四，主体资格上。前者需要有相应的民事行为能力资格；后者对此并无明确要求。第五，法律地位上。前者有系统的法律规范体系，构成了一个完整的民法制度，包括民事法律行为的成立、有效要件、效力种类等制度；后者没有一般性制度规定，只是一些分散的具体规定。第六，合法性上。前者如果违反法律法规强制性规定则是无效的；后者可能合法也可能不合法，如侵权行为、不当得利行为等是不合法的，而无因管理、拾得行为等却是合法的。第七，是否可以代理上。前者是可以代理的，有的民事法律行为还必须由他人代理，如法定代理制度中的无民事行为能力人的民事法律行为，必须由其法定代理人代理。

五、民事法律行为概念的立法演变

比较以下两个条文，有助于了解我国民事法律行为概念的演变：

《民法通则》第 54 条规定："民事法律行为是公民或者法人设

立、变更、终止民事权利和民事义务的合法行为。"

《民法典》第 133 条规定："民事法律行为是民事主体通过意思表示设立、变更、终止民事法律关系的行为。"

从这两部法律中，可以看出民事法律行为概念的变化，也可以从中窥探我国民法理念与立法技术的提升。

第一，从主体上看，由原来的公民或者法人改为民事主体。《民法典》中的民事主体包括自然人、法人或其他非法人组织，不再使用公民这一概念，因为有人说公民是公法概念，而自然人是私法概念，这说明我国经历了民法私法化演进。立法文字表述也更加简练、科学，不再列举式地把所有民事主体的种类都一一列出，立法文字水平在提升。

第二，去掉了"行为"前的"合法"两字，这说明现在的民事法律行为概念已经包括合法与非法的两种情形。原有的"民事行为"用语已经不见了，民事法律行为只是与事实行为相对应的概念。这种新的划分是否合理、科学，有待继续探讨。需要注意的是，民事法律行为在《民法典》第 133 条里虽然没有要求是合法行为，但是民事法律行为如果不合法，那么可能是无效的，可能不会依法设立、变更、终止行为人所意欲的民事法律关系。民事法律行为是民事法律关系产生的法律事实，且是最为重要或最为常见的民事事实。绝大多数民事法律关系都是由民事法律行为而产生的，除了少数民事法律关系是由事实行为或事件产生。民事法律关系的产生、变更与终止并非由合法的民事法律行为才能引起。只有合法的民事行为才能产生民事法律关系的观点是错误的。合法的民事法律行为能够产生民事法律关系，如合同行为，而不合法的民事法律行为也能产生相应的民事法律关系，只不过可能不是当事人预期的民事法律关系，但能够依法产生其他的民事法律关系，如违法的合同是无效的，不能产生当事人欲求的民事法律关系，但可以引起不当得利之债的民事法律关系。

第三，加上了"通过意思表示"作为民事法律行为的必备要件，更加突出了民事法律行为与意思表示的表里关系，表明民事法律行为是表意行为。意思表示是《民法通则》里所没有的内容，而现行《民法典》强调了意思表示在民事法律行为中的地位，把民事法律行为定位为表意行为，而非表意行为则不是民事法律行为，意思表示也就成了民事法律行为的必备构成要件。

第四，由原来的"民事权利和民事义务"改为"民事法律关系"，这样的语言表述更加严谨科学，克服了立法上的随意性。民事法律行为是能够引起民事法律关系产生、变更、终止的最常见的法律事实，原来的立法用"民事权利和民事义务"来代替民事法律关系在逻辑上是不严谨的，尽管民事法律关系的内容是民事权利义务。

第二节　意思表示

一、意思表示与民事法律行为的一般关系

民事法律行为是私法自治的一种体现，人们通过民事法律行为来实现自己的真实意图，而这种真实意图就是设立、变更、终止民事法律关系。意思表示就是这种真实意图的准确全面表达，是行为人内在意图的外在表现，使人能够领受。意思表示的内容就是民事权利、义务的设定。意思表示是民事法律行为的具体展示，"法律行为即旨在引起法律后果的行为"。"意思表示是法律行

为的工具，而法律行为又是私法自治的工具。"① 法律行为是私法自治的一种体现，人们通过法律行为来实现自己的意思。法律行为就是行为人意图通过其行为来依法产生某种法律效果。民事法律行为是最为常见的民事法律事实，换言之，它是绝大多数民事法律关系产生、变更和终止的现实约因或事实依据，诸多民事法律关系都是由合法民事行为所引起的。没有民事法律行为，生活中的绝大多数民事法律关系就不会产生，而最为普遍的民事法律行为是合同行为。

民事法律行为与意思表示的关系，可以从《民法典》相关规定中来理解与揭示。两者相互关联的最为直接的体现是《民法典》第133条对民事法律行为的法律定位，"民事法律行为是民事主体通过意思表示设立、变更、终止民事法律关系的行为"。这说明民事法律行为必须通过意思表示才能达到其设定民事法律关系的目的。《民法典》第143条把意思表示真实规定为民事法律行为有效的条件之一。此外，《民法典》有关民事法律行为效力种类的规定也可以体现出意思表示对民事法律行为的重要性。如果意思表示不真实，就可能出现民事行为的效力问题，诸如民事行为的无效、效力待定、可撤销等。合同就是双方意思表示一致的结果，缔结合同要经过要约与承诺两个环节，要约是希望和他人订立合同的意思表示，承诺是受要约人同意要约的意思表示。从以上这些法律规定中可以领略到民事法律行为与意思表示之间的密切关联，于是人们在表述时常常用意思表示来代替民事法律行为。

二、意思表示的概念与构成要素

民事法律行为主要是通过意思表示来表述的，民事法律行为

---

① 梅迪库斯：《德国民法总论》，法律出版社，邵振东译，2001，第143页。

的效力要件之一就是意思表示要真实合意，意思表示如果欠缺了真实性，那么我们就称这种意思表示存在瑕疵。意思瑕疵往往会影响到民事法律行为的效力，如重大误解所签订的合同，事后可能引起合同被撤销的法律后果。

意思表示是由意思、表示和效果等要素构成的完整系统。意思，是我想要如何，我的目的、意愿是什么，想要追求什么样的民事法律关系。表示，是我的意图具体表现于外，采用书面或者口头形式表达出来。意思表示，是由主观要件与客观要件构成的，是由意思与表示两个要件组成。主观要件就是意思，意思是民事行为所追求的真实目的，民事行为人的内在欲求，也就是行为人的真实意愿。一般认为，行为的目的与其背后的动机并非完全相同，动机往往不影响行为的法律性质，而行为目的则是具有法律意义的主观要件，表明行为人作出某种民事行为所要达到的目的，如与对方订立买卖合同。

意思，包括行为意思、表示意思和效力意思三个方面。第一，行为意思，民事行为是人有意识的一种行为，外在显现出的是一种客观行为，没有意识的行为不具有法律意义，也不构成意思行为。行为本身的真实意思是什么，往往首先要从民事行为的外在形式来分析，这种意思探析需要依据一般的常识与经验。第二，表示意思，表示是把内在目的意愿表达于外的意思，愿意让对方当事人领受其真实意思，如果根本就不想让外人知晓其真实意思，没有表达于外的意愿，那么就不构成意思表示。第三，效力意思，就是行为人具有引起某种法律后果的真实意思，也想让受领人相信其进行某种法律交易的法律后果。

从意思到表示的过程，即意思的表示，一个民事行为首先起因于某种动因，当事人作出某一行为的动因是在表示行为作出之前必须予以确定的。例如，某人要购买 A6 牌子手机 50 部，但在订立合同时写成了 A8 牌子 500 部。显然，这里的意思表示就出现了错误，意思与表示发生了不一致。一般情况下，合同的履行应该以合同所表示出来的内容来进行，而不能以当事人的原初意思为合同履行的依据，除非双方当事人同意。但是，如果意思表示受领人一方当事人在订立合同时已经知道对方当事人的真实意思，而订立合同时故意不提醒对方所发生的意思表示错误，那么受领人在主观上就存在过错。

真实的意思表示是主观意思与客观表示的合一。一个民事法律行为就必须符合法律规定的有效要件，才会产生民事法律关系的效果，而这些有效要件包括民事行为的主体要件、主观要件、客观要件，而意思表示是民事法律行为的主观要件。民事行为主体，必须有相应的民事主体资格，主要体现在民事主体的意思表示能力上，如果没有意思表示能力或者欠缺，那么就会导致民事法律行为的效力瑕疵。这主要有两种情形：一是无民事行为能力人所为的民事法律行为是无效的；二是限制民事行为能力人所进行的民事法律行为一般是效力待定的。

三、意思表示的能力

什么是"民事活动"？"民事活动"就是民事行为，就是以产生民事权利义务关系为目的的行为，其性质就是民事法律事实，可以说，凡是在平等主体之间产生具体的民事权利义务关系的活动，都是民事活动。

限制民事行为的自然人，只能从事与其"年龄、智力相适应的民事活动"，超出其民事行为能力限度的民事法律行为之行使，就要信赖于其法定代理人，自己本人就不能独立行使。但是，它与无民事行为人的不同之处在于，无民事行为能力人根本就不能独立行使民事法律行为，完全由其法定代理人来代理，不能因追认或同意而有效。而限制民事行为能力人超出其能力范围的民事行为之效力，是相对有效的，可以由其法定代理人事前同意或事后追认，由原本无效的民事行为变为有效。

民事行为能力与自然人的年龄和智力有关，这就是洛克所谓的"年龄使人自由"，人天生是自由的，但现实生活中人并非天生就享有自由。"智力"就是一种自我治理能力的一个精神要件，年龄是自由能力的一种自然要件。民法上的"智力"就是辨别行为人民事行为的性质、后果，包括其民事行为的内容性质、法律意义、民事责任等基本法律问题，它可以被理解为意思表示的能力要件。实施民事法律行为，必须要求行为主体具有一定的意思表示能力，因为没有一定的智力就很难保证确认当事人的自我意思与外在表示的合一性。当然，法律只是进行一般性规定，而不要求过高的智力程度，民事行为能力规范所设定的智力标准也只能是一般人的正常水准。法理上的一般理性人标准，就是一种法律主体负担法律责任的法理依据。行为人达到了一般理性人标准，就应当承担其违反正常理性人标准所造成的法律后果，如违约责任、侵权责任。

意思表示的基础，是智力能力。民事法律行为能力就是民事行为人能够依靠自己的能力实际参与民事活动，来设定民事权利义务关系的能力，而这种能力的本质就是使自己的内在真实意思与外在的表示行为相一致。民事法律行为的主体资格制度，其立法目的就是为参与民事活动提供一种最起码的标准，为私权自治提供一种主体资质上的制度保障。

四、意思表示的自由原则

民法法律行为奉行的是一种私法自治原则，意思表示要依照自己的意愿来进行。私法自治的基本含义主要表现在三个方面：自愿、履行与责任。自愿的核心即自由，在民事领域，自由是指：第一，民事主体作出何种民事法律行为，与谁进行民事交往，都是个人的私事，由其自己来选择与决定，即民事行为自由的核心理念就是自我选择与自我决定，自己才是自己私事的主人。第二，自由不仅是权利，还是义务与责任。自愿作出的决定，如果涉及他人的民事法律行为，自己就必须履行自己的承诺，否则就可能承担不履行的民事责任。第三，自由的外在表现就是免于他人的干预。自由的外在障碍是他人强制，胁迫是影响民事自由的普遍现象。

意思表示自由，就是依照自己的真实愿望来设定民事关系的内容。意思表示的内容就是民事权利义务关系，它只有在符合自己的真实意愿时对其本人才有意义，因而意思自治的本质就是意思表示真实。而意思表示真实的前提要素主要有，主体要具有相应的意思表示能力，意思表示要在不受他人干预强制之下作出，在作出意思表示时没有出现重大错误等。欺诈、胁迫、重大误解与显失公平等都是意思表示不真实的法定要素，而这种有瑕疵的意思表示是违背自愿原则或公平原则的。法律对有瑕疵的意思表示并不直接干预，而是赋予意思表示瑕疵者事后可以撤销其意思表示的权利，并不直接规定其无效。

五、意思表示的有效要件

意思表示要符合一定要件才有效：一是其内容必须确定、具

体；二是要表明一旦传达给受领人，行为人本人就受该意思表示
的约束。意思表示必须符合法定程序，才能产生效力，如果没有
相对人的，那么意思表示时就立即产生效力，而如果有相对人的，
则需要该意思表示到达相对人时才生效。

　　总之，与民事法律行为的效力相对应，意思表示也具有三个
有效要件：具备相应的意思表示能力；意思表示要真实；意思表
示要合法。对意思表示有效要件的分析，可以揭示民事法律行为
三个法定有效要件的根由。

六、意思表示与民事法律行为的主要区别

　　意思表示是民事法律行为的核心要素，有时人们会把前者当
作后者。但是，两者是根本不同的两个概念。两者主要有以下区
别：其一，主体上。前者只能是一方主体；后者可以是一方，也
可能是双方或多方。其二，成立要件上。前者只要有主体、表示
和标的等要件，而后者还可能需要公证或登记等约定或法定的要
件。其三，成立时间上。前者主要是发出即成立，后者主要是到
达才生效。其四，生效上。前者一旦作出就生效，而后者如果是
双方的民事法律行为，还需双方意思表示一致时才生效。总之，
两者可以说是表里关系，但有根本区别，明确两者的区别在理论
与实践上都是很有必要的。

第三节　民事法律行为的效力

　　请用法律关系原理来分析以下三个案例：

　　案例1：甲是乙的委托代理人，但在代理权终止以后甲仍然以

代理人的名义进行代理，与相对人丙进行代理活动。请问此代理行为的效力如何？

案例2：甲与乙订立毒品买卖合同，后甲拖欠货款不还，乙将甲告到当地派出所，对此当地派出所该如何处理？

案例3：甲以揭发乙贪污为要挟，迫使乙把其20万元的机器租给甲，双方签订了租赁合同。5个月后甲起诉到法院，要求撤销合同。那么，此案该如何处理？

在分析以上案例的同时，我们可以思考一下以上行为效力的法律依据分别体现了何种立法目的与价值取向。

一、民事法律行为效力的法理根基

效力，体现着国家对某种法律行为在法律上的态度，是肯定还是否定、是维护还是惩罚、是授权还是禁止。民事法律行为是最为常见的民事活动，是通过意思表示来实现其目的的，而意思表示所奉行的原则是自愿，因而民法本质上是私事自治的权利法。而私权自治并非不受限制的完全自由放任的自愿行为，而是要受到他人权利、社会公共利益等方面的限制的，而这种限制在法律上就表现为民事法律行为的效力问题。这种效力制度体现着私权自治与国家干预的辩证统一问题。自由在法律上的体现就是权利，权利是否行使、如何行使都是个人的事，别人无权过问，任何干预在法理上都是违法的。

西方近代以来经历了从自由放任到垄断危机时期。西方市场经济初期普遍采用的是一种完全自由放任的经济体制，自由就是法律上的权利，任何人都有权做法律上允许的事，而法律又崇尚个人权利神圣理念。但到了市场经济的后期，人们发现完全的自由放任的理念也存在着根本问题，绝对的自由经济最终导致本质上的不公平、秩序混乱、法律失灵、道德沦丧。社会丑恶现象不断漫延，自私自利、贫富分化、是非颠倒等，完全的自由导致完全的不自由，最终导致个人私法自治与社会整体利益的冲突。

个人权利自治与国家干预权力之间的平衡问题，就是国家干预力的适度问题，干预到何种程度为适当。干预过度，会阻碍个人发展，而干预过少，又会影响社会整体和谐与公正。个人与社会、国家，就是个性与普遍性的关系，过于用普遍性来压制个性，就会影响个性的创造力与积极性，而个性若过于偏离普遍性利益，就会形成任性，甚至恶习，又会危害到所有人所共享的公共利益。因此，西方资本主义社会就经历了自由放任的时期到国家政府适度干预的时期。西方资本主义制度所决定的周期性经济危机，就说明个体自由与政府干预之间存在着无法自我根除的矛盾。我国民法的立法演变也体现出私权自治与权力干预相互制约与平衡的历史。以欺诈为例，1987 年生效的《民法通则》将欺诈所产生的民事法律行为一律规定为根本无效，到 1999 年生效的《合同法》则把不侵害国家利益的欺诈行为规定为可撤销的情形，仅把侵害国家利益的欺诈行为直接规定为无效，而 2021 年实施的《民法典》则把欺诈规定为可撤销的行为，没有延续《合同法》的规定。欺诈行为的效力，是由当事人来决定还是由国家来决定，这体现着自由与干预的平衡问题。关于欺诈的立法演变，体现了我国民事立法理念从国家直接强势干预私权行为到间接弱势干预的转变。

二、民事法律行为的有效与生效

第一，有效的概念。民事法律行为有效，是指民事法律行为是有法律效力的。效力，是指某种民事法律行为是否受到法律的承认与保护，承认就是法律上的肯定态度，保护就是权利不受侵害、义务必须履行。简单来讲，法律效力就是法律上具有了保护力和强制执行力。效力在种类上应当包括：有效、无效、效力待定和可撤销等。有效只是效力的一个种类，并且是最为常见的一种效力情形。例如，合同有效，就是合同具有了受到法律保护与强制执行的效力，合同权利依法享有、合同义务必须履行。

第二，生效的概念。生效，是指民事法律行为开始产生受到法律保护的效果或后果，其本质含义是指民事法律行为具有受到承认与保护的法律效果。

第三，两者的区别。有效与生效，这是两个不同的概念，有必要加以区分。有效，是相对于无效而言的，而无效在理论上分为相对无效与绝对无效，相对无效又包括效力待定和可撤销两种情形。有效的价值取向是获得法律上的肯定，是指该民事法律行为是得到法律承认的，效力上没有瑕疵。有效，必须具备所有的法定要件，具体包括三个方面：具有相应的主体资格，意思表示要真实，行为内容与形式要合乎法律与公序良俗。这几项要件必须同时具备，任何一项不符合要求，都可能导致民事法律行为的效力出现瑕疵。生效，其一般要件是民事法律行为成立时就生效，例外情形是民事法律行为成立时并不生效，还需要一定的生效条件，例如，附条件、附期限的民事法律行为，只有当所附条件满足时或所附期间届至时才生效。显然，生效是与成立相对应的一个概念，这就是常说的，民事法律行为成立并不等于其生效，即成立与生效是两码事。民事法律行为生效，并不等于民事法律行为效力上不存在瑕疵，也不等于其效力是不可撤销的。如果因欺诈、胁迫等原因所为的民事法律行为，那么这种行为是可以撤销的，而撤销的前提就是这一民事法律行为已经生效，只是效力上存在瑕疵。由此可以看出，民事法律行为的生效与效力是两个完全不同的概念。《民法典》第 136 条规定，"民事法律行为自成立时生效，但是法律另有规定或者当事人另有约定的除外"。《民法典》第 502 条也有成立与生效的规定，"依法成立的合同，自成立时生效，但是法律另有规定或者当事人另有约定的除外"。生效是相对于成立而言的，生效的含义就是产生法律约束力，是民事法律行为效力的开始。而民事法律行为的效力，是相对于有效和无效而言的，它偏重于民事法律行为是否符合法律规定的全部效力要件，是否存在效力上的瑕疵，《民法典》第 143 条规定"具备下列条件的民事法律行为有效"。因此，生效与效力并非同一概念，两者不可混为一谈或相互代替。但是，至今没有见到区分民事法律行为生效与有效的论述，现有的论述都是把《民法典》第 143 条称为民事法律行为的生效要件。

三、民事法律行为与民事法律关系的有效问题

我国没有规定民事法律关系的有效与无效，而是规定了民事法律行为的效力问题。然而，从本质上讲，民事法律行为的效力必然涉及民事法律关系是否需要履行的效力。民事法律行为的效力在逻辑上可以这样理解，民事法律行为是民事法律关系的基本法律事实，民事法律事实有效或无效、可撤销、效力待定，则民事法律关系必然具有相应的法律效力，两者在逻辑上是因果关系，也是三段论上的小前提与结论的关系。从因果关系上看，如果一个结果是有效的，那么其原因必然是有效的才可以，否则，如果原因是无效的，那么结果也必然是无效的。从逻辑关系上看，民事法律关系作为推理上的结论，是由民事法律规范之大前提和法律事实之小前提这两个依据推理而来的，如果作为结论的民事法律关系是有效，那么民事法律规范之大前提和法律事实之小前提

都必须是有效的。因为民事法律规范是当然有效的，民事法律关系的效力就只能由法律事实的效力来决定了。如果民事法律行为有效，那么依据相应的民事法律规范，就必然引起民事法律关系产生、变更或终止的法律效果。因此，民事法律行为的效力决定着民事法律关系的效力，只不过民事法律关系的效力不是有效、无效、可撤销或者待定，而是产生、变更、终止。提到"民事法律关系的效力"的理论并不多，并且主要是在谈到形成权时才做如此表述，"形成权是指权利主体以自己的行为使某种民事法律关系的效力发生变化的权利"①。类似的表述，也把形成权视为民事法律关系效力改变的单方法律行为，"形成权的主要作用在于改变已经成立的民事法律关系的效力"②。合同效力是民事法律行为效力的一种最常见的体现，合同可撤销就是对有效的合同依法撤销其效力，合同效力可以理解为合同关系，也可以理解为受害一方当事人订立合同时的意思表示。尽管偶尔也有民事法律关系效力的表述，但是《民法典》有民事法律行为效力的系统规定，而没有民事法律关系效力的规定。民事法律关系的效力，只能表述为民事法律关系的产生、变更、终止，而引起这一法律效果的法律事实，除了民事法律行为之外，还有事实行为、事件等，而事实行为、事件等法律事实则不存在有效、无效的问题，它们只要发生，就依法必然引起民事关系的效果。

因此，民事法律关系的产生、变更、终止，也可以理解为民事法律关系产生的效力、变更的效力、终止的效力，即民事法律关系产生、变更、终止的效力。民事法律行为与民事关系在效力

---

① 唐超华、陈运来编著：《民商法学典型例题与全真题解析》，国防科技大学出版社，2004，第 15 页。

② 王利民：《民法本论》，东北财经大学出版社，2001，第 118 页。

上，可以作以下表述：民事法律行为的有效，就会引起民事法律
关系产生的效力；民事法律行为的无效，就不能引起民事法律关
系产生的效力，亦即民事关系无效；民事法律关系的有效，就会
引起民事法律关系产生的效力，亦即民事关系有效；民事法律行
为效力的撤销，相应的就必然引起民事法律关系效力的终止，亦
即民事关系效力的终止。总之，民事法律关系的产生、变更、终
止，必然是以相应民事法律行为的效力为前提的。

四、民事法律行为的有效要件

（一）民事法律行为有效要件的立法变化

比较下面两个关于民事法律行为有效要件的条文之异同之处，
就会发现我国"民事法律行为"有效要件的立法变化：

《民法通则》第 55 条规定："民事法律行为应当具备下列条
件：（一）行为人具有相应的民事行为能力；（二）意思表示真实；
（三）不违反法律或者社会公共利益。"

《民法典》第 143 条规定："具备下列条件的民事法律行为有
效：（一）行为人具有相应的民事行为能力；（二）意思表示真实；
（三）不违反法律、行政法规的强制性规定，不违背公序良俗。"

以上两个条文有三点不同或变化：一是，将"民事法律行为
应当具备下列条件"改成"具备下列条件的民事法律行为有效"。
这说明，《民法通则》主要要求民事法律行为合法，而《民法典》
不但要求民事法律行为本身合法，而且要求其"有效"。二是，将
"不违反法律"改为"不违反法律、行政法规的强制性规定"，这
表明不得违法指的是不违反强制性法律法规，而非所有的法律。
三是，将"社会公共利益"改成"公序良俗"，这一修正表明，现
行立法更加精细准确，因为长期以来理论界很多人指出社会公共

利益的含义相对来讲比较宽泛，实践中难以把握理解，而公序良俗包含社会秩序与良好风俗两个方面，现实中较为通俗易懂、易于操作。另外，社会公共利益有点利益化倾向，而公序良俗更加突出民事法律行为的公共秩序性与共同价值观的要求。

（二）民事法律行为的有效要件分析

民事法律行为是引起民事法律关系效果的基本法律事实，民事法律行为是通过意思表示来设定民事法律关系的表意行为，因而民事法律行为必然与民事法律关系之间存在着结构上的同一性。民事法律行为的意思表示内容，必然涉及民事法律关系的构成要素，于是民事法律行为的有效要件就与民事法律关系要素有关。民事法律关系的构成要素有民事法律关系主体、内容与客体，民事法律行为的有效要件包括：民事行为主体具有民事行为资格、意思表示要真实、内容与形式不得违反法律法规中的强制性规定。

《民法典》第143条是关于民事法律行为有效要件的规定，这是《民法典》中较为重要的条文之一，是理论上争议较多的问题之一，也是现实中较为常见的民事纠纷事由之一。民事法律行为有效的三个要件，可以归纳为"三合"：主体合格、表示合意、内容合法。第一，主体合格，即"行为人具有相应的民事行为能力"；第二，表示合意，即"意思表示真实"；第三，内容合法，即"不违反法律、行政法规的强制性规定，不违背公序良俗"。

主体合格，就是行为人应当具有参与民事活动的主体资格。所谓主体资格是指参与民事活动应当具备的民事权力能力和民事行为能力。只要是自然人就必定拥有民事权利能力，自然人的权利能力始于出生、终于死亡，并且一律平等。而就法人或非法人组织而言，它们都是依法成立的，其民事行为能力与民事权利能力是一致的，因而只要规定其应当具有相应的民事行为能力，就无须规定其具有相应的民事权利能力。于是，《民法典》在规定民事主体资格时，只规定了民事行为能力的要求，而没有规定民事权利能力的要求。综上，主体合格指民事行为主体应当具有相应的民事行为能力。

法律要求意思表示真实，核心词汇是"真实"。真实的实质含义就是行为人所作出的表示要符合其内在的意思，即表示与意思完全一致，这就是所谓的表示合意。真实，是自愿原则与诚实信用原则的体现，它要求民事行为主体进行民事法律行为时必须依自己的意愿并且要遵循诚实守信原则。

内容合法，是指民事法律行为"不违反法律、行政法规的强制性规定，不违背公序良俗"，这是从反面来规定民事法律行为要遵从最低限度的法律要求，这就是所谓的不违法即自由。

只有同时具备以上三个法定要件，即完全符合"三合"要求，民事法律行为才是完全有效的。如果不完全符合"三合"要求，那么就会导致民事法律行为效力上存在瑕疵。违反不同的法定要件要求，就会导致不同的法律后果，例如，主体不合格的民事法律行为可能是无效的、效力待定的，例外情形下可能是有效的；意思表示不合意的民事法律行为可能是可撤销的或无效的；内容不合法的民事法律行为是无效的，例外情形下是有效的。

五、主体不"合格"的民事法律行为效力

自然人民事主体资格，就是其民事行为能力，即自然人是否能够依靠自己的民事行为来独立参与民事活动。民事行为能力有两个法定标准：一是年龄，二是智力。法律依据这两个标准，把自然人的民事行为能力划分为三种：一是完全民事行为能力人，

即已经成年且智力正常，具备了参与所有民事活动的主体资格；二是限制民事行为能力人，主要有两种，其一是已满八周岁而不满十八周岁的未成年人，其二是不能完全辨认自己行为性质的成年人；三是完全无民事行为能力人，这也包括两种，其一是年龄不满八周岁的人，其二是完全不能辨认自己行为性质的人。

完全民事行为能力人，其民事法律行为是有效的；完全无民事行为能力人，其民事法律行为是无效的，其民事法律行为依法由其法定代理人代为行使。这两种情形比较简明，因而不再赘述，而限制民事法律行为的效力问题较为复杂。

限制民事法律行为能力人的民事法律行为效力，一般来讲是效力待定的，但也可能是有效的。具体来说，主要有以下三种情形：第一种情形，限制民事行为能力人，从事超过其民事法律行为能力的民事法律行为，事后得到其法定代理人追认才有效，不追认则不产生效力。这在理论上称作效力待定或效力不定、效力未定。所谓待定，就是民事法律行为已经成立，但其效力处于待定状态，等待有权追认人的追认，追认即有效、不追认即为无效。第二种情形，限制民事行为能力人，从事超过其民事法律行为能力的民事法律行为，但是下列两种情况下是有效的：其一是事前已经得到其法定代理人同意，其行为当然有效；其二是纯粹获利的民事法律行为，无须法定代理人追认，也是有效的。第三种情形，限制民事行为能力人从事与其民事行为能力相适应的民事法律行为，当然是有效的。

另外一种民事主体不合格的法定情形，是无权代理行为的效力。这也有两种后果：效力待定或者有效。第一，效力待定，如果被代理人事后追认该代理行为的，或者明知该无权代理行为而没有反对的，那么该无权代理行为就有效。第二，当然有效，即表见代理。《民法典》第172条规定，"行为人没有代理权、超越代理权或者代理权终止后，仍然实施代理行为，相对人有理由相信行为人有代理权的，代理行为有效"。有理由相信，就是所谓的"善意"。需要注意的是，一般的善意是指不知道或不应当知道，这里却没有这样规定，而是规定"有理由相信"，这种理由是需要相对人证明的，而不知道的善意是无须证明的。

无权处分他人财产的行为效力，以前也属于效力待定的一种，与前两种共同构成三大效力待定的法定情形。但是，《民法典》已经没有明确规定此种行为是效力待定。之前的《合同法》第51条是无权处分行为效力待定的法源，"无处分权的人处分他人财产，经权利人追认或者无处分权的人订立合同后取得处分权的，该合同有效"。《民法典》在总则编和合同编都没有了如此规定，而规定了三种情形：权利人有追回权，善意取得，相对人有解除权。《民法典》第311条规定了权利人的追回权和善意取得。善意取得的前提条件是行为人无处分权，实质性要件有三个：受让时是善意的；合理价格受让的；所有权已经转移，动产已经交付，不动产已经登记。这三个条件必须同时具备，方可成立善意取得。如果善意取得成立了，那么权利人的追回权就消灭了。《民法典》第597条规定："因出卖人未取得处分权致使标的物所有权不能转移的，买受人可以解除合同并请求出卖人承担违约责任。"解除合同和承担违约责任都是以合同有效为前提的，这显然是承认了无权处分行为是有效的，不再是效力待定了。

六、意思表示不"合意"的民事法律行为效力

意思表示真实，是民事法律行为有效的第二个法定要件。这里的真实，就是外在表示与内在意思是一致的，外在表示是符合

内在真实意思的，即行为人所为的民事法律行为是合乎行为人的真实意愿的，意思表示没有瑕疵。意思表示的真实内容，就是民事法律行为的目的，就是民事法律行为通过意思表示所要达到的最终目的，这个目的就是民事主体所欲求的法律效果，即设立、变更、终止某种具体权利义务关系。意思表示真实，就是民事主体所表示出来的民事权利义务关系内容与效果，是符合民事主体内在的真实意思的，因而意思表示真实就是"合意"，即表示符合本意，合其本意。只有符合民事主体真实意思的表示，才是有效的意思表示，因而合意是民事法律行为有效的实质性要件。如果意思表示不合意，那么该民事法律行为的目的就会落空，如果法律对此不予以相应的救济，那么就会造成现实的不公平。因此，凡是不合意的民事法律行为，都是可撤销的，当事人依法取得的可以撤销其民事法律行为的权利，就是撤销权。

引起意思表示不真实的主体主要有三方：一是该意思表示当事人本人，二是对方当事人，三是第三人。对于意思表示不真实行为的救济，法律规定了以下几种方式：

（1）基于重大误解的撤销权。一方当事人基于自己的重大误解而作出的违背自己真实意思的民事法律行为，事后是可以依法撤销的。《民法典》第147条规定了这种情形，"基于重大误解实施的民事法律行为，行为人有权请求人民法院或者仲裁机关予以撤销"。因重大误解产生的撤销权，主要有以下特征：一是，有重大误解发生。所谓重大误解，就是当事人对于民事法律行为所要设定的民事法律关系的重大事项产生了错误认识或理解。首先有误解存在；其次误解是有关民事法律关系的；再其次误解必须是重大的，涉及民事法律关系的成立、内容、主体以及相关法律等方面；最后误解是自己产生的。只有这几个方面同时具备，才成立重大误解。二是，当事人实施的民事法律行为，是基于重大误解。换言之，重大误解与实施民事法律行为之间必然存在因果关系，否则不产生撤销权。

（2）基于欺诈的撤销权。一方当事人或第三人的欺诈行为，导致另一方当事人的意思表示不真实。一般来讲，只有一方当事人欺诈行为导致对方当事人意思表示不真实，法律才应当予以救济。《民法典》第 148 条规定了这种情形，"一方以欺诈手段，使对方在违背真实意思的情况下实施的民事法律行为，受欺诈方有权请求人民法院或者仲裁机关予以撤销"。而第三方欺诈行为引起的不真实，不能导致民事法律行为可撤销，因为这对于对方是公平的，也是违反社会依赖秩序的。《民法通则》和《合同法》都没有把第三人欺诈情形规定在内，《民法典》也没有将第三人所有的欺诈行为都规定为可撤销，而是把对方知道第三人欺诈行为是导致对方当事人意思表示不真实的情形规定为可撤销的，《民法典》第 149 条规定，"第三人实施欺诈行为，使一方在违背真实意思的情况下实施的民事法律行为，对方知道或者应当知道该欺诈行为的，受欺诈方有权请求人民法院或者仲裁机关予以撤销"。因为一方当事人知道而不反对，主观上存在着恶意，这本身就是在恶意地利用这种欺诈。

（3）基于胁迫的撤销权。《民法典》第 150 条规定了这种情形，"一方或者第三人以胁迫手段，使对方在违背真实意思的情况下实施的民事法律行为，受胁迫方有权请求人民法院或者仲裁机关予以撤销"。该条规定了因胁迫而产生的撤销权，该条主要有如下特征：其一，主体上。一方当事人，或者第三人，均可构成。第三人实施胁迫行为，无须一方当事人知道或应当知道，其行为与一方当事人实施的胁迫行为具有同等的法律后果，即导致撤销权的产生。这与第三人欺诈的规定有着根本不同。其二，客观上，实施了胁迫行为。其三，主观上，以胁迫为手段，目的是使对方作出违背真实意思的表示行为。其四，结果上，对方受到胁迫的影响并作出了违背真实意思的民事法律行为。其五，效力上，产生了撤销权。受害一方因此而依法取得了撤销其民事法律行为的权利。其六，行使程序上，撤销权只能通过诉讼或仲裁来行使，而不是通知对方撤销就生效的，并且在依法撤销前受害人所为的民事法律行为仍然是有效的。这里对撤销权特征的分析，目的是揭示如何解构法律条文，如何从理论上阅读法律，因为法学理论主要是对现行法律的解释，这就是所谓的解释法学。

（4）基于显失公平的撤销权。《民法典》第151条规定了这种情形，"一方利用对方处于危困状态、缺乏判断能力等情形，致使民事法律行为成立时显失公平的，受损害方有权请求人民法院或者仲裁机关予以撤销"。该条规定了基于显失公平的撤销权，该条主要有如下特征：一是，民事法律行为的结果是显失公平。这种不公平，不是一般的不公平，而是明显的不公平，就是民事法律关系在权利义务上明显不公平，一方享有过多的民事权利，另一方承担过多的民事义务或责任，致使一方受到过多的损害。二是，这种显失公平发生的原因必须是基于一方利用对方处于危困状态、缺乏判断能力等情形。利用对方所处危困，这是《民法通则》所规定的乘人之危，《民法典》将乘人之危纳入显失公平，理论上不存在单独的乘人之危撤销权了，使原来撤销权的五种法定情形变成了四种。

七、内容不"合法"的民事法律行为效力

内容不合法，也包括标的不合法、形式不合法。标的一般都

与内容有关，如果标的不合法，那么内容肯定不合法，但民事法律行为的形式多数情况下并不是硬性规定，形式不合法一般并不影响民事法律行为的效力。因此，民事法律行为不合法，主要是内容不合法，当然也包括标的和形式不合法。这里不合法的法是广义上的法，不合法包括两个方面，即违背了法律的强制性规定和违背了公序良俗。值得一提的是，之所以把"公序良俗"也纳入"法"的范围，是因为公序良俗是不成文的法律，或者最低限度的公共规则，具有相当于法律的地位。因此，《民法典》把违背法律、法规中强制性规定或者违背公序良俗的民事法律行为，都统一规定为无效的民事法律行为。

回顾有关合法性的相关规定，可以全面了解民事法律行为效力与合法性的关系。《民法典》第 8 条规定："民事主体从事民事活动，不得违反法律，不得违背公序良俗。"这是民法基本原则体系里规定的合法性原则，是对所有民事活动的原则性要求，显然这里的民事活动应该包括民事法律行为。这与《民法典》第 143 条关于民事法律行为效力合法性要件的规定基本相符，该条规定"不违反法律、行政法规的强制性规定，不违背公序良俗"。这里只是要求不得违反"法律、行政法规的强制性规定"，这是从正面来规定民事法律行为效力要件的，是从否定意义上用"不得违反"来表述合法性原则的。但是，这些条文都没有规定，违反法律的民事法律行为的效力如何。《民法典》第 153 条规定了不合法的民事法律行为的效力，该条规定"违反法律、行政法规的强制性规定的民事法律行为无效。但是，该强制性规定不导致该民事法律行为无效的除外。违背公序良俗的民事法律行为无效"。这是从反面规定了民事法律行为有效的合法性要求，如果违反这合法性要求，那么不是民事法律行为的效力可撤销或效力待定，而是直接无效。显然，内容不合法、民事主体不合格、意思表示不合意的民事法律行为效力后果是根本不同的。效力可撤销和效力待定在立法目的上体现的主要是当事人的意志，是否撤销和是否追认完全取决于当事人意愿。把不合法直接规定为无效，这体现的是国家的意志，是国家对私权自治的干预权，维护的是社会、国家的整体利益。这里要注意的是，原来不合法的民事法律行为一律都是无效的，现行《民法典》改变了这一传统，给不合法的民事法律行为无效规定了一个例外情形，《民法典》第 153 条规定，"该强制性规定不导致该民事法律行为无效的除外"。这明白地告诉人们，不合法的民事法律行为不一定就是无效，或者说，违反法律、法规强制性规定的民事法律行为可以是有效的。例如，租赁合同应当登记而未登记的，这是违反法律强制性规定了，但并不导致合同无效，《民法典》第 706 条规定，"当事人未依照法律、行政法规规定办理租赁合同登记备案手续的，不影响合同的效力"。《民法典》第 707 条规定，租赁期限六个月以上的，应当采用书面形式。这是强制性规定，但是如果未采用书面形式的，该条规定租赁合同并不因此而无效，而可能依法作为"不定期租赁"。

八、民事法律行为效力的种类

以民事法律行为的效力为标准，可以将其分为民事法律行为的效力待定、可撤销、无效三种。

（一）效力待定民事法律行为的概念与种类

效力待定民事法律行为是指行为成立时，其是有效还是无效尚不能确定，还待其后一定事实的发生来确定其效力的民事行为。效力待定的法定情形，原来是三种，现在变成了两种：一种是限制民事行为能力人超越其民事行为能力，且不属于纯粹获取利益的，那么就需要其法定代理人追认，不追认则不发生效力。另一种是无权代理的情形。无权代理是指没有代理权、代理权终止或者超越代理权而以代理人名义从事代理活动的。这本来是无效的，但法律为了挽救民事法律行为的效力，规定是效力待定的。无权代理效力待定的例外情形是表见代理，表见代理无须追认就是有效的。

（二）可撤销民事法律行为的概念与种类

可撤销民事法律行为是指基于重大误解、欺诈、胁迫而作出的违背一方当事人真实意思和行为内容显失公平的民事法律行为。除了《民法典》总则编对可撤销做了一般规定外，《民法典》分则的婚姻家庭、继承编都有可撤销的规定，如《民法典》第 1052 条规定，"因胁迫结婚的，受胁迫的一方可以向人民法院请求撤销婚姻"。

（三）无效民事法律行为的概念与种类

无效民事法律行为是指法律上不予承认与保护的民事法律行为，这种无效是自始无效、根本无效、绝对无效。除了上文所谈到的不合法的民事法律行为无效以外，《民法典》还规定了其他无效的情形。对其他无效情形进行归纳与反思，可以有助于对"无效"的理解。这主要包括：第一，民事主体完全不合格的人实施的民事法律行为是无效的，"无民事行为能力的人实施的民事法律行为无效"（《民法典》第 144 条）。第二，行为人与相对人实施的严重不当行为，是无效的，"行为人与相对人以虚假的意思表示实施的民事法律行为无效"（《民法典》第 146 条），"行为人与相对人恶意串通，损害他人合法权益的民事法律行为无效"（《民法典》第 154 条）。第三，《民法典》第 497 条规定了"格式条款无效"

的三种法定情形：其一，违背法律法规的强制性规定、公序良俗和法定无效免责条款；其二，"提供格式条款一方不合理地免除或者减轻其责任、加重对方责任、限制对方主要权利"的条款；其三，"提供格式条款一方排除对方主要权利"的条款。这就是所谓的"霸王条款"。格式合同本来就是事先未与相对人商议，合同内容是事先确定好的且针对不特定人反复使用的合同。格式合同是随着现代化信息社会而产生的，其优点是对任何相对人都平等对待，方便快捷，但缺点是可能出现霸王条款。霸王条款就是合同内容显失公平的格式合同，所谓"霸王"就是格式制定方把明显不公平条款强加于合同相对人。第四，《民法典》第506条规定了合同"免责条款无效"的两种情形：一是"造成对方人身损害的"，二是"故意或者重大过失造成对方财产损失的"。并非所有的免责条款都是无效的，只有人身损害和故意或重大过失所致的财产损害免责的条款，才是无效的。人身损害，不论是过失的还是故意的损害都不允许免责，而财产损害只有故意或者重大过失的情况下才不允许免责，一般过失所致财产损害的免责条款并非绝对无效。第五，婚姻无效的法定情形。《民法典》第1051条规定了无效的婚姻情形，包括重婚、有禁止结婚的亲属关系或者未到法定婚龄三种情形之一的，属于"婚姻无效"。第六，遗嘱无效的法定情形。《民法典》第1143条规定了无效遗嘱的法定情形：其一，立遗嘱人必须具备完全民事行为能力，不仅无民事行为能力人所立的遗嘱无效，而且限制民事行为能力人所立的遗嘱也是无效的，而限制民事行为能力人所为的一般民事法律行为是效力待定的或是有效的。其二，遗嘱如果违背了立遗嘱人的真实意思，那么就是无效的，而违背真实意思的一般民事法律行为是可撤销的而非绝对无效。其三，伪造或者篡改的遗嘱是无效的。总之，遗嘱作为单方民事法律行为，必须符合"三合"要件：其一，立遗嘱的主体要合格，要具备立遗嘱所应有的民事行为能力，必须是完全民事行为能力人。其二，遗嘱内容要合法，遗嘱要为无生活能力、无其他生活来源的继承人保留必要的遗产份额。其三，遗嘱人的意思表示要真实，不得被欺诈、胁迫，遗嘱内容不得被篡改或伪造等。

综上所述，民事法律行为效力问题是民法理论与实践的核心问题，因为如果民事法律行为效力出现了瑕疵，那么就会影响民事法律关系的成立。民事法律行为必须符合三个方面的法定要件，才是有效的。民事法律行为的三个有效要件可以简化为"三合"，即主体合格、表示合意、内容合法。这三个要件中任何一个方面出现问题，都会影响民事法律行为的效力。民事主体不合格的，一般会导致民事法律行为的效力待定，但也有例外。意思表示不合意的，主要是由于重大误解、欺诈、胁迫和显失公平四种情形造成的，不合意一般会导致民事法律行为的可撤销，但也可能无效。内容不合法的，主要指违反法律、行政法规的强制性规定，或者违背公序良俗。违背公序良俗的民事行为是绝对无效的，而违反法律的民事行为一般是无效的，但如果违法不导致无效的除外。民事法律行为效力要件体现着民法的根本宗旨与基本原则，目的是维护当事人的合法权益、维护社会经济秩序、弘扬社会主义核心价值观、促进社会主义建设事业的全面发展。主体合格，体现的是民法保护民事权益的基本宗旨，其立法目的主要是保护限制民事行为能力人和其他权利人的合法权益。表示合意，体现着自愿原则与公平原则，保护当事人能够以自己的真实意愿来参与民事活动，反对欺诈、胁迫等严重不文明行为，矫正那些显失公平的社会现象，维护社会基本的诚实信用与公平正义价值观。

内容合法，主要体现社会整体利益，法律法规强制性规定和公序良俗是整个社会的法律底线和道德底线，这是不容任何人突破的。把不合法民事法律行为规定为无效的民事制度，体现的是国家干预力，是维护合法秩序的国家意志。这也是民法合法性原则和公序良俗原则在民事法律行为效力制度中的体现。

本章小结

民事法律行为是民事法律关系产生、变更、终止的基本法律事实，是一种常见的民事活动，《民法典》总则编设了专章规定民事法律行为（第六章）及其代理制度（第七章），足以说明民事法律行为制度在民法体系中的地位。绝大多数民事法律关系都是由民事法律行为这一法律事实所引起的，而如果当事人意欲的一个具体民事法律关系能够依法产生，就必须通过其民事法律行为来实现。民事法律行为，就是通过当事人的意思表示来达到自己设立、变更、终止民事法律关系的目的，因而民事法律行为是民事主体从事民事活动、参与民事法律关系的基本手段。一个民事法律行为要想得到法律上的完全承认与保护，就必须符合民事法律行为有效的三个基本法定要件，主体要具有相应的民事行为能力，意思表示要真实，不得违反法律、行政法规的强制性规定且不得违背公序良俗，这三个方面可以简化为"三合"：合格、合意、合法。只有完全符合这三个要件，才是完全有效的民事法律行为，而违背这三个要件的民事法律行为，可能会导致该行为的效力待定、可撤销或无效，这就是民事法律行为效力制度。民事法律行为效力制度，是《民法典》立法宗旨、基本原则等法治理念的体现，体现着民法通过规范民事法律行为，来达到保护民事主体合法权益，维护社会经济良好秩序，弘扬平等自由、诚实信用、公平正义等社会主义核心价值观的基本立法宗旨。《民法典》总则的民事法律行为效力制度，具体化在《民法典》各编制度中，诸如有关物权行为、合同行为、人格权行为、婚姻家庭和继承行为都要符合民事法律行为效力制度。

第八章

人格与人格权制度

　　《民法典》把人格权作为单独一编来进行规制，这是人类民法典编纂史上的一大创举。这是我国以人民为中心、以人为本法治理念在民事立法中的体现，也表明只有中国社会主义国家才能真正做到人格尊严和人格自由的全面规制与保护。

第一节　人格、人格权

一、人格的本质

　　卢梭在《论人类不平等的起源和基础》一书中讲道："我觉得人类的各种知识中最有用而又最不完备的，就是关于'人'的知识。"① 早在古希腊时苏格拉底就提出了"人"是什么的问题，即认识你自己。

---

① 卢梭：《论人类不平等的起源和基础》，李常山译，商务印书馆，1962，第 62 页。

人与动物的根本区别，在于人拥有自由，人对于自然有服从与不服从的自由，"自然支配着一切动物，禽兽总是服从；人虽然也受到同样的支配，却认为自己有服从或反抗的自由。而人特别是因为他能意识到这种自由，因而才显示出他的精神的灵性"①。人是自由权利、国家权力、道德法律的制造者，但人们对于人自己的认识却并没有得到应有的重视。人格是作为人的存在状态，是有限性与无限性的统一，人是在有限性中认识到自我的无限性，"人格的要义在于，我作为这个人，在一切方面（在内部任性、冲动和情欲方面，以及在直接外部的定在方面）都完全是被规定了的和有限的，毕竟我全然是纯自我相关系；因此我是在有限性中知道自己是某种无限的、普遍的、自由的东西"②。"个人和民族如果没有达到这种对自己的纯思维和纯认识，就未具有人格"③。人的伟大之处，就在于人拥有自由意志，而且人能够认识到自己的意志属性，人间最高贵的事就是成为人，法对人来说是最可贵的东西，因为法存在的目的就是使人成为人。人的伟大之处，在于人是理性存在者和道德存在者的合一，这种理性与道德的合一就是自由。相对于万物来说，人是拥有理性的自由人格，而其他万物则只能是人支配的对象，因为物没有意志自由。人格就是自由，这是从人的本质上讲的，是有别于作为物理现象存在的人的。罗尔斯从社会公平合作的视角，把自由视为人的本质。"作为自由平等的人"的公民理念，在罗尔斯正义理论体系大厦中处于中轴地位，是一切其他理念的核心，也是政治社会基本结构建构的出发点和归宿点，"将政治社会视为一种世代相继的公平合作体系，在

① 卢梭：《论人类不平等的起源和基础》，李常山译，商务印书馆，1962，第83页。
② 黑格尔：《法哲学原理》，范扬、张企泰译，商务印书馆，1979，第45页。
③ 黑格尔：《法哲学原理》，范扬、张企泰译，商务印书馆，1979，第45页。

这个合作体系中那些从事合作的人则都被看作自由平等的公民，被看作终身从事社会合作的正式成员"①。

二、人格的存在状态

首先，人格与社会制度有关。一个国家的根本制度是人的存在状态的决定因素。孟德斯鸠一针见血地揭示了人的两种存在状态：一是在专制下把人作为牲畜对待，人没有任何人格可言；二是在民主共和制度下，人具有自由人格，能得到平等对待，但这是难以实现的。"在专制国家里，绝对没有诸如调节、限制、和解、平衡进谏可言；完全没有对等或更好的建议可以提出；人作为一个生物只能服从另一个生物的意志。""在那里，人们不能对未来的厄运表示出更多的恐惧，也不得将遭遇归咎于无常的命运。在那里，人的命运与牲畜别无二致，只有本能、服从与惩罚。"②动物的属性只是本能的服从，而当人被当作动物时也就只有本能地服从特权者，人不如动物的地方在于人还要受到惩罚，当人不服从时就会受到特权者的惩罚。专制国家里，人民只有服从君主的意志而根本没有自己的自由意志，绝对服从君主的命令就成了至高无上的律令。这种专制政体决定了，人只被作为动物来对待，个人没有法律上的人格可言。专制政体的基本原则是绝对服从，君主与公民之间是以恐怖为后盾的命令与服从关系，因而在专制政体之下，"人就是一个生物服从另一个发出意志的生物罢了"。"人的命运和牲畜一样，就是本能、服从与惩罚"③。由此看来，在专制社会，人就如同牲畜一样而非作为人存在着，这就是所谓的

① 罗尔斯：《作为公平的正义》，姚大志译，上海三联书店，2002，第7页。
② 孟德斯鸠：《论法的精神》，孙立坚等译，陕西人民出版社，2001，第35页。
③ 孟德斯鸠：《论法的精神》，孙立坚等译，陕西人民出版社，2001，第18页。

人的异化，人衰变成了由特权者惩罚恐吓下的温顺的动物。为克服专制，就必须建立共和政体，这也正是孟德斯鸠提出"三权分立"思想的根本缘故，但令其没有想到的是，资本主义制度也不能真正实现人的自由平等人格理想，而只有在中国特色社会主义制度下才能逐步实现人的自由全面发展。

其次，人格正义与法律有关。人格只有在基于正义德性的法治状态下才能实现。如果人没有了公正的法律的约束，人就会沦为最为邪恶的动物，"人一旦趋于完善就是最优秀的动物，而一旦脱离了法律和公正就会堕落成世上最差等的动物"[①]。人与一般动物的区别主要有两个方面：一是正义观念，二是法律规制。人只有拥有正义美德并遵守正义法律约束时才会作为平等自由的理性人格存在。

因此，人有两种存在形式：一种是非真正人格存在，在没有法律之下和专制法律之下，人并非作为有人格的人存在的；另一种是在民主法治之下的人格存在，这种形态又分为两种，一种是形式上的自由人格，另一种是真正意义上的人格。在没有人定法律出现之前，人格权作为自然权利就客观地存在着。但是，这并不等于说，人格权就一定会被人定法所规定，而作为形式上普遍得到规定和承认的人格权制度，只是现代意义上的法律理念。而在古代的法律中，公开地规定奴隶和女人、未成年人并不是"人"，他们没有人格权，没有自己决定自己人格命运的权利。即便在现代一些号称最文明的发达国家，也仍然存在歧视穷人的法律规定存在。只有在社会主义全面现代化的中国才具备了真正人格的生成与全面发展的社会经济根基与政治法治硬件。

---

① 亚里士多德：《政治学》，高书文译，九州出版社，2007，第15页。

三、人格与法

人格的本质是自由，自由的保障是法律，而自由在法律上可置换为具体的权利，由此可见，人格、法与权利是"三位一体"的关系。这里的法是指广义的法，包括主观法和客观法。人格自由并存只有在法权他律或者道德自律的共同作用中才能实现。费希特认为，只有"法权"能够使人成为真正的人，能够保证人格自由成为可能，"这种法权或这些法权，包含在关于人本身的单纯概念中，因而叫做原始法权。人格概念包含的内容可能被其他人的自由行动所损害，但根据法权规律却不应该被损害，就此而言，原始法权学说是通过对人格概念的单纯分析产生的"①。费希特的法权规律就是每个人都要用他人的自由来约束自己的自由，才能实现所有人的自由并存，这种自由法权被视为他律。康德认为，人只有在普遍法则里才是真正自由的存在者，任何人行动时都要始终能够把自己和他人的人格当作目的而非手段，也始终能够把这一普遍法则当作自己的行为准则，而且只有在真正的自由王国里每个人才都能够作为自由平等的理性人格得到普遍尊重。

真正的自由人格，只有在法律他律与道德自律统一基础上实现。黑格尔把法与人格权利视为表里关系，人格的形成和保障必须通过法的形式来实现，"人格一般包含着权利能力，并且构成抽象的从而是形式的法的概念，这种法的本身也是抽象的基础。所以法的命令是：'成为一个人，并尊敬他人为人'。"② 法的精神就是法权人格的形成，在法上每个人与每个人之间是相互作为人来对待和尊敬的；黑格尔用相互尊敬规则，来代替费希特相互限制

---

① 费希特：《自然法权基础》，谢地坤、程志民译，商务印书馆，2004，第99页。
② 黑格尔：《法哲学原理》，范扬、张企泰译，商务印书馆，1979，第46页。

的法权规则。法的最低使命是防止对人格和人格因素的侵犯，"不得侵害人格和从人格中所产生的东西"①。人就是人而不是物，是自由权利人而不是奴隶，这看似简单的道理却经历了漫长的人类历史才得以认识，而且至今仍在争论和探讨中。人格是在现实中实现的，"在市民社会中所有权和人格都得到法律上的承认，并具有法律上的效力。""这就是人对一切物据为己有的绝对权利"②，在市民社会，每个人在法律上都是作为拥有法权人格的人得到了普遍承认，每个人的人格与法权都在法律上得到了承认。

　　人格在没有人定法之前是自然人格，当然自然人格还不是真正意义上的人格，而只有在人定法出现后，法律人格才出现了，但仍然是有限的人格，只是形式上承认了任何人都享有作为人格的自由权利。近代自然法意义上的人，是享有天赋自然权利的主体，人的本质是自然权利；在近代政治意义上的人的特质是人权；在国家宪法层面上的人，是享有法定自由权利的公民。基于人格自由的自然法理论是近代资产阶级反对专制政体的思想武器，"人类天生都是自由、平等和独立的，如不得本人的同意，不能把任何人置于这种状态之外，使受制于另一个人的政治权力"③。对洛克的自由论思想可以从多个层面理解：第一，政府建立之前，人人都是自由、平等和独立的。人人都拥有天生的自然权利，每个人都不受他人的支配，人人都是自由之王。第二，自然状态不是一个完美无缺的生存状态，每个人的自然自由并没有得到普遍的保障。自然状态是人人都享有绝对自由的自然权利，人人都不受他人的支配，也都享有天赋的生命、自由和财产权利，人人都集

① 黑格尔：《法哲学原理》，范扬、张企泰译，商务印书馆，1979，第 47 页。
② 黑格尔：《法哲学原理》，范扬、张企泰译，商务印书馆，1979，第 52 页。
③ 洛克：《政府论》（下篇），瞿菊农、叶启芳译，商务印书馆，1996，第 59 页。

立法者、裁判官和执行官三种官职于一身，都全部享有立法权、裁判权和惩罚权，这就会导致多头立法、偏私裁判和选择执法，加剧了相互冲突，因而自然状态必然是一个没有保障的失范混乱状态。于是，为了结束相互伤害的自然状态，人们不得不利用其理性来通过契约共同制定法律、成立政府、组成国家，而制定法律的目的就是保护每个人的人格自由与权利。

强制是人格之恶，但要避免或消除强制之恶，还必须借助于强制手段，即用强制来抑止或消除强制。在哈耶克看来，强制本身就是一种恶，有时还是一种必要的恶，"强制之所以是一种恶，完全是因为它据此把人视作无力思想和不能评估之人，实际上是把人彻底沦为了实现他人目标的工具"①。哈耶克认为，强制是把人当成了强制者实现其私人目的的工具，把人变成了强制者的奴隶。强制违反了个人私事自治的原则，使个人受到别人的压迫，从而不得不屈从于他人的支配；在被他人强制之下，个人就不可能充分地发展和运用自己的才智，那么个人对社会的贡献就会减少，社会总效益就必然会减损。因此，强制的结果是不利于个人的最大化发展，也不利于社会的发展。与强制具有同等意义的恶，就是诈欺，"诈欺，与强制相同，都是一种操纵一个人赖以为本的基本依据的方式，以使此人去做诈欺者想让他做的事。如果诈欺获得成功，被诈者也同样会成为他所不愿成为的工具，去实现其他人的目的，而与推进自己的目的无关"②。诈欺与强制在本质上是一样的，也是一种恶，因为两者都把他人当作工具，因而凡是把他人当作实现自己目的之工具的行为，都一种恶。

总之，人格就是人作为真正的人存在的位格，而真正的人就

---

① 哈耶克：《自由秩序原理》，邓正来译，三联书店，1997，第 17 页。
② 哈耶克：《自由秩序原理》，邓正来译，三联书店，1997，第 178 页。

是平等自由的理性人格。人格的本质是自由，自由就是反对强制
奴役与欺诈，不受他人的支配和伤害，不能成为他人控制的工具。
简单来讲，人格就是把人当作人来对待，不能当作任意驱使的工
具或物，也不能当作任意压迫污辱的牲畜。人格的本质就是自由，
享有自由就应受到尊重，这个自由和尊重在法的意义上就是权利，
因而人格自由在法上就是人格权。总之，人格、人格权、法律是
"三位一体"的关系，人离开权利就不是真正的人，权利离开法就
得不到普遍的承认与保障。

第二节　人格权的多重维度

在不同学科，人格有不同的概念，常见的有心理学、伦理学、
法学等学科的人格概念，法学上又有法哲学、宪法与民法意义上
的人格概念，不同学科上的人格概念具有其特殊的内涵。

一、人格概念的多样性

说到人格，人们立马就会想到心理学，甚至有人认为，只有
心理学上有人格的概念，诸如九型人格等。实际上，哲学、伦理
学、心理学、法学等学科都有人格的概念，而且不同学科的人格
概念是不同的。伦理上的人格，就是道德人格，是应然的意义上
人的存在形式，而心理学上的人格只是人在"是"的意义的存在
形式。也有人认为，"从字面上看，人格之'格'，就是规格或资
格的意思，所谓人格，亦即人之为人的规格和人的做人的资格。
正像任何物品、产品都有一定的规格一样，人也是有规格的。当
一个人合乎了某种既定的规格时，他便具备了做人的资格，也就

是有了人格，反之就是不具有人格或丧失了人格。问题的复杂性在于，不同的学科对于人与人的规格有不同的理解，伦理学、心理学、法把人格归纳为三种意义上的人格概念"①。在伦理学范围内，人格被理解为道德人格，指人的道德品质，相当于"人的品格"；在法学中人格是一种权利，类似于"人的资格"，即法律人格。也有观点认为，"人格始终是人的人格，是人之为人的规定"。人格有自然人格、社会人格和伦理人格三种历史类型，认为我国现在正处于社会人格阶段。还有学者认为人格经历了三个发展历程，"人格的观念在其历史上存在着一个'身份人格—伦理人格—法律人格'的发展历程"②。身份人格是古代意义上的人格，伦理人格是自然法意义上的人格，法律人格是实证法意义上的人格。我国是从权利义务主体这一角度来定位法学上的人格概念的，国内法学者多持这一观点，"从法学意义上考察，人格一般是从社会等级和财产隶属关系上体现，人格成为能作为权利和义务主体的资格"③。人格是法权的本质，而法权是人格的存在方式，只有法权与人格融为一体，人格才具有真正的意义。

二、哲学、法哲学上的人格概念

哲学上的人，是最为一般意义上的人，是人在本质上是什么，人与物相比是什么，与神相比是什么。人在精神实质上具有理性，在物理现象上又具有动物性，因而人是理性与动物性的综合体。哲学是研究事物相互联系的普遍性、共性或规律的，人是哲学研究的主体，同时也是研究的重要客体。人是什么，这个问题是有

---

① 袁贵仁：《试论人格》，《北京师范大学学报》1993 年第 5 期。
② 马特、袁雪石：《人格权法教程》，中国人民大学出版社，2007，第 2 页。
③ 罗晓明：《大思想：人格本位》，中国社会出版社，2004，第 3 页。

人类以来一直探讨的一个永恒主题。历史上的经典思想家对人的本质进行了多视角解构，诸如，人是万物的尺度，人是政治动物或社会动物，人是理性动物，我思故我在，我行故我在，让存在者存在，自由且平等的理性存在者，等等。卢梭说，人是最难理解的，人天生是自由的，但无处不在枷锁之中。黑格尔认为，自由是人的本质，但自由是一个最为常见又误解最多的概念，人达到自己本质的认识经过了几千年，马克思对此也有同样的论断。"韦伯发展起来了他的'人格'概念成了人的尊严的概念，'人格'的真正内涵取决于'自由'的真正内涵。人的尊严就在于他的自律，也就是说，在于个人自由地选择他自己的价值或理想，或者说在于服从'成为你之所以是'的戒条。"① 人得到作为人的尊重，就是人格，即把人当作人，而非物或神。人应当得到作为人格的尊重，就在于人能够通过自律来设计或实现自己的理性。因此，人格在哲学上的概念就是自由且理性的存在者，人格的本质是自由。由此看来，哲学意义上的人格概念，至少包含两层含义：其一，人格是人作为人存在的客观展示；其二，人格是人作为人来承认和对待的主观态度。人格是相对"物格""神格"而言的，人不是物，也不是神，而物和神都只不过是人的异化现象。

法哲学，是研究人在法的意义上的存在形态与规律的，是研究法的本质概念及其现实化问题的学科。法的出发点与最终归宿是人，而人的本质是什么，这是法哲学一直探讨的根本问题。围绕法的本质问题，就出现了诸多理论流派，自然法学派、功利主义法学、古典法哲学、实证主义法学，这些法学流派的共同使命

---

① 施特劳斯：《自然权利与历史》，彭刚译，生活·读书·新知三联书店，2003，第46页。

就是探讨：人的本质、法的任务、政府和国家的使命，即人在法上的存在与保障问题。人格的本质是自由，自由的外在显现就是权利，权利只有在法的意义上才具有普遍性与现实性。总之，法哲学上的人格概念是受到法的普遍承认与保护的权利主体，人在法上是作为法权人格对待的。

宪法是民族精神的集中体现，一个国家的宪法是这个民族对于其本质与使命的一种自我认识与把握，是这个民族通过其哲学、法哲学和政治家们长期探讨而形成的民族共识的结晶。宪法上的人与人格权利，是人的基本权利在国家母法层面上的总体确认，包括人的私权利和公权利，私人参与私事活动的民事权利和公民参与公权活动的政治权利。公民与自然人的区别就是宪法与民法属性之别，公民主要体现了个人与国家的隶属关系，而自然人主要体现了个体之间的平等关系，是私法领域的人的概念。如果宪法上的人，也称作人格，那么这个人格概念，不仅是指人对于自身的权利，还是一个权利范围较为广泛、内容较为丰富的人格概念，宪法人格权是基于抽象的"人权"的概念，其是包括人的民事权利、人的政治权利、人的社会权利等多维度的人权。宪法上的人格概念主要是指一般意义的法权人格，而不是指民法上的具体人格，民法规范上的人格权是人的尊严与自由理念基础上的各种人格权利。

三、民法上的人格权概念

民法上的人格权概念，有广义与狭义之分。广义的人格权是人作为人对自身及从自身产生的权利，包括狭义的人格权及物权等。广义人格权的意义在于，它揭示了民事权利的本质，所有民事权利的本质都是人格的意志体现。物权、契约交易权在本质上也是人格权，对物权的尊重并非对物本身的尊重，而是对物权主体人格的尊重。"惟有人格才能给予对物的权利，所以物权本质上就是人格权"①。物权的本质是人格权，因为只有人才有资格对物拥有权利，而侵犯人的物权，也就是对物权主体的人格权的冒犯，因而人为保护其物权免于受到侵犯，在没有公权力适度救济的情形下而冒死来保卫其物权，这说明生命权与物权是具有内在相通之处的，因为物权就是生命存在的必要前提，是生命存在的内容与构成因素。因此，耶林大师曾经明确提出，侵犯财产权就是对人的尊严与人格本身的蔑视与侵犯。狭义上的人格权，是指人对其人格自身所享有的支配权，这是与身份权相对的。依据民事权利的传统分类，民事权利有两种：人身权和财产权，而人身权又分为人格权和身份权。我国人格权相关理论与《民法典》中的人权制度问题，放在后面进行专门探讨。

　　总之，宪法与民法都有人格概念，这两种人格概念并不完全相同，宪法上的人格概念更加宽泛、更加抽象，而民法上的人格概念则是宪法上人格概念在私法上的具体化。"自从民法确立平等法律人格以来，不可仅从表达上的相似而抹杀或无视背后价值内涵的不同，宪法为根本法、一般法，宪法秩序是一种价值秩序，宪法上的人格概念表达的应是一种对人这种理性主体的自由、平等、尊严等价值的关注，因而是一种对人的深切关怀、全方位的呵护，其关注的视角不应局限于民法上的人。"②

---

① 黑格尔：《法哲学原理》，范扬、张企泰译，商务印书馆，1979，第48页。
② 郑永宽：《人格权的价值与体系研究》，知识产权出版社，2008，第17页。

第三节　我国《民法典》中的人格权

一、人格权与民法典编纂

我国现行《民法典》把人格权作为一编，与总则编、物权编等共同构成七编体系。《法国民法典》分为三编，第一编是"人"，而这个"人"编范围极为宽泛，除了自然人人身保护制度等一般规定以外，还包括户籍国籍制度、婚姻家庭制度等，但是它没有法人的规定。德国的民法典体系分为五编：总则、债法、物权法、亲权法、继承法。法国的"人"编，相当于传统民法中的人格权法。德国的亲权与继承也并非人格权，而是身份权，关于人的人格权规定却放置于法典的总则和债这两编中进行规定。法国与德国的民法典体系存在明显的差别，也代表着两种民法典的体例，相对而言，德国的体系更为合理，但法国的"人"作为一编与财产权等其他两编并列，突出了人的规定。其他国家的民法典，都没有把人权与物权并列独立成编。在我国民法典编撰过程中，有关人格权与民法典体例的问题在国内理论界曾经有过激烈的争论，这些争论涉及民法的立法宗旨、价值本位、民法体系与人格权概念种类等诸多法律问题。

二、我国《民法典》对人格权的规制

人格权在我国《民法典》中作为单独一编，放在合同编之后作为第四编，共有六章，从第989条到第1039条。

这里有个问题，既然把人格权作为单独一编，肯定是出于对

人格权的重视，那么为什么不把人格权编放在总则编之后，而是放在物权编、合同编之后？这可能是因为人格权是与身份权相对应的，将其放在婚姻家庭编之前，使人格权与身份权连为一体，这在逻辑上也算顺理成章了。但是，从民法的价值本位上看，人格权编应该放在总则之后为宜，因为这体现出以人为本的价值取向。

（一）一般人格权

《民法典》总则中第五章民事权利的首条（第 109 条），就规定了一般人格权，"自然人的人身自由、人格尊严受法律保护"。这就是理论所说的一般人格权，又叫抽象人格权的法源。在人格权编中，在规定具体人格权时也提到了一般人格权，《民法典》第 990 条第 2 款规定，"除前款规定的人格权外，自然人享有基于人身自由、人格尊严产生的其他人格权益"。可见，一般人格权是具体人格权产生的基础，或者说，具体人格权是一般人格权的具体化、现实化。另外，一般人格权包括两个方面：一是人身自由，二是人格尊严。前者是物理性人格权，后者属于精神性人格权。人身自由，指的是人身不受他人强制、侵犯等，它具体体现为生命权、身体权、健康权等；而人格尊严，是涉及人的形象、名誉等受到应有尊重的精神权利，涉及人的社会评价。人身自由的伤害，一般是肉体上的，而人权尊严的伤害则是精神上的，受到伤害后往往内心苦痛。一般人格权，不仅包括人格尊严，还包括人身自由，显然这里的人格权概念是广义的，而非仅指人格尊严。

（二）人格权的主要法律特征

第一，民法对人格权关系的调整，主要有两个方面：一是因人格权的享有而产生的民事关系，二是因人格权的保护而产生的民事关系。第二，具体人格权是基于人身自由和人格尊严而产生的从生命权到隐私权等的多种权利，因而人格权的本质是自由和尊严。第三，它是民事主体最基本的民事权利，是受到法律严格保护的绝对权利。《民法典》第 991 条规定："民事主体的人格权受法律保护，任何组织或者个人不得侵害。"《民法典》第 1002、1003、1004 条又做了具体表述："任何组织或者个人不得侵害他人的生命权""任何组织或者个人不得侵害他人的身体权""任何组织或者个人不得侵害他人的健康权"。第四，人格权是独自享有的垄断性权。《民法典》第 992 条规定："人格权不得放弃、转让或者继承。"物权可以放弃，即抛弃物权，而人格权是不得抛弃的。通常认为，权利是可以抛弃的，而义务或责任是不可抛弃的。但从这条规定看，并非所有的权利都是可以抛弃的。生命权能够抛弃吗？同样，人格权也不得抛弃，同时不得转让或者继承，这与财产权是根本不同的。第五，具体人格权种类是法定的。正如物权法定原则，具体人格权种类也是由《民法典》系统规定的，而其他没有规定的也只能依据一般人格权原则来处理。《民法典》用了专条对具体人格权种类进行了统一规定，《民法典》第 990 条规定："人格权是民事主体享有的生命权、身体权、健康权、姓名权、名称权、肖像权、名誉权、荣誉权、隐私权等权利。除前款规定的人格权外，自然人享有基于人身自由、人格尊严产生的其他人格权益。"《民法典》将这些人格权分为五章，生命权、身体权、健康权，姓名权、名称权，肖像权，名誉权、荣誉权，隐私权等，分别进行详细规制。第六，人格权保护的特殊性。一是，对于一些人格权侵权的诉讼保护，不受诉讼时效的限制，《民法典》第 995 条规定："受害人的停止侵害、排除妨碍、消除危险、消除影响、恢复名誉、赔礼道歉请求权，不适用诉讼时效的规定。"二是，对于一些人格侵权，一些法定机关或部门负有救助保护的义

务。第七，人格侵权的民事责任有其特殊性。一是，在确定生命
权、身体权和健康权方面侵权的具体民事责任时，要考虑到诸多
因素，不仅要考虑损害情形，还要考虑行为的动机等。《民法典》
第 998 条规定："认定行为人承担侵害除生命权、身体权和健康权
外的人格权的民事责任，应当考虑行为人和受害人的职业、影响
范围、过错程度，以及行为的目的、方式、后果等因素。"二是，
可能构成精神损害赔偿。三是，民事责任的种类上，还要承担
"消除影响、恢复名誉、赔礼道歉等"民事责任。四是，人格侵权
的精神责任与违约责任不发生竞合。《民法典》第 996 条规定：
"因当事人一方的违约行为，损害对方人格权并造成严重精神损
害，受损害方选择请求其承担违约责任的，不影响受损害方请求
精神损害赔偿。"一般来说，两种责任竞合时，只能选择一种。这
是对违约责任与侵权责任竞合原则的一种突破，是为了更大限度
地维护人格尊严。

　　总之，《民法典》对一般人格权和具体人格权均做了系统规
定。人格权是指民事主体基于人身自由和人格尊严而依法独自享
有且不可抛弃、转让或继承的生命权、身体权、健康权，姓名权、
名称权，肖像权，名誉权、荣誉权，隐私权等。人格权的种类、
保护、责任及其承担等都有其特征，这与物权、债权及其责任等
的规定都是不同的，体现出人格权及其保护的特殊性。

本章小结

　　人格与人格权，在不同学科具有不同的含义，即使在同一学
科也有不同的理解与定位。人格和人格权也是一个历史性的概念，

伴随着人对于自身的不断认识，不同时期的著述与法律规定都有不同的定位。对于这些不同定位进行必要的反思，将有助于我们了解我国民法典编纂中的一些主要争论，深入理解与全面把握现行《民法典》人格权的规定。人格权的确认与保护制度，在我国《民法典》中处于重要地位，它与物权、合同债权等民事权利一起构成了完整的民事权利体系。人格权作为单独一编与物权编等并列进行规制，这在《民法典》立法史上也是绝无仅有的，这也说明我国作为社会主义国家能够真正坚持和实现以人为本、人民至上的现代法治理念，这也是民法权利本位的体现。人身自由与人格尊严得到我国《民法典》的明确规定，表明民法对于人的关怀，人的自由与尊严受到法律保护，"任何组织和个人不得侵害"。我国《民法典》不仅分五章对具体人格权进行规制，而且全面系统规定了人格权的属性、种类、特殊责任形式与特别保护制度，尤其是加重了个人信息、隐私权的保护广度与力度，充分表明我国《民法典》承担着全面规制与保护人身自由与人格尊严的神圣使命。深化对人格、人格权的概念，《民法典》人格权立法宗旨的理解，这不仅有利于理论研究，也有助于人格权保护的法律实践。

第九章

物权制度专题

第一节　物、物权与法律

物是人所需的生存条件，人离不开物，而物又使人不得不对其不断地占有，创造法律、政府与国家来维护人对于其物的占有制度，从而演绎着人类的文明进程。

一、人与物

世界上只有两种东西：一种是人，另一种是物。人本来是万物之一，但随着人有了物权的概念，人就开始为了占有物不断努力，最终人成了万物之主。物，是相对人而言的，是外在于人的所有东西。从主客体关系视角来看，物是为人服务的，人是目的，物只能是人生存发展的手段。人支配物，物只能是人支配控制的对象，物没有自由意志，物不能控制人。当然，近年来随着自动化高智能机器的出现，似乎在某些领域智能物要比人更为智慧，因而有人担心物是否能够最终控制人，成为人的主人来奴役人，甚至消灭人。然而，人与物的关系在本质上就是主体与客体的关系，无论多么智慧的机器，在本质上毕竟是物，最终是依靠人的设计与控制的。但是，现在有人认为这种真理正在被人类本身所颠覆，人与机器的智力比赛就是一个典型例证，世界顶级围棋高手被人造的电脑多次击败。

当然，物在不同学科有着不同的概念。哲学上的物，是物质，是一切客观存在的东西，是相对于主观东西而言的。物只是人的思维认识的对象，只要是脱离人的主观而客观存在的东西都是哲学上的物，因此哲学又把物称为存在或客观存在。由此可见，哲学上的物，与物权法上的物是完全不同的两个概念。经济学意义上的物，是能够被人使用或带来利益的东西，具有使用价值和价值的东西。资本、商品、产品、自然物，凡是能够被生产或消费的东西，都具有经济学上的物的属性，而劳动和创造，是经济学上的物产生的基本方式。人类学或社会学上的物，是指人对于物的依赖性或物对于人类文明产生和进展的意义。人通过对自己身体的利用，即劳动，来获取外在物，以供给自身的生存所需，劳动在早期是取得物的唯一方式，如狩猎、捕鱼、占有果实等，这就是后来所谓的先占取得。

物具有两面性：一方面，物，是人的自然生存之基。人劳动的目的就是获得自己生存所必需之养料，人缺少了必要的物就会死掉。无论过去、现在还是将来，人的第一需要都是粮食等基本生存物，这些基本生存物是人类创造其他高级物质财富的前提。物是人自然属性的生理需要，是人的基本生存方式。另一方面，物，是人腐化堕落的条件。物，是人私欲的一种动因。人为了占有更多的物，就会激发其恶的一面，如战争。人类战争的主要动因就是获取物资、土地，个人也会因为物而作恶。早在古希腊，柏拉图就发现私有权对于人的腐化作用，认为人作恶的根源是私有制度，只有消除私有制，消灭所有权的私有现象，人也就不再有作恶的动因。于是，柏拉图设想了一种理想国蓝图，一个彻底消灭了私有的社会，不仅在物的所有权上消灭私有，全部物质都归属国有，而且就连家族也消灭掉了，妻子使用公妻制，子女也是公有制，小孩生下来就抱走，与父母分开，使小孩与父母终生都不相认，成为真正的"公民"。但柏拉图一生探讨并进行了必要试验的这种理想国，最终也没有成功。

物是相对人而言的，那么人是什么？有思想、能够创造劳动的理性存在者，因而人是主体，物只是客体。人是生存于家、市民社会和国家等不同层面的伦理实体中的存在者，爱、法律和团结是人的基本伦理纽带，而共同的劳动创造是人类文明发展的基本方式，因为只有劳动创造才能为人的不断发展提供充足的物质前提。人的本质是自由，人是具有意志自由的理性存在者，这种意志自由就是人能够把自己的意志扩展到自身之外的任何物之上，所有权就是人自由本质的体现，人是有权占有外在物的精神存在者。而物只是人的意志的对象，是人占有的客体，物只有在人支配之下才会显现出其意义。与人相比，物是没有意志而只是供人支配并能够满足人的需要的客体，物的最大属性是其满足人需要的价值性。人与物的区别与联系，主要体现为主体与客体、目的与手段、支配与被支配的关系。

二、所有权与文明

人对物享有一种权利，当人意识到这种权利时，人就不只是自然之人。物权是人类进入文明社会的根本标志之一。有了私有权，才开始出现交换，契约之交换关系是人的智慧之启蒙，而对物之占有权的承认和维护，是独立人格之相互承认的基础。

人类的第一个理性发明创造就是物权。从此，人就有了权利概念与自我意识。卢梭曾形象地把第一个拥有所有权意识并付诸行动的人，称作人类文明的缔造者。他说，在没有所有权概念与制度之前的自然状态，根本没有个人所有权的概念，所有的土地果实都是公共的，不属于哪个人独自享有。突然有一天，有一个人把一块土地圈起来并告诉两个头脑简单的人，这一块土地是他的，让这两个人承认其所有权，而这两个人竟然承认了。从此，世界就开始出现了"我"的概念，也就有了"你"的概念，你的、我的之分只有在物的享有上才能显现出来，这就是所有权的原初概念。这说明，人类文明的产生始于物权。物的占有在早先表现出形式法上的平等，但由于每个人的占有能力不同，最终导致了物的占有数量上的不平等，就出现了穷人与富人两个阵营，富人为了保护其财富不被穷人抢走，就开始建立保护财富的法律制度。因而阶级、法律、国家的出现，都是由物权概念这一精神种子而引发的。这就是卢梭的"文明的缔造者"故事的真正隐喻，第一个喊出这块地是"我的"的人，意识到，我对此物拥有绝对的权利，任何其他人不得侵犯，对于任何外来侵犯，我拥有维护我的物权的权利，裁判者和惩罚者都是由我充当的。

自从有了所有权的意识，人就进入了文明状态。但是，卢梭也同时看到了私人所有权的两面性：一方面是人类文明的开始，另一方面是人类不平等以及压迫、战争的开始。私有制是一切恶的根源，人们为了占有更多的财产，拥有更多的所有权，不惜进行争夺、战争，因而早期的文明也伴随着恶的东西。私人所有权发展的第一个恶果就是创造了富人与穷人两大阵营。由于物权的出现，人类的第一次不平等就出现了穷人与富人，后来富人欺骗并说服了穷人订立一个共同契约，相互承认对方的物权。再后来又出现了第二次、第三次不平等，分别出现官与民的两大对立阵营，奴隶主与奴隶的压迫与反抗。从经济上不平等发展到政治上的不平等，创造出了富贵与贫贱、压迫者与被压迫者的不平等，不平等达到极致必然导致反抗与革命，使极端不平等重新恢复到平等。这与马克思所说的私有制度是一切恶的根源具有相通之处，只是马克思是从阶级关系上讲的。二人的伟大之处在于，他们都既看到了物权的文明一面，又发现了私有制度的丑恶一面。

法哲学家耶林把物权、人格、法律视为一体，其共同的本质是人的尊严。他说，侵犯我的物，就是冒犯我的尊严，是对我的人格的蔑视，而不仅仅是对物本身的侵害；到了法律社会，对个人物权的侵犯，也不仅仅是对个人权利的冒犯，而是对整个法律尊严的蔑视，对整个共同体的蔑视，蔑视就意味着惩罚。物权的本质是对人的承认，从个人之间的物权承认，到普遍意义上的法律承认；从物权的承认到人格的承认，从个别承认到普遍承认。物权是其他权利的基础，是参与社会活动的前提。

所有权的本质是自由、承认与尊重，自由是所有权的内在属性，而承认与尊重是所有权的外在显现。人是有意志的，意志是自由的，自由的外在化就是人对物的占有意志。人只有在所有权中才是作为理性存在者而存在的，人为了让他人承认自己对物的所有权，人必须克制自己承认且不去侵犯他人的所有权，因为如果他不承认他人的所有权，他人也不会承认其所有权。承认意味着尊重，人应该尊重他人，把他人当作享有自由权利的独立人格。人们之间的关系，主要是以财产权为核心的社会交往关系，人类社会的发展是伴随物与物权之不断变化而进化着。随着人类智力的发展，物的种类也在不断发生着深刻而广泛的变化，自然界不断有新的物种被人发现，同时也有诸多物种因为人的活动而急剧减少。人的智力不断创造出诸多新的高科技物品，这些物品在自然界本来是没有的，如电灯、汽车、手机、电脑等。因此，在所有权里，人与物是一体的，人的一切在现实中都体现在物上，都与物存在直接的关联，哲学、宗教、道德、法学等几乎所有的精神性东西，都是从物中产生出来的；几乎所有的关系，如家庭关系、社会关系、国家关系都与物存在着必然的关联。所有的正义与邪恶、善与恶、权利与义务、自由与奴役、和平与战争等，最终都与物有必然的关联。物及其权利是人类法律、道德、政治、经济、文化等的最初动因，也成了人类追求的成果之一。

物权与人的关系的总路线为：物的占有—权利—劳动与文明—侵犯、侵权、侵略、战争—安全问题—防止侵犯—法律、政府、国家—军队、警察、保安。

物权与人的关系的分路线为：

侵略与防御 = 建筑篱笆、城堡、城墙 + 武器、家兵、军队

犯罪与审判 = 家法、军法、国法 + 立法、审判、惩罚

正义与教育 = 道德、礼教、宗教、教育 = 善恶、好人

工具与文明 = 奴隶—牛马—机器—机器人

财产与发展 = 土地—粮食—货币—技术

阶级与统治 = 奴隶主—地主—资本家—国家

自从有了所有权与财富的概念，人类为了增加财富而进行各种活动，劳动、发明、战争、剥削、反抗，抢劫、诈骗、拐卖。在没有法律之前，人类根本没有正义与邪恶的共识可言，也没有一个共同的规范来规定不准暴力、欺诈，更没有一个共同的职业群体来惩罚非法占有行为。因此，在没有法律的状态下根本没有美德可言，因而人的生命、所有权与自由等自然权利是没有保障的，

为了克服这种无保障状态，人们只有进入到法律、政府与国家状态。在法律社会中，我、物、他之间，本质上是物权关系；自由主义与理性主义、个人主义与集体主义、个人本位与国家本位、个人自由至上与国家利益至上，这些理念形态之根本不同就在于：物权归属与支配属性不同。

三、物权与法

人类为什么需要法？我国古代思想家早就提出并论证了物权与法的关系，认为礼与律都是为了止争禁乱、维护物权。

管子早在公元前八世纪的春秋时期就区分了法、律与令三者的不同，"法者，所以兴功惧暴也，律者，所以定分止争也，令者，所以令人知事也"①。把律定位为"定分止争"，相当于今天的"明确物的归属"、物权不得侵犯。到秦国早期，商鞅也有同样的观点。他举了一个两种兔子的例子，"一兔走，百人逐之，非以兔可分以为百也，由名分之未定也。夫卖兔者满市，而盗不敢取，由名分已定也。……故夫名分定，势治之道也；名分不定，势乱之道也。"② 讲的是野外的兔子多人乱追，谁追到归属于谁，而市场上出卖的兔子，却没有人敢去争抢。他用这个例子向世人阐明"名分"的道理，名分就相当于今天的所有权。物的名分未定，就是指这个物是无主物，对于无主物适用一种法则，即先占法则，谁先占有就归属于这个人。名分已定，就是指这个物已有所有权主体，是有主物，那就依法不能再适用先占法则了，谁还再强行占有他人所有之物，那就触犯了法律，就必然要受到严惩，因而

---

① 唐凯麟、邓名瑛主编《中国伦理学名著提要》，湖南师范大学出版社，2001，第91页。

② 杨仲林、蔡聪美：《先秦为政理论与实践》，贵州人民出版社，2007，第143页。

也就自然没有人敢于追抢了。

荀子也有相似的阐述，他认为制礼的目的就是止争，通过止争而达到止穷的目的。"礼起于何也？曰：人生而有欲，欲而不得，则不能无求；求而无度量分界，则不能不争。争则乱，乱则穷。先王恶其乱也，故制礼义以分之，以养人之欲，给人之求。使欲必不穷乎物，物必不屈于欲，两者相持而长，是礼之所起也。"① 礼在古代具有法的效力，根本目的是避免"争"与乱，而争就是对物的相互争夺。争的必然结果就是贫穷，贫穷又会导致国家落后，落后就会导致外来入侵，会使国家灭亡。礼的制定目的就是止争、止乱，因而止争是社会和国家持续发展的基础，止争的本质就是明确物的归属与保护。止争、止乱必须通过止欲，使占有之欲与欲占之物之间达到一种平衡。因此，我国古代早期思想家就提出基于物的占有之争的法律起源理论，揭示了物、争、法的"三位一体"关系，认识到只有通过礼法才能止争、止乱、止欲，维护物权是国家稳定持续的根基。

西方也有关于物权与法的诸多经典论述，这些理论对于理解物权的本质具有较强的启示意义。亚里士多德对物权与正义的关系作出过经典的论述，他提出了基于物之占有的正义理论，他认为正义就是得到其所应该得到的，不正义就是过分多得，或者过分少得；这种不正义与当今的显失公平理论相近。亚里士多德把法律视为维护各得其所得的正义标准，认为法律就是基于占有的正义体现，守法就是正义。但是，亚里士多德在物权上也犯有致命的错误，他在其著述中反复声明奴隶不是人而只是一种会说话的物。他认为奴隶由于其没有理性，不能控制自己的情欲，只是

---

① 张文治编：《国学治要》（子部、集部），北京理工大学出版社，2014，第715页。

一种被他人支配的物、工具，因而奴隶天生就不具有法律人格。其实，柏拉图也有类似的看法，认为奴隶情欲过强以至于根本不能控制自己的情欲，也就不能成为自己欲望的主人，只配做奴隶而受他人的支配奴役。因此，这两位古希腊最伟大的思想家的思想缺点就是把奴隶当成了物权关系的标的物而非物的主人，这就从根本上混淆了人与物的界限。

法律是人最伟大的精神发明之一，而法律产生的最初根由就是确认与保护人对于物的权利。人的基本属性之一就是创造，而物质财富创造是精神财富创造的前提与基础。人只有在物权中才是作为自由人格存在的，人格权本身是空的，它的内容是物权。这个东西是我的，只有我对它拥有支配与享有的权利，而别人不经过我的允许，不得侵犯我对它的权利。对物的冒犯，就是对其所有权主体尊严的贬损与侵犯，与人身侵权一样，均构成民事侵权。财产是一个自然人、法人和国家所必需的生存基础，也是其发展的基本目的。离开物，个人、组织和国家就无法生存。动物也需要物而生存，但动物没有物权概念，而只是依靠自身力量来维系生存空间。物被人人所需，财富被人人所爱，但如果没有法律来规制，那么人们就会相互争夺财物，而民法是确认与保护物权的基本法律。

四、民法上的物与物权

民法上的物，就物权和物权法意义上的物。它是人自身之外的、客观存在的、能够被人所控制的、能够给人价值的存在体，而那种不能被人控制、对人没有意义的东西就不可能成为民法上的物。凡是能够成为民事法律关系客体的，就是民法上的物。物一旦成为某个民事主体的所有物，成为所有权客体时，该物就成为某个人特有的独占品，拥有绝对的支配权，任何人都负有不得侵犯该物权的义务，否则就构成侵权或者犯罪。

要想成为民法上的物，它就必须具备客观性、可控性、有益性等特性。但是，具备这些特性的物，也并非都可成为所有民事法律关系的客体，还必须具备合法性。有的物不可能成为个人所有权的客体，而只能成为国家或集体所有权的客体，例如，矿藏、水流、海域，城市的土地，无线电频谱资源，国防资产，铁路、公路、电力设施、电信设施和油气管道等基础设施，这些都属于国家所有。有的物是禁止买卖的，如人体器官，当然武器、毒品在我国是绝对不能成为个人买卖的客体的。有的物，可能与人的情感存在某种特别密切的关系，可能会影响到物与人的区分。例如，有人把自己喜爱的狗当作人来对待，当别人伤害到狗后，狗主人就强迫伤害者给其狗磕头等，这种强迫实际上是对人的一种侵权行为，因为狗的本质是物而非人。

民法只调整两个对象，即人身关系和财产关系；民法保护两个基本权利，即人身权和财产权。财产权主要有两个：物权和债权。物权是债权的前提与目的，债权是物权实现的手段。民法分则体系由人格权制度、物权制度、债权责任制度、婚姻家庭与继承制度等构成，而其中大部分内容都涉及物权，足见物权制度在民法中的重要地位。

五、所有权与所有制

所有权在国家制度上就是所有制，本质上讲所有权与所有制是完全不同的概念。所有权是法律概念，所有制是经济制度，两者是上层建筑与经济基础之间的关系。所有权是所有制在法律上的具体化、规范化，它要符合并准确反映一个国家的所有制状况，并为所有制服务，维护这个国家的产品财富的分配归属制度，而国家所有制也需要所有权法律体系来完整体现与维护。所有制是一个国家的基本经济制度，而所有权只是物权的归属问题。有何种所有制，就会有相应的所有权形态。在奴隶社会，奴隶主是所有权的主体，而奴隶是所有权的客体的一种。在封建社会，土地归属于地主，农民租用地主土地并受到地主的剥削。在资本主义社会，资本是主要的物的形态，资本归属于资本家，工人被资本家雇佣。只有到共产主义社会，所有制的主体才是全体人民，此时才彻底消灭了财产私有制度，才能真正实现物权上的平等。人类历史就是不断追求所有权主体普遍化的过程，所有权主体由少数人发展到多数人，再演变到所有人，所有制由形式上的不平等发展到形式上的平等，再到实质上的平等，这是一个漫长的历史演进过程。人的历史，就是制度上的解放史，而制度解放的根基是物权关系的变革。总之，所有制性质决定着所有权形态，所有制性质的变化必然引起所有权形态的改变，所有权通过法律又反过来作用于所有制，当所有权制度符合所有制需要时就会促进国家经济的发展，否则就会阻碍其发展。

第二节 物权制度的宗旨、体系与特色

一、物权制度的宗旨与体系

我国《民法典》物权编第一分编通则中的"一般规定"，全面规定了物权法律制度的主要任务。物权制度的基本任务，是明确物的归属，发挥物的效用，《民法典》第 205 条规定，"本编调整

因物的归属和利用产生的民事关系"。该条文明确表达了物权法律规范所调整的对象，界定了物权制度的基本任务，也指明了物权制度的主体内容。

物权编分为五个分编，除了通则编外，其他四编分别规定了物的归属与利用的规则，包括所有权分编、用益物权分编、担保物权分编和占有分编等四个分编。第一，所有权。所有权是指物的归属，权利人对于其物所享有的占有、使用、收益和处分的权利，其属性是独占权，其主要特征是一种完全物权、自物权、绝对物权。所有权是其他物权产生的原物权，用益物权和担保物权都是从所有权中派生而来的，因而后两者都是他物权。所有权制度主要规定所有权的种类、业主的建筑物区分所有权、相邻关系、共有以及所有权取得的特别规定等内容。第二，用益物权。用益物权，是基于所有权而生的他物权，是所有权中的使用权能从所有权中分离出来，往往随之而分离的还有所有权的收益权能和部分处分权能。用益物权一旦成立，就与所有权相分离并成为一种独立的物权，在用益物权存续期间，所有权人也不得干预用益物权的享有。我国列举式地规定了用益物权的具体物类，主要有土地承包经营权、建设用地使用权、宅基地使用权、居住权和地役权等五种。第三，担保物权。担保物权是以物的价值来保证债权的实现的，是债权人在他人之物上设立的一种特殊权利。担保物权是一种期待权、他物权，又具有不确定性、有限性和前提性等特征。担保物权是一种有限物权，具有一定的时间限制，它以债权成立与债权到期未实现为其生效前提，以保证债权的实现为目的。第四，占有。占有不是一种物权，但与所有权等物权并列规定为单独的分编，其原因可以理解为，占有是所有种类的物权的总"权利"，是所有物权的一种共同表象。对占有的保护，就是对所有物权的保护，而且当对占有进行保护时，当事人无须证明自己对物拥有何种物权，只要证明自己是物的占有人即可。总之，我国物权制度是由物权的一般规定、三种法定物权和占有三个系统构成的物权法律规范体系。

二、我国物权制度的社会主义特色

我国物权制度的社会主义特色，可以从两个方面来解构，其一是我国物权制度的经济根基，其二是多种所有权主体的法律地位平等，并受到平等保护。

第一，我国物权法律制度有其特定的经济根基，这就是社会主义基本经济制度。我国社会主义基本经济制度包含三个方面：一是所有制，是以公有制为主体、多种所有制经济共同发展的制度。二是分配制度，是以按劳分配为主体、多种分配方式并存的分配制度。三是经济体制，是社会主义市场经济。这三个方面相互联系共同构成完整的社会主义基本经济制度。《民法典》第206条明文规定了这一内容，"国家坚持和完善公有制为主体、多种所有制经济共同发展，按劳分配为主体、多种分配方式并存，社会主义市场经济体制等社会主义基本经济制度"。

第二，物权主体的平等性。这是我国社会主义经济特色在物权主体关系中的体现，这种平等性表现在两个方面：一是所有的物权主体的法律地位平等。《民法典》第206条规定，"国家实行社会主义市场经济，保障一切市场主体的平等法律地位和发展权利"。二是各种物权主体都平等地受到法律的保护，都具有不得侵犯性。《民法典》第207条规定，"国家、集体、私人的物权和其他权利人的物权受法律平等保护，任何组织或者个人不得侵犯"。

这里需要注意的问题是，为什么只在物权制度的"一般规定"

里对我国坚持和完善的社会主义基本经济制度进行了全面详细的规定，而在合同制度等其他分编中却没有如此规定。一种可能是，物权制度与我国基本经济制度的关系较为密切，即所有权与所有制之间存在某种天然关联。不过，这一理由似乎也不完全成立，因为合同法律制度也与社会主义基本经济制度存在天然的关联，所以应当在合同编里作出类似规定。总之，物权法律制度、合同法律制度与社会主义经济制度之间都存在着决定与反映、确认与促进的必然联系，因而都应当对我国坚持的经济制度进行必要的表述。

第三节　拾得物和埋藏物

关于拾得物和埋藏物的归属与报酬问题，一直是备受争议的热点话题。例如，实践中出现的天然乌木的归属与报酬争议，拾得人应否有权请求报酬的争议等，都是社会公众和理论界一直关注的热点问题。针对这一问题，我们有必要对国外和国内有关法律规定进行大概的探讨。

一、拾得物和拾得行为的概念

拾得物是偶尔拾得他人之物或物权主体不明确的物。拾得物的主体，要么不明确要么明确，不能笼统地一律归于无主物或有主物。拾得物并不必然是无主物，是否是无主物尚处于不确定状态。我们可以给拾得物下一个定义：拾得物是行为人捡到物主不明确的物。定义必须没有任何例外，如果现实中存在定义之外的情形，那么就不是严格意义上的定义。拾得物一般是物主处于不确定状态，物主有无、物主是谁一般是不能够判定的，但是也存在一种可能，即物主可能是确定的，或者是可以推定的，如在某人住宅中捡到的物。由此可以得出这样的命题，即只要捡到的物不是自己的，就属于拾得物的范畴。因此，我们可以把拾得物进行概括，拾得物是行为人偶然捡到的不归属于自己的物。

拾得行为需要明确如下情形：第一，拾得行为的性质，拾得行为在民法上属于能够引起民事法律关系产生的事实，即民事法律事实，但拾得行为不是民事法律行为，因为拾得行为是出于行为意愿之外的事件，并非出于自己的意思表示行为，所以拾得行为应该属于民法上的事实行为，当然不属于民事法律事实中的事件。第二，拾得行为必须是原本无意的行为，如果是故意占有不属于自己的物，那么就不是拾得行为，而可能是对他人之物的非法占有行为，或者是对无主物的先占行为。第三，拾得行为可能存在多种法律后果。如果主动归还，那么可能构成无因管理行为；如果把拾得物占为己有，那么可能构成不当得利，或者刑法上的非法占有罪。

拾得物与埋藏物是有区别的，主要在于埋藏物是埋藏于地下的物，且埋藏物一定属于无主物，而拾得物不一定是无主物。

二、我国拾得物的相关法律规定

《民法典》在"所有权取得的特别规定"一章中，从第 314 条到第 319 条总共六条规定了拾得物、埋藏物的认领、归属、报酬等基本问题。长期以来，我国理论与实践中争议最大的问题，主要集中在两个问题上：无人认领的拾得物归属问题和拾得人有无报酬问题。其一，无人认领物的归属问题。我国没有把无人认领的拾得物归属于拾得人所有，而是统一规定为国家所有。《民法典》

第318条规定，"遗失物自发布招领公告之日起一年内无人认领的，归国家所有"。这在理论界一直受到一些专家的质疑，他们认为这不能激发拾得人主动归还或上交拾得物，现实中易于导致拾得人占有拾得物。其二，拾得人的报酬问题。这一问题曾经引起我国理论界的激烈争论，诸多专家极力主张立法上要明确规定拾得人的具体报酬。也有诸多对此表示反对的声音，其主要理由是，拾金不昧是我国传统美德，立法不能违反良好风俗。《民法典》最终采取的立法价值导向总体上仍然秉承拾金不昧的传统美德。但是，这种传统立场也略有松动，那就是肯定了承诺报酬的法律效力，即假如当事人事前承诺有报酬，那么这个承诺义务是必须要履行的，该报酬承诺是具有法律约束力的。这是一种比较灵活的法律规则，既允许承诺的拾得报酬，又没有硬性地否定传统美德。这也是对报酬在法定与约定之间的一种调和，既体现了市场经济的基本要求，也彰显了社会主义基本美德。关于拾得人的相关请求权的规定，主要规定在《民法典》第317条，"权利人领取遗失物时，应当向拾得人或者有关部门支付保管遗失物等支出的必要费用。权利人悬赏寻找遗失物的，领取遗失物时应当按照承诺履行义务"。但是该条第3款同时规定了费用请求权和报酬请求权的例外情形，"拾得人侵占遗失物的"，这两项权利就丧失了，就"无权请求"。我国没有单独规定发现埋藏物的归属与报酬问题，而是参照拾得物的相关规定。另外，拾得物返还义务与必要费用请求权的规定，与无因管理制度的规定，两者实际上是完全重合的，只是规定在了两个地方，一个是合同编的准合同制度，另一个是物权编的物权取得制度。

总之，《民法典》拾得物法律制度，没有直接规定拾得物的报酬标准及其计算方法，也没有规定无人认领物归属拾得人所有，而国外一些国家民法典却允许请求报酬并规定了具体的报酬限制数额或比例，同时把无人认领物规定为拾得人所有。

三、国外拾得物归属的相关法律规定

国外对于拾得物归属问题的规定，也不完全一样。《法国民法典》第 713 条规定："无主的财物归国家所有。"第 714 条规定："不属于任何人的物件，其使用权属于大众。"即把无主物的所用权归属于所有国民，无主物的使用权归属于大众。由此看来，并非所有国家都把无主物的所有权归属于拾得人，也没有把使用权归属于拾得人。《德国民法典》将过了认领期限无人领受的拾得物认定为无主物，并明确规定无主物归属于拾得人所有，这与法国的规定不同。意大利、瑞士等国的民法典，也与德国大体相同，都把拾得物在无人认领时归拾得人所有。当然，这些民法典都规定了拾得物的认领公告期限，只有拾得物经过了法定的公告期限，确实无人认领了，拾得人才能成为拾得物的所有权人。各国对公告期的规定有所不同，德国是 6 个月，意大利是 1 年，瑞士是 5 年。拾得人成为所有权人的另一个前提要件是，他事前不知道该物的有权受领人，即其主观上没有恶意。例如，《德国民法典》第 973 条规定："向主管官署报告拾得物后经六个月，拾得人对物取得所有权，但事前已知有权受领人或已向主管官署报告其权利者，不在此限。"此外，《意大利民法典》第 928、929 条规定了严格的认领公告程序，即由行政长官在市镇初审法院公告栏中公布拾得物品的消息，并且应当连续公布两周，每周至少持续 3 日，如果公告期满 1 年，还没有人认领，那么拾得物或其价金归拾得人所有。《瑞士民法典》第 722 条也有类似的规定，在公告或报告后逾 5 年仍不能确定所有人时，拾得人取得该物的所有权。总之，国外大

多数国家民法典都明确规定，公告期满无人认领时，拾得物归拾得人所有。

四、国外拾得物报酬的相关法律规定

国外民法典大都规定拾得人享有拾得物的报酬请求权，并且规定了具体的计算方法。根据《德国民法典》第 971 条，拾得人享有向受领人请求给付报酬的权利，并且针对不同情形规定了不同的报酬计算比例：拾得物的价值在一千马克以下的，其报酬为其价值的百分之五，超过此数部分，依其价值的百分之三；关于动物，为其价值的百分之三。《意大利民法典》第 930 条规定："如果拾得物品的人提出请求，则物品的所有人应当将拾得物价值或者价款的 1/10 作为奖金奖励给拾得物品之人。如果拾得物的价值或者价款超过 10 万里拉，则超值部分的奖金为 1/20。如果拾得的物品不具有任何经济价值，则奖金的数额由法官自行决定。"这些规定比较详细，具有很强的可操作性，利于人们遵守执行。《瑞士民法典》第 722 条对于拾得物报酬只是作了较为笼统的规定：拾得物交与失主的，拾得人有请求赔偿全部费用及适当的报酬的权利。但是，也对一些例外情形作了规定，住户人、承租人或公共场所管理机关在其住宅内或在其管理的公共场所拾得遗失物，无拾得报酬的请求权。换言之，如果在自己本人的住处或管辖的地域拾得他人之物，就没有请求给予报酬的权利，因为其本身就负有保管和返还的义务。

五、埋藏物的概念、归属与报酬

对埋藏物的概念，一些国家的民法典作了明确规定。《瑞士民法典》第 723 条规定，"常年埋藏地下，且肯定已无所有人的有价物，被发现的，为埋藏物"。《法国民法典》第716条规定，"一切埋藏或隐匿的物件，任何人不能证明其所有权，且其发现纯为偶然时，称为埋藏物"。《意大利民法典》第932条规定，埋藏物是某一隐藏或者埋藏在地下的、任何人都无法证明自己是物品的所有人的、有价值的动产。

　　埋藏物的归属和报酬，也是民法中相对比较复杂的问题。《意大利民法典》和《瑞士民法典》关于埋藏物归属的规定，具有很强的可操作性和合理性。《意大利民法典》第932条规定，埋藏物的所有权属于在自己土地或动产内发现物品的人。在他人土地或动产内偶然发现的埋藏物的所有权，一半属于土地的所有人，另一半属于发现人。具有历史、考古、古代人类学、古代生物学以及美术价值的埋藏物的发现应当遵守特别法的规定。从以上规定可以看出，《意大利民法典》针对不同情形作了不同的规定，在自己和他人的土地上发现的埋藏物的归属并不相同；而具有历史、考古等特殊价值的埋藏物并不归属发现人所有。《瑞士民法典》第723条规定，埋藏物归属于发现地点的土地或动产的所有人所有。该法典第724条又规定特殊埋藏物的归属情形，"具有科学价值的无主自然物或古物，由发现地所在的州取得其所有权"。同时规定了发现人的报酬请求权及其请求报酬数额的最高限制，即"自然物或文物的发现人及埋藏物的埋藏地的所有人，有请求相当报酬的权利。但报酬的数额不得超过该物本身的价值"。由此看来，外国并非毫无例外地把埋藏物归属于发现者。如果发现的埋藏物对国家具有某种特殊意义，该物就可能归属于政府，而政府应当给予相应的报酬，并对报酬的最高限额作出了具体规定。

第四节　占有制度

一、占有的一般理解

人的本质是自由，而自由有诸多展现形式，它在道德上是良心自由，在宗教上是信仰自由，在政治上是民主自由，在经济上是竞争自由。从法哲学上讲，人有占有物的自由，自由就是把自己的意志体现在外在物之上，把外在物占为己有，并宣称该物是我的，告诫其他任何人不得对其侵犯，对其侵犯就如同对我本人的人格侵害，我对此拥有采取任何必要手段予以维护该占有的权利。因此，占有的本质，是基于物的，我－物－他的关系。占有在哲学上体现为我与物的目的与手段、需要与满足、主体与客体的关系。在占有中，人是物的主人，物本身没有自我意识，只能成为人支配的客体，而人是有思想的，知道自己是物的主人，并知道如何更好地利用外物为其目的服务。物只有被人占有时才有了其新的意义，从此后它受到他人的占有时就必须经过原占有人的同意，否则就会因此而引起纠纷，甚至战争；这种权利在自然状态下是自然权利，而在文明社会就是财产权，具有了法律的意义，这个物因为占有而受到法的普遍保护。

占有是人的一种自由意志，是我的意志向外物的一种延伸，占有物就构成了我的一部分，如同我的身体。我把一个外在于我的对象进行公开占有，把这一外在物称为"我的"，其他任何人就都不得再行占有它。如果不经过我的同意而干扰我的占有，或者侵害该物，那么他就是对于我的侵犯，就是不公平的，就是非法的，因为我就是这个占有法权的立法者。我作为立法者，并不是对物本身发号施令，而是对占有所涉及的其他人进行立法，命令其他人不得侵犯我对此物的占有。在自然状态下，我还拥有因占有而产生的纠纷的最终裁判权，并拥有对占有侵犯者的惩罚权。洛克认为，人天生就是自由的，天生就拥有生命权、自由权和财产权三大基本权利，人们还拥有维护这三大基本权利的三大权力，即立法权、裁判权和执行权。这三大基本权利是人在没有法律、政府和国家之前就拥有的，而法律、政府和国家出现的唯一目的就是利用其立法权、裁判权和执行权这三大权力来保护每个人的自然权利，而权力是来自人民的自然权利的转让。财产权就是人对物的占有，它是人生存的基础，因而是三大基本权利之一。

先占，是取得所有权的一种最为原始的方式，谁占有某物，他就是该物的所有者。先占的对象是自然状态下的物，处于无主状态的物，或者是公共拥有的资源，允许个人获取的公有财产。作为原始占有，先占的最早和最重要的占有对象是不动产，不动产是早期人类最为稳定和最有价值的占有对象，而占有土地就是占领，被占领的土地就是领地。现实的占有，是存在者存在的一种必需手段，动物为了生存不断地占有猎物，而要保证稳定的占有对象，就必须拥有我独有的占有领地。在这个领地里占有者就是其主人，其他动物要进入其领地，就会受到它或它们的反抗。国家之间最为常见的纷争就是领地的界线不明，导致的两个相邻国家的土地争执，甚至引发战争。

占有，在没有法律之自然状态时还只是偶然的个别现象，是没有普遍保障的暂时占有，占有的承认也只是在个别人之间偶然发生的，还没有得到其他所有人的普遍承认。我有权占有一个外在于我的物，并宣称这物是我的，要让他人承认我的占有，我就必须承认他人也同样拥有其占有权利。但是，要让所有其他人都承认我的财产占有，在自然状态下是不可能的。如果其他所有人中有人不承认我的占有，并试图从我的占有中夺走我的财产，那就会产生我与他之间的战争。为了避免占有上的相互争夺，使所有占有都能够得到普遍的承认和保护，所有占有主体就必须共同制定一种普遍法律来体现所有人的共同意志，并由公共的权威机构来执行该法律，保护所有人的占有。"在文明社会之前的占有，要和这种状态的可能性相一致，它构成一种临时的法律占有；而这种占有在文明社会状态中将成为实际存在的、绝对的或有保证的占有。"[1] 康德从占有的角度论证了法律与政府、法院和国家产生的基本根源，占有是权利、正义的表征，占有不仅体现着我与物的关系，更体现着我与其他人的平等互惠关系，在法律社会就体现为人与人之间的法律关系。

黑格尔对占有概念有独到的见解，他认为占有是人的自由定在，人的本质是自由。人的自由只有在物的占有上才会得以显现，所有权是自由的初步定在，人只有在所有权里才是作为理性存在者存在的。人的本质是精神，精神是一种意志自由，法是自由的具体化，法主要规范财产权、契约与不法及其处罚等。人拥有物权是人作为自由主体得以被承认的一种标志，自由的外现就是权利。人与物的本质区别就在于，人是拥有自由权利的理性存在者。人的自由主要表现在两个方面：一是人拥有人格尊严不受侵害的权利，二是人拥有占有物的权利。自由在现实中就是权利，在法律上就是法律权利，权利意味着尊重，尊重就是承认占有。人作为理性存在者，就在于人拥有对一般概念的理解能力与立法能力，

---

[1] 康德：《法的形而上学原理——权利的科学》，沈叔平译，商务印书馆，1991，第69页。

人能够认识到权利的概念，因而人是作为权利主体而高于一切外在东西的。人始终是目的，而万物只能作为满足人需要的手段而存在。人总是认为自己才是万物的目的，是万物命运的主宰者和万物存在的最终目的。对人的尊重必然要对其占有尊重，而对占有的侵犯也是对人的尊严的侵犯，人有权来维护自己的占有。

马克思根据物质资料的占有制度不同，把人类发展划为不同的历史阶段，分别是原始社会、奴隶社会、封建主义社会、资本主义社会和共产主义社会。占有是一种生存手段，也是人与人法权关系的经济基础。所有权的取得最为原始的方式，是先占；谁先占有某无主物，该物就归他所有，别人就不能从他手中夺走，否则就会引起所有权人的维权斗争。在文明程度较高的社会，所有权初级取得的最为普遍的方式是劳动，包括体力和脑力劳动，而在商品较为发达的社会，取得所有权的主要方式是交换。在社会化程度较高的社会，所有权与占有权分离的程度较高，租赁合同就是例证。古代的探险与开拓，就是对无人区域及其物资的占有，这往往被认为是少数冒险家的英雄壮举，而不仅仅是创造财富的个人发财行为。历史上的侵略，也是一种宏观上的占有，只不过是一种基于暴力的非正义占有。资本主义社会是占有资本的社会，谁占有资本，谁就拥有了增值财富的本钱。当代的占有更加抽象化、虚拟化和电子化，股份制法人的发明，货币所有权与占有权分离，资本占有因而就成了一切经济问题、政治问题、社会问题和国际问题的核心问题。所有权似乎在人们的视线下隐去，而只有占有才是硬道理，谁占有财产或资源，谁就拥有统治力。

当代正义论思想家诺齐克提出的基本正义法则主要有三项：占有正义、交换正义和矫正正义。而诺齐克的占有正义理论，实际上是对亚里士多德的所得正义理论的一种当代表述，亚里士多德把具体正义分为分配正义、交换正义与矫正正义这三种。一是分配正义，这是根据个人的贡献来得到其应该得到的，类似于诺齐克的占有正义，只要物的占有人是经过正当手段取得的物权，就是符合正义的；二是交换正义，是双方当事人经过合意而交换财产的一种财产获取方式，只要是基于双方合意而获利的占有就是正义的；三是矫正正义，就是对不正当占有他人财产的一种法律救济方式，这是对正当占有权的一种法律保护制度。总之，占有是基于正义而取得的物权，占有本身就是正义，侵犯占有就是不正义，因而占有是正义的基本形式之一，理论上把基于占有的正义称为占有正义，而交换正义与矫正正义是由占有正义派生而来的，或者说占有正义是交换正义和矫正正义的前提。

在当代社会，不论所有权的主人是谁，人们更关注物的现实占有问题，占有就成了财产的一种表征，甚至是个人的身份或身价的彰显。只有全面理解占有的渊源，我们才会真正深刻把握占有的制度设置和法律意义。所有权的四项基本权能包括占有、使用、收益和处分，有人把物上的追及权或追索权也称为所有权的一种基本权能。但是，不论所有权有多少权能，占有却是所有权全部权能中最基本的权能。先占取得，也是占有概念的一种最早体现，时间上的第一就是占有权利产生的标志，先占取得是公理式的一般法则。谁最先占有某物，谁就是公认的物的主人，因而占有也是最为原始的物权形式。占有，作为独立于所有权的一种民法概念，其在一般民法意义上是指所有权和其他物权的一种外在共性，是所有的物权表征。只要一个人外在地占有某物，那么就在法律上首先认定他是拥有该物的权利者。

占有可分为实际占有和理性占有，前者是一种感官上的占有，是一种看得见的现实占有，后者是只有通过理性才能理解的占有，是理念上的占有，也叫作法律上的占有。实际占有，并不一定拥有该物的所有权，例如，苹果在我手里，我在这块地上躺着，但如果别人把苹果从我手里拿走，或者别人把我从这块土地上抬走，而我没有权利说：这是我的，那么这种实际占有就不是理性占有，或者说不是法律上的占有。相反，如果一个苹果虽然并不在我手里，一块土地也并不在我脚下，但如果别人没有经过我的允许而占有或动用它，我就会宣称这是对我权利的侵害并有权进行必要的保护，那么在这种情况下我才是该物的真正占有者。从法的角度讲，人高于动物之处就在于人拥有立法的能力，立法能力证明人本质上是理性存在物。当所有的人都认识到物权的承认与人格权的尊重并共同来立法，法律共同体就开始出现了。占有，在表面上看来是人与物之间支配与被支配的关系，但本质上是人与人之间的承认与尊重的关系，人类制定财产权法的目的是对占有的普遍承认与保护，禁止相互的争夺。《物权法》的首先使命，就是要分清我的、你的的占有权。没有《物权法》，就不会有政治法律上的文明，因此可以说，一切文明都是从占有开始的。

民法上的占有，到底是一种事实状态，还是一种权利，这是占有概念上的最大争议，至今没有定论。其实，占有在民法上既是对物的一种占有状态，也是对物的一种权利形态，占有也是一种法律制度。占有作为一种重要的民事权利，几乎在所有国家的民法典里都是作为一种法律制度单独进行系统规定的。占有权，是所有物权的一种抽象，是各种物权的一种公因式，对占有的保护就是对各种物权的保护。只要有占有事实存在，法律上就给予稳定状态的维护，而至于其是何种的物权在法律保护上并不关注，而只有在他人持有异议时，法律才关注该占有是否存在法律上的瑕疵。

二、占有是一种事实状态

民法上的占有，首先是一种事实状态，是人对于其物的实际控制，这是占有的外在显现。占有是一种事实行为，其本身并不是民事法律行为。这是一种现象学意义上的占有，只要有人对于某物进行了现实上的控制，法律上就成立了占有。也有人提出了支配说，认为占有不是一种对物的实际控制，而是一种支配，支配要比控制更为合理。但是，这种实际控制仍然是占有的事实状态。《法国民法典》第2228条规定："对于物件或权利的持有或享有称为占有，该项物件或权利由占有人自己保持或行使或由他人以占有人的名义保持或行使。"占有的对象不仅包括物，也包括权利。占有是对物的持有或享有，持有是一种纯粹的事实状态，而占有比持有更具有主观色彩，享有更注重于物对于主体的意义，因为主人可以享受物的价值，而持有并非拥有对于物的享受权利。由此看来，《法国民法典》对于占有概念的定位是比较丰富的，不只是笼统地把占有规定为对物的控制。《德国民法典》第854条规定了占有的取得方式："（1）物的占有，因对物有实际的控制而取得。（2）在取得人能够对物行使控制时，有原占有人与取得人的协议，即足以取得占有。"占有有两种并列的法定种类，一是实际控制而取得的占有，二是契约占有，因为契约而控制他人的物。事实控制的占有，纯粹是一种事实上的占有，而法律上的占有是一种抽象的占有，它可能并没有在事实上把该物或权利控制在自己手中，但在法律上它已经属于我。总之，占有首先是一种事实状态，是特定主体对物的实际控制、支配或持有等。

三、占有是一种权利推定

占有的实质，是权利。这种权利是法律上的一种推定，只要占有事实存在，法律上就推定这种占有是有权占有并加以保护，其他人不得非法侵扰。但是，如果有人对这种推定的权利持有异议，那么他可以依照法律程序进行追索，寻求法律救济，而不能直接暴力夺回。《法国民法典》第 2230 条从两个方面对占有进行了规定：一是占有的所有权推定，即占有权利推定，二是非所有权的他人占有，"占有人在任何时候均应推定以所有人名义为自己占有，但如证明其开始占有即为他人占有的不在此限"。这里的法律推定，是一种所有权推定，而非仅是一种占有权，或有权占有的权利。但是，如果占有自始就是非自物权的占有，那么法律上就只认定这种占有为非所有权人的占有。这两种占有是不能并存的，所有权占有是法律上的推定，法律上首先推定占有为所有权占有，而非所有权占有是权利推定的一种例外，这是需要证据认定而非推定。《德国民法典》第 1006 条把动产占有和登记的不动产占有都推定为所有权人的占有，即有权占有，"为了动产的占有人的利益，推定占有人即为物的所有人"。该民法典第 891 条规定："在不动产登记簿中为某人登记一项权利时，应推定，此人享有此项权利。"显然，德国的占有权利推定，与法国的相似，都是一种完全物权的推定，即所有权推定。《瑞士民法典》第 930 条规定："（1）动产的占有人，推定其为该动产的所有人。（2）各前占有人，推定其在占有该动产期间为该动产的所有人。"该法第 931 条规定："动产的占有人，不欲成为该动产之所有人者，得主张推定其所由善意受领该动产的占有人，为所有人。"占有人推定为所有权人，或者占有推定为所有权，这都是一般规定。也有例外情形，如果现占有人不愿意成为所有权人，那么法律就不能推定其为所有权人。法律上的这种推定是一种善意推定，而占有权利推定，也是一种法律态度，一种权利本位意识的体现。权利推定的目的，是保护占有，更是维护和谐的社会秩序。但是，占有作为权利毕竟是法律上的一种推定，如果有人对现实占有权利有异议，那么真正的权利人就要负担起证明其权利成立的义务。

占有异议与返还之诉，是占有权利推定的补救性规定。《德国民法典》第985条规定了返还请求权，"所有权人可以要求占有人返还其物"。所有权人发现其物被他人非法占有，他可以要求占有人返还占有物。这可以适用侵权或不当得利之债的有关规则，来追回自己的所有物。《瑞士民法典》第948条规定了返还所有物之诉，"物品的所有人可以向占有或持有物品的人要求返还所有物"。意大利等国的民法典也大都规定了占有返还请求权。

四、占有的保护

占有的保护，有自力救济和公力救济两种。自力救济是来不及救助于公力救济时，当事人当场依法享有采取必要措施来保护自己的占有。而公力救济是依靠公权力来对自己的占有进行保护的救济方式。

第一，自力救济。自力救济在占有保护上就是占有自助权。《德国民法典》第859条规定了占有人的自助权："（1）占有人得以强力防御禁止的擅自行为。（2）以禁止的擅自行为侵夺占有人的动产时，得当场或追踪向加害人以强力取回其物。（3）对土地（不动产）占有人以禁止的擅自行为侵夺其占有时，占有人得于侵夺后即时排除加害人而恢复占有。"占有人的自助权利，就是占有人依据自己的力量来维护自己的物之占有权，但《德国民法典》并非直接把占有规定为占有权，只是规定了对占有的自助权。当然，自力救济是一种法定权利，它来自占有权。德国的自助权利，必须具备的主要法定要件有：一是，存在禁止的擅自行为。

所谓禁止的擅自行为，是指一种侵夺占有的行为；二是，如果占有物是动产的，自助行为必须当场或者追踪使用强力，而对于不动产的自助权的主要内容是排除侵害和占有恢复，使自己恢复原来的占有。

《瑞士民法典》第926条规定了具体的自力救助的方式和救助行为的限度："（1）占有人对于禁止的私力，得以强力防御之。（2）占有人在占有物被他人以强力或以秘密方式侵夺时，得立即驱逐侵夺人，夺回不动产，占有物为动产时，得当场或立即追踪，向侵夺人取回动产。（3）在前款情形，依具体情事被认为非当场合理的强力，占有人不得采用之。"对于他人的非法侵夺行为，占有人拥有使用暴力保护占有的权利，或通过驱逐、追捕等行为来追回被他人侵夺的物。当然，这种自助行为必须当场进行，同时这种暴力行为必须以保护占有所需的必要程度为限，不能超过必要限度。这与《刑法》正当防卫的规定是相对应的，只不过这种基于占有的自我救济是一种民事自助行为。占有人依法拥有保护占有的权利，这种保护是依靠自己的行为，而且可以使用暴力，这就赋予了占有人极大的自我救助权利。

第二，公力救济。1804年《法国民法典》并没有对占有保护进行实质性规定，直到1975年才在法典的最后部分补充了这么一条（第2282条）："不论权利的实质如何，占有均受保护，使之不受干扰与威胁。对占有的保护，同样给予持有人，使之免受其他任何人的干扰；使其所持有的权利的所有人除外。"添加该条使得《法国民法典》有关占有的规定更为直接，即不论占有的权利实质是什么，都应当给予保护。《瑞士民法典》第928条规定："占有因他人的非法行为受妨害时，占有人可对妨害人提起诉讼。即使妨害人主张其有权利，亦同。"诉讼，是一种最为常见的公力救助制度。占有之诉，原告不需要证明自己对占有物是否拥有所有权资格，或者证明自己是他物权主体，只要证明自己是物的原占有人，就具备了原告的主体资格。

五、占有时效取得制度

占有时效取得制度，是指占有符合了一定法定要件时，可以依法取得对该物的所有权。法国对占有时效取得制度作出了详细的规定，《法国民法典》第 2229 条规定："为因时效而取得所有权，必须以所有人的名义持续地并不中断地、无争议地、公开地、明确地占有。"占有是时效取得的前提，但是不是任何的占有都可以转变为所有权，而只能推定为所有权，推定的所有权并不是法律上的所有权。占有转变为法律上的所有权，必须具备如下法定要件：一是，必须有占有存在，主体对物实际控制，没有这种占有事实就不可能产生时效取得所有权。二是，占有必须是自主占有，不是他主的间接占有。即占有人是以自主占有的名义占有物的，占有人向外宣称自己是所有权主体，而不是以间接占有而为外人所知。基于此，以承租人、受托人、用益权人及其他间接占有人的身份而占有的，就不可能依时效而取得所有权。需要明确的一点是，《法国民法典》第2230 条规定："占有人在任何时候均应推定以所有人名义为自己占有，但如证明其开始占有即为他人占有则不在此限。"这条是关于占有人身份的法律推定的规定，首先要推定占有人就是所有权人，但是如果有相反证明的除外，或者占有人一开始就是为他人占有的，就推定为非自主占有，这种非自主占有不能因时效而取得所有权。三是，占有必须是不间断地进行，占有是持续不断的，其间没有中断。四是，占有必须是公开的，如果是隐秘的占有，则不能构成时效取得。五是，占有必须是毫无争议的，没有人对占有持有权利主张。六是，要经过法定的时效期限。一般时效是 30 年，特别情形下要经过 20 年或 10 年。七是，必须是和平地占有。《法国民法典》第 2283 条规定："暴力行为亦不得据以成立主张时效的占有。有效的占有，仅自暴力行为停止时开始。"暴力占有不能取得所有权，否则就会助长暴力争夺。因此，为他人占有、暴力占有、时效中断的占有、隐秘的占有、有争议的占有、没有经过法定期限的占有，这些情形只要有一项存在，就不符合因时效而成立的占有取得。

六、占有制度的价值整合

占有是一种民事制度。民事占有制度的立法目的，是保护占有和稳定社会秩序。作为一种民事制度，占有具有以下内容：

第一，对占有事实状态的保护，更便于对物权的保护。事实占有，实际上可能是有权占有，也可能是无权占有。占有主要有两种法定情形：一是事实占有，就是感官上能够体验到的占有，即占有状态；二是有权占有，它是基于一种原权的占有，如基于所有权的占有，或者基于契约的占有。前者一般都是实际占有，而后者可能是实际占有，也可能是间接占有。对于占有的属性，学界有多种不同的学理界定，有状态说、权利推定说和权利保护说等观点。但是，不论是有权占有，还是事实占有，民法占有制度上的占有都只是对事实占有的一种规制，而不论该占有是否是有权占有。

第二，占有的权利推定，是对人的尊重。对于事实占有，一般都首先推定为有权占有。只要存在现实的占有，法律就必须推定该占有是有权占有，法律要保护这一事实占有，而如果有人未经占有者同意而强行改变这一占有，法律就要保护事实占有，除非提出占有改变的人能够证明他就是有权占有的。占有是建立在占有权利推定理论上的，除非确实存在一种情形，即该占有可能确实是一种非法占有。但是在对事实占有提出异议之前，法律必须将该占有作为一种有权占有予以对待和保护。

第三，占有保护，是对所有类型的物权的总体保护。占有保护是一种最为一般的物权保护制度。占有是一切物权的外在表征，对占有的保护，就是对一切物权的保护，而不问该占有是何种类的物权。占有是独立于所有权、担保物权、用益物权的一种民事权利制度。但是，占有并不是一种独立的物权。如果有人侵占了或侵害了其占有物，那么占有人依法有权提起占有侵占之诉或损害赔偿之诉。这种基于占有的诉讼是占有之诉而非所有权之诉。占有诉讼原告的举证责任与所有权诉讼相比就简单多了。只要某人实际上占有了某物，那么这一占有事实就是占有受到法律保护的全部法律要件，占有人无须证明自己是该占有的所有权人或用益物权人、担保物权人等，这有利于对占有的保护。占有人有时要证明自己拥有所有权或其他物权是非常困难的，甚至不能证明自己是物的主人。例如，某人从另一人手里购买了一台机器，但没有书面手续，而卖方也不愿意出面证明这一事实，如果按照传统的所有权诉讼证明要求，那么这个占有者可能就会因为不能证明自己拥有所有权而败诉。如果应用占有保护制度，那他就省去了对所有权的举证责任，诉讼也就简便得多了。如果有人对现占有提出异议，主张他才是真正的物主，那么他可以提起诉讼，但他必须对此主张承担举证责任，而不是让现占有人负担举证责任。

第四，占有保护的异议制度，弥补了占有推定的缺陷。只要是事实上占有某物，法律就首先认为这是一种受到法律保护的占有，至于事实上到底是否有权占有，则属于另外一个法律问题。

如果有人对该占有持有异议，认为这是无权占有，那么这个异议者就必须经过法定程序进行占有的权利确认，可以通过诉讼等程序来主张占有返还，而不能直接从占有人那里强制取回。总之，只要是占有，就会受到像所有权人占有一样的法律保护。占有制度能够对所有类型的物权进行有效全面保护，其根本宗旨就是对占有秩序的维护。它与所有权的保护不同，这主要表现在两个方面：一是，是否需要权利的证明，所有权的保护需要有所有权的相关证据，而占有保护则不需要权利的证明；二是，举证责任不同，所有权的证明责任人是所有权本人，而占有之诉的证明，提出占有异议和返还占有之诉的人负有证明他本人是所有权人的举证责任。

七、我国《民法典》的占有制度

《民法通则》没有规定占有制度，《物权法》才第一次将占有作为与所有权、用益物权和担保物权并列的一种物权制度。在《物权法》之前，占有一直作为所有权的基本权能之一出现，理论上认为占有不是一种独立的物权，而只是所有权的一种权能。所有权的占有、使用、收益和处分四项权能，使用权能和收益权能从所有权中分离出来而成为一种单独的物权，即用益物权，处分权能从所有权中分离出来，而成为担保物权，因而物权制度就形成了三种基本物权构成的物权体系。占有作为所有权的首要权能，似乎没有单独从所有权中分离出来成为一个新型物权种类，可能是因为理论上认为单独的物之占有没有实际价值，而只有使用、收益与处分才是所有权的真正价值体现。

物权的设立、变更、终止，需要法定的公示方法，动产的公示方式是交付，而交付就是转移占有。我国《民法典》物权编的

第一分编第二章第二节专门规定了"动产交付",分别规定了一般交付和其他特殊交付方式,这在理论上分别称作实际转移占有、简易交付、指示交付、占有改定等。这些是交付的具体履行方式,都是转移动产的占有,而转移占有是动产物权的设立和转让生效的法定要件,这就是动产交付主义原则。《民法典》第224条规定:"动产物权的设立和转让,自交付时发生效力,但是法律另有规定的除外。"

尽管没有单独的占有物权种类,但是占有与用益物权和担保物权有着某种联系。换言之,要明确用益物权和担保物权的特征,就必须联系占有。用益物权必然会转移物的占有,否则无法对物进行使用与收益,所以用益物权必然包含着占有权能的转移,只是从字面上看用益物权仅包含使用和收益而没有占有。担保物权,是以物的价值保证债权实现的,而物的价值就是物的处分权,因而担保物权的实质就是处分担保物优先受偿权,只不过这种处分权是有条件的,即债权到期不能实现时才可享有这一处分权。一般抵押权的设立并不需要转移抵押物的占有,因为《民法典》第394条规定:"为担保债务的履行,债务人或者第三人不转移财产的占有,将该财产抵押给债权人的,债务人不履行到期债务或者发生当事人约定的实现抵押权的情形,债权人有权就该财产优先受偿。"然而,质权则必须转移占有,如果只是约定了质权而没有转移占有的,就不成立质权,因为《民法典》第425条规定:"为担保债务的履行,债务人或者第三人将其动产出质给债权人占有的,债务人不履行到期债务或者发生当事人约定的实现质权的情形,债权人有权就该动产优先受偿。"留置权的设立,也对留置物进行了特别的要求。《民法典》第447条规定:"债务人不履行到期债务,债权人可以留置已经合法占有的债务人的动产,并有权就该动产优先受偿。"留置权是法定的担保物权，它的成立要件是法定的，而非当事人约定的。留置权不仅要求债权人事先已经占有债务人的动产，还要求合法占有。

合同编也有占有的规定，例如，买卖合同是转移标的物所有权的合同，动产所有权的转移一般以交付标的物为准。不论动产或者不动产，其风险转移都以交付标的物为准，对此《民法典》第604条规定："标的物毁损、灭失的风险，在标的物交付之前由出卖人承担，交付之后由买受人承担，但是法律另有规定或者当事人另有约定的除外。"有的合同一般以交付标的物为合同成立的法定要件，例如，《民法典》第890条规定："保管合同自保管物交付时成立，但是当事人另有约定的除外。"一般的赠与合同，在交付赠与物之前可以撤销，这意味着赠与物交付之后就不能无条件撤销了；显然转移赠与物的占有，是撤销权消灭的法律事实。在大部分合同中，交付合同标的物，是合同的主要内容，而一旦负有交付义务的当事人不能到期交付标的物，就会导致多种法律后果。首先，不交付是一种违约行为，违约责任就会产生。其次，可能导致解除权。一般情况下，经过合理催促仍然不能交付的，另一方有权解除合同；如果逾期不能交付，致使合同主要目的不能达到的，就可以直接解除合同。同时，逾期不能交付标的物，可能导致抗辩权的产生。总之，交付即转移标的物的占有，是诸多合同的主要义务，是否能够履行交付义务涉及合同基本目的实现问题，因而交付在合同制度中是一种重要的法律事实。

我国《民法典》把"占有"作为与所有权、用益物权和担保物权并列的一个"分编"，放在物权编的最后一个分编进行规定。占有分编，总共由五个条文构成，内容明显单一。该分编的首条，规定的是基于合同的占有，规定了有关合同占有的违约责任等。

第二条规定的是占有损害的赔偿责任，只规定了"恶意占有人应当承担赔偿责任"，而没有规定善意占有的任何赔偿责任。难道说善意占有人的故意或重大过失所致的损害也无须赔偿吗？这个问题令人困惑。第三条规定的是占有返还与必要费用给付，这在不当得利和无因管理规则中已经有所规定。第四条规定的是非权利人占有应当返还因占有物的毁损、灭失而产生的保险金、赔偿金或者补偿金等，恶意占有的还要赔偿损失未得到足够弥补的部分。前四条规定的是因占有的违约责任、损害赔偿责任、占有返还责任、占有物保险金等返还责任，这些规则都是基于占有的民事责任，这些责任实际属于合同制度、侵权制度的调整范围，也已经在以上制度中加以规定。本分编的最后一条，是占有制度中说得上是重量级的条文，《民法典》第 462 条规定："占有的不动产或者动产被侵占的，占有人有权请求返还原物；对妨害占有的行为，占有人有权请求排除妨害或者消除危险；因侵占或者妨害造成损害的，占有人有权依法请求损害赔偿。"这里集中规定了基于占有侵害的请求权，主要有三种请求权：占有返还请求权、占有排除妨害请求权和占有赔偿请求权。值得肯定的是，该条是明确以侵害占有而产生的请求权，而非基于所有权产生的请求权。换言之，只要是占有人就有权主张这三种请求权，而不论该占有是基于何种权利而占有的。这就免去了占有人证明自己是所有权人的举证责任，而只要证明自己是占有人就可享有提出返还占有、排除妨害或者赔偿损失的请求权。但是，该条规定的这三种请求权，在本章其他条文中已经有所规定，例如，第 460 条规定了占有返还责任，第 459、461 条规定了恶意占有人的赔偿损失责任。以上这五个条文是我国占有制度的所有内容，而这五个条文之间还存在重叠现象，实际上只有最后一个条文体现了占有制度的实质。总之，我国《民法典》的占有制度存在一些明显的不足，主要体现在以下几个方面：一是没有明确规定占有的权利推定规则，二是没有规定占有自力保护规则，三是没有规定占有异议诉讼规则，四是没有规定占有取得制度。以上这些规则，才是真正意义上的占有制度，而我国《民法典》都没有明确的规定，期待今后进一步完善。

本章小结

物权制度，是调整因物的归属与利用而产生的民事关系的规范系统。物权编作为我国《民法典》分则的首编，足见其在民法体系中的地位。物权是合同等大多债权产生的前提和归宿，是人作为人存在的基本权利，是财产权的主体内容。物权是民事主体作为物的权利人而对物所享有的支配权，其表象是人与物的关系，实质则是人与人之间因物的归属与利用而产生的民事权利义务关系。物权与债权相比的主要特征是：物权是一种绝对权利，其权利主体是特定的，而其义务主体是权利人之外的任何民事主体，该主体的义务是不得侵害物权，该义务是一种禁止性的不作为义务。

本章主要探讨了以下主要内容：物、物权的概念，物权制度的宗旨与体系，拾得物的归属与报酬制度，占有的概念、权利推定、占有保护、占有取得等基本问题。《民法典》对物权的种类、取得、保护等制度都作了系统的规定，形成了较为完善的物权制度体系。但仍有一些地方还需要补充完善，例如，拾得物、发现物的归属与报酬制度，占有的权利推定、占有保护、占有取得等制度。

第十章

合同撤销权专题

第一节　合同自由与效力的法理分析

一、契约的法理根基

广义上讲，契约是一种有一定约束力的自我、双方、多方或所有主体的承诺或相互的承诺。从大的方面来看，契约是人类为了结束战争、暴力，结束相互强制、争斗的野蛮状态，在相互妥协的基础上而缔结的，以求和平地承认权利与转让权利的文书。从个别契约到共同契约，人民将其权利转让给政府，政府行使权力的唯一目的是保护权利。这是近代自然法的核心要义，也是现代法治的精髓。人民把其权利上升到法律层面进行确认与保护，而法律也是共同契约的结果。狭义的契约，是私人之间订立的，其主体是复数，是互惠合作的主体。缔约方可能是人与人之间，也可能是人与神之间；而人与人之间，可能是双方，也可能是三方或多方，所有人之间的相互约定、相互承诺。一个人对他人的单方承诺；或双方、多方的相互承诺是我们现在所学的合同法意义上的契约概念，但仅限于财产或经济方面的合同。

西方的神法来源于人法，人法是神法的旨归。法国大革命的最大成果，就是提出了自由、平等、博爱等资产阶级法律理念。契约是相互承诺，是一种在平等基础上的相互承诺。这种承诺是自愿的，它体现着对人的平等的尊重，是人的自由意志的体现。契约是一种大智慧，是人摆脱野蛮状态的一种高智商活动，其目的是摆脱战争、无政府主义的自然状态，进化到法治文明状态。社会契约的根本是，国家、法律和政府都建立于所有人共同同意的约定上，而不是强权的压迫工具，法律的契约性就是法律是每个人自己的法，是保护自己利益的公器。法律是人自己的创造物，是人创造了法律，而非法律创造了人，法律是人的理性产物，是人区别于野蛮动物的精神产品。

契约是人类文明之开始，它是人类开始脱离自然属性而进入到文明状态的一个标志。契约之前，人类解决争端的方法是暴力，暴力是一种自然状态下的普遍现象，强者对弱者的压迫和弱者的反抗是此状态下人的基本生存状况，这就是所谓的丛林法则，物竞天择、适者生存、优胜劣汰，强者命令和弱者服从就是基本法则。契约自然法理论，把法律、政府与国家产生的合理性建立于共同契约基础上，把每个人的立法权、裁判权与执法权交给共同的权威，构建法律共同体，建立国家、组成政府、制定法律，来保护每个人的生命、财产和交易权，因而社会契约的原初目的就是保护个人权利免于侵害。社会契约的基本精神，就是尊重人的基本自然权利，反对暴力强制。霍布斯把和平视为契约的最高法则，因而和平也就成了法治追求的最高境界。人区别并高于动物的本质，就是人拥有理性，而契约是人类理性的一种显现与明证。

人与人之间一旦发生冲突，只有两种解决途径——暴力和协商，显然后者是一种文明的方法。有了契约理念以后，人与人之间的生存关系发生了根本变化，每个人都要尊重他人的独立人格和基本权利，尤其要尊重他人的物权。物是人生存的基本要件，人的需要与满足仅依靠自己是不行的，还需要他人之物。人们之间的相互需要与满足，在契约产生以前主要是依靠争斗来进行的，而在契约出现之后，人们开始平等、自愿、和平地进行物的交换。

契约的基本精神，就是相互尊重他人为人。这曾经被称作互惠理论，即平等互利。契约的平等、自愿、诚实守信、公平交换等基本理念，都是从互惠精神中引发而来的，互惠也意味着反对暴力、特权、压迫、欺诈、不公。互惠的本质是人格与权利的相互承认，承认就是尊重对方的人格尊严与人格独立，而且这种承认必须是相互的而非单向的。契约订立的前提，就是当事人双方都把对方视为拥有完全自主权利的平等主体，相互承认对方是其物的权利主体。只有相互承认对方是拥有平等地位的权利主体，契约的订立才是双方都完全自愿的。契约的内容就是权利的相互交换，相互承认保证了交换是双方协商的自愿行为，契约一旦成立生效，双方都要按照契约来履行义务，任何一方都不能擅自单方违反合同，这就是合同的效力，是契约恪守的原则。契约就相当于当事人之间订立的法律，具有法律上的强制性，任何一方不履行合同，另一方就有权要求依法强制对方来履行合同义务并承担违约责任。今天人们把合同自愿与合同必守称为契约精神，这种契约精神是自由与责任的统一，折射出契约制度的灵魂。

我国把契约统称为合同。一般来讲，当谈到合同精神时，人们会把合同称作契约，把合同精神称作契约精神，而谈到具体合同时，又把契约称作合同。由此看来，契约是一种抽象概念，而合同偏向于具体的概念。我国现在奉行的是基于公有制为主体的社会主义市场经济模式，市场主体之间相互需要与满足主要是通过合同关系来进行的。市场行为主要是交换行为，商品交换是最为普遍的市场经济现象。市场经济应是法治经济，因为合同行为是市场中的基本行为，这种最为普遍的市场行为需要普遍有效的规则来规范。当今的市场经济不是早期的自由放任的经济，合同行为不再是完全没有限制的私人行为。合同的内容、形式、订立、成立、效力、变更、转让、担保、履行、解除、违约等行为，都需要系统的法律进行全面规制。合同行为只有经过合同制度的有效调整，才能够为市场提供稳妥的交换平台，塑造出良好的合同整体运行环境与秩序。

二、合同自由精神及其限制

合同的订立遵守的基本原则是自愿。自愿就是意志自由，因而契约自由就是契约的基本精神，其本质就是私事自治。自由本身包含多层含义，主要包括自我决定、自我选择、自我负责，因而自由不仅指自愿，还意味着责任。合同自由是指契约的订立是基于双方当事人的自愿平等协商，平等自愿就是合同自由的本质内涵。合同自由精神，是对等级专制的否定，是现代法治形成的根基，正如梅因在其《古代法》中总结的，人类的历史就是从身份到契约的演进历程。

自由是有限度的，合同自由也是如此。早期资本主义所奉行的是合同绝对自由原则，当今已经受到诸多方面的限制。合同自由限定在不得危害他人与社会公共道德秩序的范围之内，超出这个范围就没有了契约自由，因而自由绝不是为所欲为的任性。只有在没有对他人造成伤害或受到法律禁止的前提下，个人才拥有自己的自由。因此，现代契约法大多都明文规定，那些违反法律强制性规定、违反社会公共道德的契约，那些约定免除一方当事人故意伤害责任的契约条款，都是无效的。这种无效是国家干预力的体现，之所以国家要强制干预这些合同的效力，是因为这些合同违反了国家利益或者社会公共利益，国家不会承认和保护这种有害的契约行为。而且，无效的合同，也往往是国家要进行行政或者刑事处罚的行为，如买卖毒品的合同、赌博合同等。在当今的市场经济模式下，合同自由是基本的市场法则，同时合同自由以不危害国家利益、扰乱社会经济整体秩序与社会公共风俗为限。现代合同法律制度，承担着两个方面的使命：一是维护合同自由，二是维护市场经济秩序和社会秩序。一方面，合同法律制度要为市场提供竞争规则、交换规则，促进权利实现、义务履行。另一方面，合同法律制度要防止违背公共道德与违反法律的合同行为，为市场提供一个公平交换的规则框架，塑造自由、平等、公平、有序的市场经济环境。

合同法律制度与其他法律制度的区别，就在于其内在的特殊规定性。一个事物区别于他事物的本质属性，就在于其内在的功能与目的，人与动物的区别，在于人能够思维与精神创造，人是理性运动者。合同法律制度是规范契约行为、维护契约秩序的法律制度；而物权法律制度是规定物的归属和利用的法律，侵权责任法律制度是规定侵权行为构成与责任承担的法律。我国现有的经济运行模式是社会主义市场经济，合同法律制度与《反不正当竞争法》《反垄断法》等法律制度共同构成社会主义市场经济所需要的法治体系。合同法律制度的基本任务主要表现为以下方面：规范合同行为，调整合同关系，维护当事人的合同利益，维护社会主义市场经济秩序，促进社会主义现代化建设。我国合同法律制度的根本宗旨就是维护合同自由权利，维护社会主义市场经济与社会秩序，弘扬社会主义核心价值观。平等、自愿、诚信、公平等是合同行为所必须遵循的基本原则，违反这些原则，就可能导致合同的效力瑕疵。

三、合同效力与撤销权

合同效力指合同是否得到法律上的承认与保护，它体现着合同自由与国家干预力之间的平衡。合同效力，主要有有效、无效、效力待定和可撤销四种情形。合同经过当事人双方或多方平等自愿协商，就合同权利义务内容达成一致，承诺生效时就成立了，合同成立时合同就生效了，但是如果依照约定或法定要求必须满足其他条件或经过其他程序才能生效的除外。生效与有效并不是一回事，这在民事法律行为专题中已经谈过，而生效的合同也可能存在效力问题，没有生效的合同也可能将来生效，而有的合同永远都不会有效。《民法典》合同编没有统一规定合同有效的法定要件，也没有详细系统地规定合同的无效、效力待定和可撤销，而是规定了一条"适用"条款，"本编对合同的效力没有规定的，适用本法第一编第六章的有关规定"。这种行文的依据是为了避免法典的前后重复，因为合同就是民事法律行为的一个种类，而且是最重要、最普遍、最典型的民事法律行为。总则中民事法律行为一章，对民事法律行为的效力进行了全面规定，尤其是对民事法律行为的无效、效力待定都规定得较为详细，而对民事法律行为的可撤销情形规定得极为简练，只是规定了"基于重大误解实施的民事法律行为""一方以欺诈手段"和"一方或者第三人以胁迫手段""使对方在违背真实意思的情况下实施的民事法律行为""一方利用对方处于危困状态、缺乏判断能力等情形，致使民事法

律行为成立时显失公平的"等四种情形，受损害方"有权请求人
民法院或者仲裁机构予以撤销"。这些就是《民法典》民事法律行
为可撤销规则的主要内容，也是合同可撤销的法定规则。但是，
没有规定重大误解、欺诈、胁迫、显失公平的具体构成要件，这
就给具体认定适用这些规则带来了不确定性。因此，对撤销权进
行探讨就显得很有必要。

四、撤销权的概念、特征与法理依据

合同的撤销权，是基于某些法定原因，法律赋予一方当事人
依照一定的法定程序使业已成立有效的合同效力归于消灭的权利。
我国多种法律中都有撤销或撤销权的规定。《民法典》总则和分则
的具体民事制度中也都有不同性质的"撤销权"，民事法律行为效
力制度中有因合同签订过程中意思瑕疵等法定情形而导致的撤销
权，合同保全制度中有债权人对债务人放弃债权等行为的撤销权，
婚姻法律制度中也有婚姻撤销权等规定。狭义的撤销权是指《民
法典》总则中规定的民事法律行为的可撤销权，它是由意思表示
不真实或内容显失公平所导致的。

可撤销合同的主要特征有：其一，合同已经生效，是依法成
立有效的合同。其二，合同是可撤销的。一般的合同生效后是不
允许撤销的，这是合同效力所决定的，但是可撤销的合同是法律
赋予当事人一方有权依法撤销该合同的效力。其三，合同可撤销
的原因是法定的。必须是基于当事人一方的重大误解、欺诈、胁
迫所订立的合同或者内容显失公平的合同，只有这些原因才能产
生撤销权。其四，合同撤销之前仍然是有效的，如果有撤销权一
方当事人不行使撤销权，那么这一合同就必须得以履行，否则就
构成违约。其五，合同效力的撤销与否，由受害一方当事人决定。

受害当事人拥有选择决定权，也可以放弃撤销权，体现着当事人意思自治原则，国家不主权干预合同效力。其六，撤销权是一种特殊的形成权，是必须通过法院或者仲裁机构才能使合同效力消灭的权利，而非单方意思表示，一旦作出并通知对方就立即产生某种法律后果的权利。其七，撤销权是法定的权利，而非约定的，而且必须在法定期限内行使，超过期限该撤销权就消灭。

撤销权的核心问题是合同撤销权的产生原因及该权利行使时所可能导致的风险承担。撤销权规则的合理性问题，历来是大陆法系和英美法系司法实践和理论学家争论不休的热点问题，这是因为除了各国的历史变迁、文化、习惯各具特色外，合同撤销权本身就是诸多矛盾的混合体：合同自由与国家干预，合同严守与合同正义，合同信赖与合同欺诈之间的矛盾。可撤销制度的内容不限于合同效力问题，还涉及其他诸多法律规则，如默示条款、合同解释、信赖损失、举证责任、法官审判能力等。

英美法上的合同撤销权，主要是由衡平法院确立的撤销权规则，具有复杂、丰富、变化大的特点。英国合同撤销权规则主要是通过典型判例所确立的规则总结性论述来体现的，著名法学家总结的规则也同样具有相当于法律的效力，学者通过著作论述所总结的理论规则对法官判案具有很强的影响力。但是，英国合同撤销权规则具有很大的不确立性，推翻"先例"也是常有的，因为法官在合同撤销权规则上拥有很大的自由裁量权。因此，英国合同法规则有一套独具特色且内容丰富的规则体，这些规则体又具有二元性，即普通法上与衡平法上的规则体。普通法上的规则主要遵从"合同严守"的古老规则，合同撤销权规则比较机械严格，有些判决结果反而会造成新的不公平。衡平法院采用的是一种更具灵活的规则，而英国撤销权规则主要是衡平法上的一种救济。

大陆法系国家，法国、德国、意大利等国主要通过成文法来对撤销权进行规制，其特点是规则性和程序性强，充满了理性色彩。我国《民法通则》关于合同撤销权的规定适用面狭窄，后来的《合同法》拓展了撤销权的适用范围，现行《民法典》基本上继承《合同法》的基本内容。我国改革开放初期，合同法规还不完善，市场经济体制也相当不健全，合同欺诈行为曾经盛行多年，有些合同本属于可撤销的也都一律规定为无效的合同，受欺诈当事人本来不愿意撤销的，也都被有关机关作为无效合同裁判认定。因此，合同撤销权规则必须细化，正如英国法学家梅特兰所云：正义必须呈现出生动形象的外表，否则人们就看不见她。规制合同撤销权，首要的问题就是要明确合同法律制度的目的，要明确通过合同撤销权的规制达到什么样一种理想境界。撤销权规则，既要体现公平、正义、诚信，又要防止滥用撤销权的规则漏洞，以促进构建一个合理高效的合同运行秩序。当然，建立理想的合同秩序，仅靠撤销权规则的完善是远远不够的，还需要《反不正当竞争法》《消费者权益保护法》和《价格法》等法律法规相互配合。

合同撤销权制度背后蕴含着一定的法理依据，撤销权的产生是基于合同意思表示的不真实或不公平，撤销权设置的目的是维护当事人的合法权利与社会整体合同秩序，维护社会主义公平正义理念，体现着个人私权自治与国家干预力之间的平衡。

第一，合意上的瑕疵，是撤销权存在的直接根据。合意是合同成立有效的基本前提。合同是双方当事人的两个意思表示达到一致，是双方意志的共同体现，由双方具有相对性的意思表示构成，是双方在权利义务上的相互妥协。如果双方形成合意，合同自然成立，当事人也就必须受其约束，这是显而易见的。问题在于，表面上双方形成了"合意"，甚至双方都真诚地认为合意已经形成，本认为合同是有效力的，而实际上基于某种原因双方合意根本没有形成，如一方当事人错误地理解了合同某条款并因此作出了违背自己真实意思的错误表示。这时本质上双方仍未达成"合意"，而这种意思表示错误可能在履行中才发现。合同在表面上显然是有效的，若合同继续履行，那么这不仅对合同一方当事人毫无益处，反而会继续加大其损失，如定购大型机器型号错误，这时如用合同可变更或可撤销来替代履行，那么这可能使错误方的损失大大降低。

意思表示瑕疵，可能是合同某一方当事人的意思表示错误，也可能是出于某些法定原因所依法作出的客观认定。如果合同是在胁迫或欺诈下订立的，那么就无须去探究合同当事人意思表示是否存在瑕疵，受胁迫、欺诈的一方当事人都可以享有合同的撤销权。因为胁迫、欺诈本身就是侵犯合同一方当事人缔结合同的选择自由权。由此看出，合意的前提是每个当事人的合同自由权，"至少可以说合同自由的思想包括两个紧密相连且并非截然不同的方面，第一，它强调合同基于双方意思；第二，强调合同的产生是自由选择的结果，没有外部妨碍"①。

第二，维护公平正义，是撤销权的道德依据。合同的基本规则是意思自治、合同自由及合同必守。西方国家19世纪把合同自由原则奉为神圣的"金律"，意图摆脱国家权力的专制干预。这时期的合同自由就是正义的全部，是最大的公正，这种完全自由的正义被视为合同程序正义或形式正义。到了20世纪，随着放任自

① P. S. 阿狄亚：《合同法导论》，赵旭东等译，法律出版社，2002，第19页。

由的市场经济的弊端日益严重，西方开始从坚守合同程序正义逐渐转向寻求实质上的正义。

公平正义是法律的灵魂，也是合同制度必须遵循的道德根基。严重违反公正的合同，自然不应该得到法律的完全保护。合同撤销权制度的设置目的是国家在尊重当事人意愿的基础上赋予当事人决定是否撤销合同效力的权利，也是国家对合同缔结中不公正情形进行适度干预的一种态度。撤销权是法律赋予当事人的一项"补救"权利，而非当事人合同约定的权利。胁迫、欺诈属于合同缔结程序性不公正因素，而重大误解则属于实体性不公平因素。如果法律仍对此类合同以绝对保护，坚持"合同必守"原则而不允许受害者撤销合同的话，那就势必有损于法律"正义"之圣洁，也有损于一方当事人的正当利益，达不到其订立合同的真正目的，对社会也是一种资源浪费。合同的效力问题，反映着国家对合同自由的一种公力干预，根本目的是维护公正道义和社会和谐秩序，而合同撤销权制度，则是对由于欺诈等违反基本道德法则或正义理念的行为的一种有条件的否定。

市场经济是竞争性经济，竞争是以和平方式进行斗争，而各竞争主体之间通过合同，进行交换而获取自己的最大利润。法律之所以要对合同效力进行详尽规定，是因为市场经济本身就带有许多副作用，根本问题在于市场主体为追逐最大利益而往往不顾社会道义，甚至公然践踏社会公德。尽管市场经济主体大多数是善良之士，但必然还有相当一部分并不完全遵守社会道义，这就要求法律对合同行为的道德性进行规范，"如果每个人都是道德的，法律就没有存在的必要"，正是基于"性恶论"这一基本假定，法律对合同进行规制才有了必要前提。人们曾经误认为，道德与法律无关，合同没有道德性，因而认为合同只要不违反法律，那么就是有效的。这种纯粹法律理论被认为是真正的法律，《合同法》也与道德没有任何关系，甚至一些人将这种法治称为真正的现代法治。这种理论导致合同欺诈等现象泛滥，这在国内外都曾出现过。其实，我国自古就崇尚道德，"君子爱财，取之有道"，但"有道"也常被"坑、蒙、拐、骗"之"士"用来为其不义之财辩解。我国《民法典》将因欺诈等严重违反道德的合同确定为可撤销的合同，而将违反公序良俗的合同规定为无效的合同。这就为维护社会公共道德、社会公共秩序，以及维护与弘扬社会主义核心价值观提供了法律保障。

第三，自由与干预的平衡，是撤销权的法理依据。合同效力问题，反映出国家意志与个体自由之间的一种平衡。每个国家都会对个人行为自由进行必要的干预，干预必须具有相应的合理依据，并且干预要适度，还要依法干预。合同效力本质上是国家意志的体现，是国家对何种合同进行保护或者不予保护的一种态度。任何一种法都是国家意志的体现，尤其是强制性规范的法更为突出。但是，合同制度中大部分规范是任意性规范，具体合同内容、方式、形式等都交给合同当事人去设定。合同本身是民事主体之间的私事，针对私事国家一般不进行直接干预，而是由当事人自行安排处理，这就是资本主义早期所奉行的合同自由原则。这种绝对自由的合同理念已经不适合当今社会的发展，现代国家对合同自由都奉行适度干预政策。

合同撤销权规则，是国家意志与当事人意志的结合，在什么样情况下合同可撤销，在撤销权行使的法定期间怎样确认撤销权的程序，以及合同撤销权确认成立后怎样分配风险，都是国家意志的体现，当事人必须遵从。是否行使撤销权，则是由当事人自己自愿决定的，国家不主动撤销合同效力。撤销权法定情形和行使撤销权后的风险承担，是撤销权规则的核心问题，而这两个问题又是由国家来规定的，是国家意志的体现，即使在当事人行使撤销权时还得由国家的代表者法官来认定。因此，从撤销权规则的整体上看，当事人拥有的撤销权范围是很狭窄的，也是很被动的。这主要来自国家的干预，意图对合同撤销权进行必要的控制，但关键问题是控制的程度，怎样使国家意志与当事人自由权利适当地结合起来，真正使法律规则具有导航功能。法律已告知人们，在缔结合同之前就清楚什么样情况下会导致合同的撤销以及相应的风险。

综上所述，撤销权规则既涉及合同的效力认定问题，又涉及撤销权构成规则和撤销权风险分配规则及其他救济规则。撤销权规则不仅应包括实体性规范问题，还应充分考虑诉讼程序问题，如举证责任分配规则。

第二节　合同错误撤销权

一、英国的合同错误分类与救济

英国合同法上的错误，没有统一的法律规范，也没有统一的概念。有人认为，错误就是当事人对合同所依赖的客观条件发生了错误的认识，"所谓错误，乃一方或双方因对订定契约之客观条件有所误解而订立契约"[①]。也有人认为，错误是因为当事人对契约条款的一种误解而签订了合同，"合同法上的错误是指在签订合

---

① 杨桢：《英美契约法论》，北京大学出版社，1997，第195页。

同的过程中，一方或者双方当事人对订立合同的客观条件产生误解，并依此误解签订了合同"。但是，并非所有的错误认识都能够影响到合同的效力，对此英国的合同错误在理论上做了不同的分类。

（一）合同错误的分类

1. 无效力的错误和有效力的错误

这是以错误对合同效力的影响为标准，对合同错误进行的一种分类。其一，无效力的错误，又称无影响力的错误，它一般是指：一方当事人对合同事实产生了错误认识，但与对方当事人的语言和行为无关；一方当事人虽然产生了错误，但没有依据该错误而作出许诺或者承诺，因而也就不能引起合同的可撤销。其二，有效力的错误，又称有影响力的错误。可导致合同撤销权的错误，必须具备一定的条件，首要的条件是当事人的错误必须是如此严重，主要涉及合同标的物存在与否等有关合同的根基问题；其次是当事人对合同的错误理解足以影响到双方当事人之间真实协议的存在。只有同时具备了以上两个条件，才有可能引起请求撤销合同的效力，因而在理论上被称作有效力的错误，即能够产生合同可撤销权的错误。有效力的错误，其前提是存在真实的协议，其根本原因是双方在重要问题上出现了同样的错误认识，其程序原因是这些错误在普通法院不能得到相应的救济。因此，这里有效力的错误主要是指衡平法上能够得以救济的。

2. 使协议无效力的错误和否定达成协议的错误

一是使协议无效力的错误，这是一种可撤销的错误。这里的无效，不是根本无效，而是当事人有权请求法院宣告为无效，而并非当然就无效的那种情形。在没有请求并由法院宣告为无效之前，此协议还是有效的，这相当于我国的合同可撤销。二是否定达成协议的错误，这是一种证明合同根本没有成立的错误。这种错误必须达到一定的程度，并且该错误必须达到如此严重的程度，以至于它阻止了双方当事人达成协议，或者造成双方当事人之间根本没有达成协议。此错误证明，在法律上就是根本没有生效的那种情形，也说明双方当事人根本没有共同的意思表示，合同就根本没有真正的形成，因而这种错误使合同双方的合意根本就不存在。缺少双方合意的合同，显然没有形成合同根基，因而可以说合同根本就不存在，尽管表面上订立了合同。

3. 共同错误、相互错误与单方错误

这是目前英国法学界普通接受的分类，也是合同实践中得以普遍应用的错误规则。第一，共同错误。这是指合同双方当事人在订立合同时对合同的客观条件发生同样的错误。双方表面上达成了协议，但是实际上双方当事人根本没有达到真正的合意。如合同标的物订立合同时已经不存在，但双方都不知道该真实情况，而是都误认为该标的物仍然存在。例如，订立合同时，因为大火而导致标的灭失，以至于合同的共同根基已经失去，但订立合同时双方对此都不知晓。第二，相互错误。这是指合同双方当事人在签订合同时，对合同的重要因素都产生了错误，但错误的内容并不是相同的内容。典型的案例是著名的史密斯诉休斯案（Smith v. Hughes），此案中的双方当事人都对合同标的产生了错误认识，但两者的错误并不相同，一方当事人认为合同标的物是小麦，而另一方当事人认为是燕麦。这样的错误使得双方订立的合同没有了效力，因为相互错误与共同错误一样都是缺乏合同根基的情形，双方所想达到的目的都根本不能够实现，因而订立合同时就失去了共同的合同根基，这样的合同对双方当事人都没有任何意义，因而是可以请求法院宣告无效的。第三，单方错误。这是当事人一方对合同交易的客观条件发生了错误的认识，而对方并没有犯下如此错误。这种错误只是单方的，该错误必须是发生在合同签订时，而且是对合同内容所产生的错误认识。这种错误在英国早期是根本不能影响到合同的效力的，因而也不允许当事人撤销合同。后来，单方错误也可以撤销合同，但必须符合一个要件，即此错误的发生是由对方所引起的。当一方当事人对合同内容发生错误的认识时，如果对方知道或应当知道该方当事人的错误，却表示沉默，即应指出却不道德地保持沉默，而由于对方的不当沉默导致了错误认识一方当事人订立了合同，这样的错误就构成了法律上有效力的错误，该合同可撤销。由此看来，英国合同法上的单方错误，必须与对方当事人的不当行为有必然的因果关联，才构成影响到合同效力的错误。若与对方无任何联系，如对方不知道或不应当知道该错误，那么这种纯粹的单方合同错误则不影响合同的效力。可见，英国合同法上的单方错误构成，往往是与虚假陈述规则相交叉的，因为沉默在英国合同法上也可构成虚假陈述。

（二）错误在衡平法上的救济

错误在英国普通法上的救济是相当严格的，因而对错误的救济往往救助于衡平法。这里要注意的是，英国普通法院是依据传统的判例法来判案的，遵从先例是其法律适用的基本规则，凡是先例没有的案子就无法得到救济。错误在衡平法上的救济规则较灵活且具多样化，衡平法院并不是死板地遵从先例，而是依据公平正义法则来对案件进行裁判，它注重寻求当事人之间利益上的平衡，当然衡平法院会从公平、合理、可行等综合因素对案件进行全面考虑。衡平法院对错误所致的合同，不只是作出撤销合同的决定，而是会采取多种手段，以使公平与效率达到更好的契合，法院主要会作出如下决定：拒绝签发履行令、有条件地撤销合同、改正合同。

1. 拒绝签发特定履行令

发布履行令是衡平法上特有的一种救济方式。衡平法院在签发此令时，会较全面地考虑错误的性质等多重因素。法院拒绝发布履行令的最关键前提是，申请者自身必须是清白的。所谓自身清白，就是自己没有过错，即错误不是自己造成的，或者说，错误是与自己无关的。所谓的自身不清白，主要有以下两种：一是错误是原告自己造成的，原告本应对自己的错误承担责任；二是原告明知被告签订合同时出现了错误，包括知道和应该知道，其理由是如果允许原告在明知被告的错误仍故意利用这一错误，显然是不合良心的。另外，如果发布履行令将对被告造成过分的损害时，法院也会拒绝签发执行令，这主要是基于公平的考虑，以避免签发履行令会产生新的不公平。由此可见，法院拒签强制执行命令，主要突出了公平、正义价值的衡量，衡平法院对于向其申请发放执行命令的原告，可能会因为其自身不洁或者对对方严惩不利而致使法院拒绝其请求。只有在原告自身是清白的，衡平法院才有可能接受其申请签发执行令。

2. 有条件地撤销合同

这主要是针对双方共同错误的情形，且合同已经开始履行。只有符合了以上两个条件时，法院才可能允许撤销合同，但法院也会附加一定的条件来限制合同的撤销。一方面，原则上允许当事人撤销合同；另一方面，法院会提出一个合理的条件促使合同继续履行。法院会让合同另一方当事人对这两种方案进行选择。如果对方当事人选择了法院提出的这个条件让合同继续履行，则合同撤销权人就不得拒绝。但是，如若对方当事人拒绝了法院提出的那个条件，那么法院就会同意申请人撤销合同的诉求。法院提出的这个条件，就是纠正双方的共同错误来平衡双方利益，使双方重新处于公平的合同地位，回到双方原初的真实意思。正如著名的索莱诉布奇案（Solle v. Butcher），双方订立合同时都认为房子的租赁不受《租金控制法》的限制，结果双方都"真诚"地相信应以比市场租赁高得多的租金而达成"合意"。后来，原告发现该合同应受《租金控制法》限制，要求被告退还多付的租金，而被告却辩称，合同是基于双方共同错误签订，因而要求撤销合同。法院最后对该案裁判如下：双方均可撤销合同，但如租赁方即原告愿以被告诉中提高了的租金（因该房被告又进行了改进装修）继续租赁，被告则不得拒绝。可见，衡平法上的合同撤销权，是受法院和对方当事人的意志限制的，显然不是完全由合同撤销权人一方来决定的。这与完全依赖于合同撤销权人意志只能撤销合同的情况相比，具有更大的选择空间，具有显著的优越性：既体现尊重合同撤销权，又顾及对方当事人的利益；既体现公平原则，又避免已经履行的合同如撤销可能导致的浪费或不经济，这种浪费本身可能带来新的不公平。因此，两种方案的选择权，是"基于公平及正义原则，允许当事人之间撤销原定之契约，代之新契约条款，以规范双方当事人间新的权利义务关系"。"其宗旨乃在维护当事人之间公平也"①。提出具体的合理条件，对撤销权进行一定的限制，体现了原则性和灵活性的统一，也最大限度地使公平与效率达到统一。

3. 改正合同

改正合同是衡平法上对合同错误最直接的救济方式，它只适

① 杨桢：《英美契约法论》，北京大学出版社，1997，第214页。

用于合同书面条款中的书写错误等次要条款的错误。一般而言，请求法院改正合同的一方当事人负有一定的举证责任，他需要证明的情形主要有：（1）合同全部条款已成立；（2）存在次要条款与原口头协议不符，或存在明显错误。同时，他还要提供纠正错误的具体方案，能够使合同趋于公正，也好让法院衡量与同意该方案。另外，如果是单方错误，还必须加上一个条件，即对方当事人实际知道错误方当时犯了该错误。这里的实际知道包括三种情形：一是当事人事实上确实知道有关情况；二是当事人对明显的事实故意闭上眼睛，不去知道；三是当事人故意地或漫不经心地未像一个诚实和理性的人那样去询问和查询有关情况，只要他稍微查询了，就会发现事实真相，而他却没有查询。这三种情况，都是对方实际知道该错误的体现，包括应该且能够知晓。如果对方根本就不能知道该错误的真实情形，那就不能改正合同。改正合同除了是共同错误或对方实际知道该错误之外，该错误不是根本性错误，而只是次要错误，才允许改正。另外一个条件就是，合同标的尚未由善意第三人取得所有权，否则也不能产生改正合同的效力。只有同时具备以上条件时，法院才允许错误方改正错误的请求。改正合同并不产生新合同，只是对原合同的修复改正，并不产生新的权利义务关系。总之，这比单纯的撤销合同更具合理性和可操作性，具有较强的实践意义。

二、美国的合同错误规则

美国合同法源于英国合同法，同属于英美法系，但美国合同法又具有一些独特之处，尤其是《美国第二次合同法重述》具有成文法性质，再加上职业责任规则等与合同法并驾齐驱，成文法数量并不少。

（一）错误的定义

《美国第二次合同法重述》中的错误，是指当事人在合同赖以订立的基本假定方面发生的错误，这种错误只能是有关合同的实质性要件，即涉及合同根基才是合同法上的错误，如果不是涉及合同交易基础的事实错误，那就不属于合同法错误规则的调整范围。因此，美国合同法上的错误，是指合同当事人对构成他们之间交易基础的事实在认识上发生的错误。

（二）共同错误及其构成要件

共同错误，是指双方对交易基础的事实发生了共同错误。根据《美国第二次合同法重述》第 152 条的内容，构成共同错误的要件主要有：第一，该错误涉及了合同赖以订立的基本假定，涉及合同的基本内容；第二，该错误对双方交易有重大影响，是具有实质性的错误；第三，该错误所招致的风险没有事先约定。这是成文法意义上的规则，具有严格的构成要件，要件之间具有很强的逻辑性，是经验性总结。①

第一个要件，该错误必须是涉及构成交易基础的基本事实，即所谓的"基本假定"。该错误必须是实质性的，而不是随附性的。著名的土地案例就体现了这一规则，其中一个案例是：915 英亩土地比实际的面积数少 80 英亩，判决就认为该错误不是实质性的，不构成合同的有效错误，不能撤销合同；而另一案例中，土地转让合同约定的土地标的数额是 26.5 英亩，而实际上却是 16.5 英亩，法院就认定该错误是实质性的，构成了合同的基本假定上的错误，最终判决撤销该合同的效力。可见，合同基本假定上的错误，就是指该错误涉及交易基础的内容，且危及双方设立合同

① 　王军：《美国合同法》，中国政法大学出版社，1996，第 157 页。

的最初愿望。

第二个要件，该错误对双方交易有重大影响。这实际上涉及公平原则问题，因为双方如果履行该合同，那么该错误会使一方或各方当事人都付出不必要的额外代价，双方义务上的不平衡会导致利益上的不公平。这就是说，这一错误对双方的利益都有重大影响。但是，受不利影响的一方当事人，则必须证明这一错误使双方同意的履行互换变得不平衡，还要证明这种不平衡已经达到如此严重程度，以至于如果履行这种互换将对其是不公平的。这与我国、法国等国的显失公平具有类似之处，与国际商事合同通则中的重大利益失衡也很相似。可见，美国的错误制度与显失公平是紧密结合在一起的。一些案例表明，法院甚至认为，错误必须涉及交易标的存在或性质才能撤销合同的效力，而如果错误仅涉及标的特征、品质或其价值，但并不涉及标的是否存在，那么合同就依然有效。① 这一规则的目的，主要是维护合同效率原则，法院并不轻易判定业已有效的合同变成可撤销，以避免造成轻率毁约，以最大限度地挽救合同。

当然，非重大影响的错误不会被认定为可撤销的合同，但并非没有任何法律上的救济。非重大影响的错误，还有其他救济规则，如判决改正合同。著名的麦金尼斯案例中，一块土地的买卖双方在合同中错误地假定该土地的面积为 32.44 英亩，但实际上有 42 英亩。法官拒绝了卖方关于宣布合同无效的请求，代之以对计算上的错误加以纠正，令买方补足应付款额，以代替合同的撤销。这种救济方法，使公平与效率两大原则得到了最大限度的统合，而这样的处理方法后来也得到了其他法院的效仿。这一做法与英

---

① 王军：《美国合同法》，中国政法大学出版社，1996，第 163 页。

国的改正错误规则如出一辙，这既有其合理性的一面，又易于操作，能够照顾到合同各方的利益，因而确实是一种值得肯定的规则。

第三个要件，该错误所招致的风险没有事先约定。这是一个非常值得注意的要件。受到不利影响的错误一方当事人并没有事先承担这种错误的风险。《美国第二次合同法重述》列举了一方已经承担风险的情况：（1）一方依合同的规定承担了发生错误的风险。（2）合同一方对于错误所涉及的事实仅具有有限的知识，仍然贸然签订了合同。这种情况被称为自知无知而依然行事的冒昧行为，这种错误只能责任自负，而不能撤销合同效力。如果某人对某一客体的真实性缺乏相应知识，他虽未向专门机构咨询或鉴定，但已经意识到可能存在虚假仍然贸然订立合同，那么他就要承担一旦发生错误的风险，他就无权请求撤销合同，而不管有多么大的不利影响。在伍德诉博困顿案中，把实际价值700美元的钻石卖出，因卖出时认为是一块黄玉石，以1美元的售价卖出，但法院认为他属于自知无知，判决该合同仍然有效。这一案例虽然要求人们在交易时要特别谨慎，但这样的判决也确实有失公平，1美元与700美元显然属不公平，构成了重大失衡，法律本应予以救济。因此，《美国第二次合同法重述》第117条对此规则予以调整：错误的疏忽，不应使该方丧失因错误而撤销合同的权利，除非这种过失是非善意地行事以及未依照公平交易的合理标准行事。这一规则弥补了自知无知规则的不足，具有很强的合同实践意义。（3）法院鉴于案件的情况，认为让该方承担风险是合理的。这是常见的一种风险规则，也是英美法的共同传统，法官拥有很大的自由裁量权，法官是慈善和正义的公正裁判者象征，法官有权本着良心创新规则。法官在处理这方面的案件时，有权依据其本人的正义、公正价值观，对具体情况进行具体分析并作出裁判。这有其好的一面，但也往往造成新的不公平。

（三）单方错误合同救济规则

这一规则与英国合同法上的规定基本一致。一般的单方错误，不构成合同无效的理由。例外有：（1）如果一方的错误是由对方造成的；（2）另一方在订立合同的同时意识到了错误方的错误，却保持沉默。可见，可救济的单方错误，都必须与合同对方当事人的某种过错情况有因果关系或者对方当事人滥用了错误方的错误。

总之，英美两国的错误撤销权规则，都把错误分为双方错误与共同错误。单方错误必须是涉及合同根基的、与对方沉默等有关的、影响到当事人重大利益的，才允许得到法律上的救济，而法院会依据不同情况作出不同的裁判。

大陆法系国家或地区对错误构成规则做了成文法规定，形式上具有极强的确定性，但不足之处在于法条概括性极强，实践中具体的合同错误千变万化，因而简明、精练的法条操作起来具有诸多不确定性。

三、《德国民法典》中的错误构成规则

《德国民法典》第 119 条从两个方面对错误规则进行了规制：（1）表意人所作意思表示的内容错误或者表意人根本无意作出此种内容的意思表示。如果表意人知悉情形并合理地考虑其情况后，即不会作出此项意思表示，则表意人可以撤销该意思表示。（2）交易中认为很重要的有关人的资格或者物的性质的错误，被视为意思表示内容的错误。

从该法条可以看出，《德国民法典》将构成撤销权原因的错误

分成两类：一是意思表示的内容错误，二是推定的意思表示错误。第一种错误，就是能够直接认定的意思表示的错误，这种错误易于理解，关键是第二种错误，它具有很强的理论与实践价值，值得深入探讨。可以把第二种错误称作推定错误。这种推定错误，是由表意人在不知晓真相时所作出的意思表示，如果他知晓真相的话，他就不会作出此种意思表示。这说明表意人根本无意做此种内容的意思表示，而事实上却作出了此种内容的意思表示。这种错误，是法律上的一种认定，而从表面上看意思表示没有任何错误，但这种意思表示确实是违背表意人内心真实意思的，本质上违反了合同自愿原则。对于这种违背自愿原则所订立的合同，如果法律不允许撤销，那么合同的履行可能会给表意人带来重大损失。推定的错误，只有达到法定程度才认定为是能够引起合同可撤销的错误，这个法定程度就是"根本无意作出此种内容的意思表示"，换言之，其作出的外在表示是完全违背其真实意思的，即表示与意思完全不一致，是彻头彻尾的意思表示"瑕疵"。《德国民法典》第119条第2款规定了两种"视为意思表示内容的错误"，即交易中认为很重要的有关人的资格或者物的性质的错误。

　　值得注意的是，《德国民法典》第119条规定的错误构成中并未提及表意人是否有过错，也未提及受意人是否知道其错误等，同时没有把错误分成共同错误、相互错误和单方错误及各自构成有影响力的错误规则。因此，德国的错误可撤销权规则充分体现了合同自由的开放性，只要是表意人的意思表示发生了错误，法律允许错误方撤销合同，而不论受意人是否知晓其错误，也不管表意人主观上是否有过错。对此，德国学者也提出质疑：《德国民法典》第119条及以下条款根本没有顾及表意人的过错。即使表意人具有重大的过失，他也可以撤销，错误的可识别性对撤销没有意义，只有在 122 条第 2 款中这一点对撤销人的赔偿义务才具有意义。

当然，《德国民法典》第 119 条错误构成中虽没有把表意人的过错及对方当事人的过错等因素包括进去，但并不是立法者没有考虑到这些因素，而是把这两项因素放到撤销人的赔偿义务这一风险分配规则里，《德国民法典》第 122 条第 1 款实行的是撤销人无过错赔偿原则，这实际上是对撤销权的"宽进严出"政策，一方面，只要有错误，法律就允许撤销合同；另一方面，赔偿风险则要由造成错误的过错一方当事人来承担。《德国民法典》第 122 条第 2 款规定，如受意人明知或因过失不知意思表示无效或者撤销的原因，表意人赔偿义务可以豁免，即表意人不负偿还责任。由此可以把德国错误撤销权规则总结为两个方面：因错误享有的合同撤销权认定，适用的是无过错原则；撤销合同的损失赔偿风险承担，则适用的是过错原则。

四、《意大利民法典》中的错误构成规则

《意大利民法典》中的错误构成与救济规则，与其他大陆法系国家相比，在许多重要方面很有特色。

该法典第 1428 条明确规定了构成合同可撤销的错误的法定要件，"当错误是本质性的，并为缔约另一方可识别时，错误是契约得被撤销的原因"。该条把错误的构成要件分为两个方面：第一，错误是本质性的；第二，该错误还必须能为缔约另一方识别。两个方面同时具备，才能使合同可撤销，该规则涉及了缔约另一方的情况。如果虽然错误是本质性的，但不具备使缔约另一方能够识别，那么不能构成契约撤销的原因。这与德国单从表意人角度考虑的错误构成相比，有着明显的合理性。

（一）本质性的错误范围

《意大利民法典》对此作了相当宽泛的规定，很值得探讨。该法典第 1429 条集中规定了同类本质性错误："下列错误是本质性的：（1）涉及契约性质或者标的物时；（2）涉及交付标的物的同一性的或者根据一般标准或有关情况应当由合意确认的同一标的物的质量时；（3）涉及由缔约方确认他方缔约人的身份基本情况时；（4）涉及构成唯一或主要原因的法律错误时。"从该条可以看出，错误的范围从契约的性质、标的物、标的物的同一性、标的物的质量，到他方缔约人的身份、法律错误，错误的范围规定得比较具体详细。这些方面的错误，正是合同的主体、基本内容和法律依据等，它们直接影响到合同成立有效的基本要素，涉及合同的基本目的，因而这些方面发生了错误认识，都属于"本质性的错误"。另外，计算错误并不产生撤销权，而仅产生变更权。该法典第 1430 条规定："计算错误不发生契约的撤销，而仅发生变更，除非涉及由合意确定的数量错误。"这类似于英国衡平法上的矫正合同。变更的目的是纠正计算错误，比撤销合同这一救济方式要更合理，更能照顾到双方信赖利益，这既维护了公平正义理念，又促进了效率价值，最大限度地达到了公平与效率的统一。

（二）错误的可识别性

错误要成为契约得被撤销的原因，除了错误本身是本质性错误外，该错误还必须能为缔约另一方识别。错误为缔约另一方识别，实际上相当于英国衡平法和国际商事通则的错误规则中的"另一方知道或应当知道该错误"。只不过，意大利错误的可识别性并不要求另一方知道或能够知道，只要为对方当事人可识别即可。值得一提的是，意大利用法典专条对错误的可识别的判断标准作出了规定，《意大利民法典》第 1431 条规定："根据契约的内容、契约的具体情况或者缔约人的身份，如果是有正常注意即可发现的错误，则该错误视为可识别的错误。""正常注意"，是指一般理性能够做到的那种注意，这就是一般的注意义务。如果另一方当事人尽到了一般注意义务而不能识别的错误，则不属于"可识别的错误"，合同也就不允许事后撤销。

（三）调整过的合同的保留

这一规则是指，虽然错误构成要件已经具备，错误的缔约方拥有了合同撤销权，但是由于缔约另一方的适当履行使撤销权消灭的情形。《意大利民法典》第 1432 条规定："如果可能发生对其损害之前，一方当事人以其希望缔结的契约所包括的内容和形式相一致的方式进行履行的，则该方当事人不得要求契约的撤销。"这说明，一方当事人以错误者所希望的契约内容、形式进行实际履行，已经不存在原来错误所致的"不合意"，双方实际上已重新达成了契约上的合意。需要说明的是，以其所希望的内容和形式相一致的方式进行履行，并不一定是对原错误的纠正，也可能是错误方又提出或契约默示的"希望"。这一规则与英国和美国的错误规则中的矫正合同具有相似之处，国际商事合同通则也有类似规则，其优点是：既避免了撤销权的滥用，又避免了不必要的损害或浪费；既克服了契约错误带来的麻烦，又符合契约自治原则。

五、《国际私法通则》中因错误而撤销合同的条件

《国际私法通则》对可引起合同撤销（宣告无效）的"错误"做了明确的界定，该通则第 3.4 条规定："错误是指在合同订立时对已存在的事实或法律所做的不正确的假设。"

（一）错误的一般构成条件

首先，错误是当事人订立合同时的一种不正确假设。这种假

设是一种主观对客观的不正确反映、认识。其次，错误的对象范围不仅包括事实，还包括法律。错误既是对事实的不正确假设，也是对法律的不正确假设。再其次，对不正确的假设必须是发生在订立合同时。如果它发生在订立合同之后、合同正在履行中，则只能产生合同履行的法律问题，而不能产生可撤销合同效力的法律后果。最后，只能是对订立合同时已存在的事实或实施中的法律的认识。如果该事实是未来的事实，或该法律订立合同后被修改、废止了也不能产生可撤销合同效力的后果。

（二）可撤销权错误的充分条件

以上是错误的一般条件，但仅此还不能说明该错误一定引起合同的撤销，还必须是该错误达到了一定的程度，且对方也存在同样的错误，或对方虽未犯同样的错误，但放任其发展，或另一方当事人尚未行使合同。具体来说，这些充分条件主要可分为两个方面。

1. 一方当事人订立合同时的错误达到法定的严重程度

《国际私法通则》第3.5条第1款规定："此错误在订立合同时如此重大，以至于一个通情达理的人在犯错误的当事人的相同情况下，如果知道事实真相，就会按实质不同的条款订立合同，或根本不会订立合同。"该条款规定了错误的判断标准：第一，它采取的是一般"通情达理的人"的认识标准。所谓"通情达理的人"实际上就是拥有一般理性能力的人，这就是《合同法》上的理性人标准。第二，错误严重程度，是一个假设性否定判断，且要求其假设如果成立，就只能产生推翻原合同的订立的可能，或与原合同有实质性的不同。"早知如此，我绝不这样做或根本不会做。"也表明，订立合同是违背错误方当事人的根本意愿的。"实质不同的条款"表明，该错误是实质性错误，是影响到合同根基或目的的错误。

2. 该错误必须是与另一方当事人有关

另一方当事人必须存在以下三种条件之一：第一，"另一方当事人犯了相同的错误"，该错误是双方错误，且错误是相同的，这与英美合同法中的共同错误规则是相同的。"造成此错误"是另一方当事人引起的错误方的错误，另一方当事人与错误方的错误有因果关系。第二，"或者另一方当事人知道或理应知道该错误，但却有悖于公平交易的合理商业标准，使错误方一直处于错误状态之中"。该条件要求：首先，另一方当事人知道或理应知道错误方犯了认识上的错误。"知道"是明确地认识到该错误；"理应知道"是从客观上讲，他不会不知道，而是看其辩解是否知道。其次，"有悖于公平交易的合理商业标准，且使错误方一直处于错误状态之中"。错误方一直处于不知道真相当中，是与另一方当事人的不作为的缄默有直接的因果关系的。另一方当事人在知道或理应知道的情况下，本应依照公平交易的合理商业标准，不要再让错误者一直处于错误状态才是正确的，但他没有这样做。以上两种情况说明，另一方当事人与错误方的错误具有某种关联，或者是犯了相同的错误，或者其行为与错误方的错误有因果关系。第三，在错误方撤销合同时，另一方当事人尚未依其对合同的信赖行事。另一当事人在没有前两种条件的情况下，错误方的错误达到了法定的严重程度，而另一方当事人虽然并无过失或者说与错误的产生没有任何关联，且另一方当事人还未依赖合同而行为，错误方可以撤销合同效力。这实际上兼顾到了合同双方当事人的正当利益。如果另一方当事人与错误方的错误没有关联关系，且已经依合同的信赖行事，则错误方的错误即使达到了严重程度，也不能依此错误规则宣告合同无效。

（三）因错误而撤销合同的除外条件

并不是符合了以上法定条件的合同就一定产生撤销合同效力的后果，还必须排除以下情形，才最终符合合同撤销权的全部要件。除外条件也就是单独构成此条件，就足以阻止合同撤销权其他条件的适用，即"一方当事人不能宣告合同无效"。《国际私法通则》第3.7条主要规定了以下方面的除外要素：第一，"该当事人由于重大疏忽而犯此错误"。从客观上讲，当事人确实犯了"严重"的错误，也可能与另一方当事人有一定关系，但产生该错误是因该错误方本身的"重大疏忽"造成的。"重大疏忽"说明是错误方主观上本不该有的疏忽，且是"重大"的，而不是一般性疏忽，实际上一般应理解为没有尽到最低限度的认识、辨别义务，如果因其重大疏忽允许其宣告合同可撤销，则对另一方当事人是不公平的。第二，该错误的风险已经事先知晓。"错误与某事实相关联，而对该事实发生错误的风险已被设想到，或者考虑到相关情况，该错误的风险应当由错误方承担"。这有两种情况：其一，错误与某事实相关联，且对于该事实发生错误的风险已被设想到。该错误并不是没有被意识到，这是投机合同的特征。其二，考虑到相关情况，该错误的风险应当由错误方承担。某种相关情况足以表明该风险显而易见应当由错误方承担。第三，除了撤销合同，没有其他救济路径。"如果该方当事人所依赖的情况表明对不履行可以或本来可提供救济，则一方当事人无权因错误宣告合同无效。"也就是说，如果有其他不同的救济方法存在，可以或本来可以提供救济，那么该方当事人就不能撤销合同效力。换言之，只有穷尽了其他救济路径后，才可以撤销合同，因而撤销合同是最终的法律救济手段，而非优先的选择路径。

六、我国重大误解的理论与规则

(一) 误解的概念

重大误解是我国合同可撤销的法定原因之一。重大误解，是指合同一方当事人对合同的标的、数量等基本内容在认识上发生了错误的认识，因这一重大误解而订立了违背自己真实意愿的合同。我国《民法典》对重大误解规定得较为简单，只要是发生了重大误解，误解方就依法拥有了合同撤销权，并且《民法典》合同编并未直接规定重大误解可撤销权规则，这一撤销权得引用《民法典》总则的民事法律行为效力的相关规定，那里规定了因重大误解而产生的撤销民事法律行为效力的情形。

我国在字面上用的是"误解"，而西方国家大多用的是"错误"。我国一些学者，认为误解与错误没有区别，也有相反的观点。主张我国的误解与错误没有区别的学者，主要是依据大陆法系的错误包括受领人错误与本人错误，而我国的重大误解也包括受领人错误和本人错误。大陆法系理论上的误解又称受领人错误，是指受领人对表意人正确表达的意思表示作出了错误理解，特别是作出了不同于表意人本人的理解。[1] 大陆法系国家传统民法对意思表示的误解和错误有严格的区分。所谓误解是指对相对人意思表示的内容了解之错误，而错误是表意人非故意的表示与意思不一致。误解是对对方表达的意思发生理解上的错误，而错误是自己意思表示方面的错误。

也有一些学者主张我国合同规范也应把错误与误解加以区分。

---

[1] 李双元主编《国际法与比较法论丛》（第二辑），中国方正出版社，2002，第93页。

有学者对此作了集中论述，认为错误与误解是两种不同的意思瑕疵。其理由是：（1）从认识对象上看，误解的对象是合同文本。错误的对象是当事人据以订立合同的事实。（2）原因上，误解发端于语言的多义性、模糊性。（3）发生时间或阶段上，误解发生在内心意思形成之后，错误则发生在表意人的内心形成阶段。（4）实质或目的上，误解的场合，存在两个不能并立的意思，误解人所谋求的并非推翻合同，而是要求按照自己的实际意图和理解来确立合同内容，其核心是合同是否存在，如果存在，应按哪一方当事人的意思确定内容。而错误的实质是在当事人之间如何分配由错误而引发的不利益。这种区分在理论上阐述较为系统，且在实践上较为深入，不能不说是一个创新，既不同于大陆法系传统民法理论的误解和错误的内涵，也不同于我国多数学者认为的我国的误解包括了错误的观点。笔者认为，我国误解与错误应加以区分，至少应该细化。

我国虽然未在合同规范中适用错误概念，适用的是重大误解，但应该说误解与西方合同规范中的错误是相对应的，也应该适用错误概念，以免把误解仅限于被人们简单理解为对合同内容的错误理解，或更简单地仅认为是对合同文本形式上的错误理解。这不仅是个概念问题，而且直接影响到误解或错误规则，尤其是错误的构成要件。如果不把错误放在错误规则中进行研究，就很难弄清错误或误解这一要领的真正含义。

（二）我国重大误解的构成要件

构成要件实际上就是误解在什么情况下能够得到法律上的救济，或者说误解具备何种条件才是可撤销的误解。我国多数学者认为重大误解应具备四个要件：（1）误解是误解本人造成的，误解者有过错；（2）误解必须造成较大损失；（3）相对人无过错；（4）误解是对重大事项的误解。笔者认为前三个要件很值得探讨。

针对误解人在主观上是否必须具有过错的问题，多数学者认为，误解人在主观上一定具有过错。这种观点具有相当的代表性，有的学者还进行了论证，认为重大误解人主观上如果故意则是真意保留；如果是重大过失则应构成重大误解，并由此得出结论：误解人主观上是过失的。但是，一律把误解归为只能是误解人过错造成的，将误解人主观上有过错作为重大误解构成的必备要件，这种观点在理论上存在一定的漏洞，在实践中会引致适用该规则的混乱。把主观要件局限于故意和过失，无疑忽视了无过错的情形。重大误解产生的主观原因上，一般是误解人过失造成的，故意不可能作为可救济的要件。但是，也存在误解人本身主观上没有过失，也会产生重大误解。从逻辑上讲，误解也可能出于意外事件，即误解人对产生的错误认识，主观上并不能合理预料，甚至不可能预料到。双方都在主观上并无任何过错，该合同理应是可撤销的。如果要求误解人主观上有过错作为重大误解的构成要件，该合同又是不可撤销的，这就产生了矛盾和混乱。从逻辑上讲，误解也可能是由对方造成的，或者对方明知发生了重大误解而没有尽到一个诚信者应尽的诚信义务，没有告知误解方此误解，因而致使其产生重大误解而订立了合同。这种与对方有关的错误认识，正是英美合同法上可得以救济的单方错误，意大利等国家也有类似的规定，即错误是对方可识别的。如果我国的重大误解只有在误解方当事人主观上有过错，合同才撤销的话，那么会使合同因重大误解而撤销失去了必要的限制，导致因重大误解之撤销权的泛滥，而单方错误纯粹是基于自己的过错所致，在国外多数民法上是不可撤销的。实践中，重大误解是由于合同相对当事人欺诈性诱导或故意沉默所致，误解方当事人主观并无过错。但是，我国大多数学者几乎一致认为，重大误解是误解一方自己的过错造成的。欺诈是当事人一方，故意使对方陷入错误；而误解是自己主观上造成的错误，不是出于对方的故意。[1] "错误是由表意人自己的原因造成的"[2]。"误解是由误解方自己的过错造成的，而不是因为他人的欺骗或不正当影响造成的"[3]。"误解都是由表意人的过错造成的，而不是因为他人的欺骗或不正当影响造成的"，"误解完全是由误解一方自己的行为造成的"，"完全是由自己的原因造成的"，"在通常情况下，误解都是由误解方自己的过错造成的"[4]。这里把错误或误解完全归咎于表意人自己的"过错""行为""原因"，而与对方的欺骗或不当影响没有关系。但是，值得注意的是，这里既说误解完全是由自己的过错、行为、原因造成的，又说"在通常情况下，误解都是由误解方自己的过错造成的"，似乎存在逻辑上前后不一致的情形，"完全是"与"通常情况下"是否存在逻辑上的矛盾呢？客观上讲，表意人对其误解既可能存在主观上的一定过错，也可能根本没有过错，又可能是由对方过错造成的，还可能双方均无过错，因此，不能武断下断言，把误解的过错完全归于表意人自己。如果只有表意人自己的过错造成的误解都能得到法律上的撤销权救济，那么就会推导出一些有悖于常理的疑问，难道对方过错造成的误解或者表意人没有过错就不能得到法律救济吗？显然，表意人自己的过错，法律允许撤销合同，而其无过错或对方有过错则反而不允许撤销合同了，这是否有悖于常理？误解一般情况下是误解人本人过失造成的，另

---

[1] 唐德华主编《民法教程》，法律出版社，1987，第90页。
[2] 魏振瀛：《民法》，7版，北京大学出版社，2017，第165页。
[3] 《民法学》编写组编：《民法学》，高等教育出版社，2019，第76页。
[4] 王利明等：《合同法（第三版）》，中国人民大学出版社，2013，第129页。王利明：《民法总则》，中国人民大学出版社，2020，第570页。

外还有几种情况：（1）误解人本人没过失，误解是对方当事人的过失造成的，尽管此种情况很少见，但实践中确实存在。（2）误解人与对方当事人双方都无过失，都尽了其应尽的合理谨慎义务，误解也可能是由意外造成的，如买卖货物意外灭失。（3）双方都有过失，且一方是另一方的原因。（4）双方都有过失，都发生了误解，且双方过错之间没有因果关系，误解也不是共同的，误解的内容各不相同。如甲认为合同标的是 A，乙误认为是 B，实际上是 C。因此，把误解简单机械地说成是完全由表意人自己的过错造成的，而与对方当事人没有任何关系，这种命题既缺乏事实根据，也无法律根据或理论根据。不能一有错误认识，就是"犯错误"，就一概推定其错误人必定负有完全过错，这是一种"客观归罪"，但即便刑法上也有"意外事件"的情形。

探究"过错"的意义在于，过错不仅影响着重大误解的构成，而且决定了赔偿损失责任承担的风险划分。依据我国《民法典》第 157 条的规定，因为合同无效或者撤销所造成的损失责任承担，适用的是过错原则，"有过错的一方应当赔偿对方由此所受到的损失；各方都有过错的，应当各自承担相应的责任"。从该条可以看出，撤销合同的过错可能是单方的，也可能是双方的，而重大误解同样既可能是单方又可能是双方的过错造成的。

（三）我国误解规则的完善

我国误解规则在种类上、基本救济上可借鉴英美法；在误解的标准上可采用大陆法系德国、意大利等国的标准；对错误撤销权的限制上可借鉴《国际私法通则》的几种情形，并加以改造。具体有以下主要规则可供参考：（1）双方共同或者相互错误时，任何一方都可向有关机关或法院提出。（2）单方错误时，若错误是由错误方的重大过失造成的，则不能撤销合同，但如合同尚未履行，错误方可撤销合同，并应赔偿对方因订立合同而遭受的损失；合同已履行完或正在履行，且若不撤销合同明显会造成重大损失，合同无法变更时，错误方可撤销合同，但须赔偿对方由此而产生的损失。（3）单方错误时，如果该错误能为对方可识别或对方知道（包括理应知道）该错误，故意没有告知错误方，却利用该错误与错误方订立合同的，那么错误方可撤销该合同，且不承担赔偿对方当事人损失的责任。（4）单方错误时，如没有该错误，当事人也会依据不同的条件签订该合同，可依公平原则及合同的客观条件请求法院予以变更；对方按照错误方的意愿履行合同时，错误方也不能撤销该合同；另外，合同或法定的风险已确定的，不能撤销。以上这些规则大致综合了国外一些成熟的合同可撤销规则，对我国合同撤销权规则进行细化完善，不仅是概念理论问题，而且关涉到社会主义市场经济交往效率与秩序问题。

第三节　胁迫规则

胁迫与欺诈都是从外部由一方所为而使对方在不自由或不自主的情况下，与胁迫或欺诈者达成"合意"。胁迫与欺诈的不同之处是，欺诈往往表现为"秘密的手段，隐去真实的情形，胁迫则是以公开的手段，让对方知道厉害"，并期望其产生恐惧心理。胁迫在各种影响合同效力的原因中，是最令法律所不允许的，它不仅侵犯了合同相对人的合同自决权，还对合同相对人的身心健康及安全构成了"恐怖"，危害到社会整体安全与和谐。胁迫基本的含义是：暴力或以暴力相威胁，这一行为特征在《刑法》上是构成抢劫或敲诈勒索的客观要件；在合同规范上会使合同无效或可撤销。两者不同的是，前者的目的是直接取得物的占有，后者是为了订立合同。胁迫可在合同规范和侵权责任规范上获取不同的救济路径，而在合同救济规则上，大陆法系与英美法系既有相似之处，又有很大差异。

一、英国有关胁迫的规则

（一）胁迫与不正当影响

一般来讲，胁迫主要是指直接对人身的强迫、威胁，迫使对方当事人签订合同。其主要手段是暴力或以暴力相威胁，其对象既可以是对方当事人，也可以是对方当事人的亲属等，其目的是迫使对方当事人与己方签订合同，而发生的时间上当然只能是在签订合同期间或在签订合同以前。胁迫在英国是普通法上的概念，含义比较狭窄，于是当事人受到精神上的影响所造成的不公平往往很难得到普通法的救济，而只能寻求衡平法上的救济。衡平法根据公平正义原则，发展出了一种称作不正当影响理论（有的称为不正当压力）。这一理论，可以说是英国衡平法在 19 世纪里发展得最充分的一个领域。[①] 英国的胁迫分为人身胁迫和经济胁迫（或称商业胁迫）；不正当影响又分为实际上的不正当影响和推定的不正当影响；另外还有不合良心的交易学说，不平等议价理论等来解释和处理在签订合同中有关不正当压力而产生的不公平问题。这些学说尽管还未达到统一的定论，但它们都发展了胁迫的具体外延，由简单的暴力胁迫发展到不正当压力。

---

① 何宝玉：《英国合同法》，中国政法大学出版社，1999，第 547 页。

（二）人身胁迫与经济胁迫

1. 人身胁迫

这是传统意义上的胁迫，是指在签订合同过程中，一方对另一方当事人施加暴力或者以暴力相威胁，迫使对方作出违背其内心真实意思的表示并签订了合同。因人身胁迫而签订的合同，是一方当事人受到压制的结果，不是双方真正的合意，只能是一方意志的体现，所以尽管表面上双方达成了意思表示一致，但这样的合同在英国是可以撤销的或不可以强制执行的。在现代社会，直接的人身暴力的胁迫已不多见，更多地表现在商业或经济上的强迫或威胁，而在英国20世纪60年代以后，英国法院才逐渐承认经济胁迫，并发展成为一项普通法规则。

2. 经济胁迫

经济胁迫是指合同的一方当事人滥用其优势地位，采用除暴力强制以外的其他压力（如经济上或商业上的压力），压制对方当事人的意志，迫使他在违背自主意志的情况下签订了合同。例如，制造商对某个销售商以停止供货相威胁，销售商受到如此压力情况下不得不许诺付款，而这种许诺付款只是屈服于压力的无奈之举。这就是英国典型的"停止供货者的黑名单"现象，而这在1956年以前是得不到普通法上的任何救济的。

经济胁迫的构成要件，主要有以下几个方面：（1）须有压力存在。这里的压力是除暴力或暴力威胁以外的压力，主要是经济上或者商业上的，一般是一方当事人利用其所处的经济优势，以不合理或不合法且苛刻的交易条件让对方当事人被迫接受。这时对方当事人受到了一种商业压制，其自主权受到严重限制，这些压力主要表现为：一般性的商业压力，例如，罢工的威胁、违反合同的威胁、非法扣押或威胁扣押当事人的财产、以拒绝支付债务相威胁、以解除合同相威胁等。假如没有这样的压力，即便是一方当事人处于危机当中，除接受他方的交易条件外别无选择，也不属于经济胁迫。（2）压力必须是非法的。当压力的形式不合法或使用压力的目的不合法时，此种压力才是非法的。（3）压力与合同之间有因果关系。合同的签订是在此压力下签订的，但不必是唯一的诱因，原告不必证明自己若没有此种压力绝不会签订此合同，他只要证明存在压力并因此而签订了合同，接下来的举证责任就落到了被告一方，而被告则必须能够证明他没向对方施加此种压力，或虽有压力却与合同签订无关，即签订合同是原告完全自愿的。（4）压力须达到一定程度，才能与合同的订立之间有法律意义的因果关系。一方面，这就必须检验压力的后果，从被恐吓的人的主观角度来看，"有人说要使由惊慌导致成立的合同无效，恐吓必须是可令具有一般勇气和决心的人屈服的。我不认为那项陈述正确地表达了法律的内容，当事人实际上处于思想无能状态，不能承受不适当的压力时，无论该无能是由于本身的弱点或惊慌（无论是否合理），都可视为受吓的人没有同意。正如较强壮勇敢的人向较严重的威胁屈服一样。"① 另一方面，受压迫的人有无其他选择，这是压力程度的典型表现。除了签订合同，没有其他选择，这是高度压力的证据。相反，如果有其他选择，那么这种压力就不能撤销合同。经济胁迫所产生的压力程度，不像强暴胁迫那样显而易见，它需要从具体案件中的各方面客观情况及当事人的身份、年龄，法人的处境等方面进行综合考察。关键的问题是，受到压力的人的意志是否受到了压制，签订合同时他是否处于无可奈何的地步，除了被迫签订合同外，是否没有其他

---

① 何美欢：《香港合同法》，2 版，北京大学出版社，1995，第 327 页。

合理选择。总之，压力程度是认定经济胁迫是否成立的关键要素。

（三）英国的不正当影响原则

不正当影响原则是由衡平法发展而来，而今已被普通法院和衡平法院所共同适用的合同可撤销原则。"法律为保障人类不为他人所压迫、欺骗或误导而转让彼等之财产，故产生不当影响原则，即在对付此类隐蔽之精神虐待，及无形欺骗之必要所产生及发展而来。"① 根据衡平法原则，不正当影响有广义和狭义之分。广义的不正当影响是指非法影响一方当事人自主判断和自愿订约的一切事实因素，其范围和含义相当广泛。但狭义的不正当影响概念，仅指一方当事人基于不正当的间接压力和劝诱，促使对方当事人被迫签订了合同，而这种不正当的间接压力和劝诱，既不同于以暴力为特征的胁迫，也不同于以不真实为特征的虚假陈述。

其一，推定的不正当影响。什么样的劝说、诱使才算是不正当的，是当事人受影响的，这条线划到哪里，这个度仍是不正当影响学说的难点。对此，英国法往往将有特殊关系的当事人之间签订的合同推定为容易受不正当影响。这就是推定的不正当影响，它的基础理论依据是英国衡平法院管辖的信托关系学说。只要存在特殊依赖的关系，都属于这一学说所指的信托关系，这种信托关系主要有：信托的受托人与受益人，律师与顾客，医生与病人，教士与信徒等。凡是当事人之间存在受信人关系，法律首先就推定当事人之间订立的合同中存在不正当影响，即推定在此种关系中立于主导地位者有不正当影响存在，如医生对病人的不正当影响。推定的不正当影响学说的目的，是禁止和纠正滥用依赖的现象。此学说现已超出信托人关系范围，只要滥用类似这种依赖关

---

① 杨桢：《英美契约法论》，北京大学出版社，1997，第 241 页。

系的，就属于推定的不正当影响。

其二，实际的不正当影响。它是实际上在当事人间确实存在不正当影响，受不正当影响的一方可以撤销合同。英国一个典型判例适用的就是实际的不正当影响原则，一名老师因涉嫌犯罪被警方拘询了 40 个小时，他刚回到家，学校就派人到他家里劝说其辞职，该老师签了字，但事后他发现因受了不正当影响导致其在辞职书上签字，诉请撤销辞职协议，结果胜诉。"在大多数涉及不当影响的现代案件中，被告并非完全正常和有理智的人"①。实际的不正当影响的一般构成要件有：（1）施压影响的一方有此能力；（2）确实施加了影响；（3）此影响是不正当的；（4）此影响导致了合同的签订。总之，不正当影响原则，虽已得到英国法院的承认，但目前还有很多难点，现有的不合良心交易学说、议价不对等学说也试图破解这些难点。

二、大陆法系国家有关胁迫的规则

多数大陆法系国家的胁迫规则有着惊人的相似之处，如胁迫的一般构成要件，针对亲属等的胁迫规则，单纯的敬畏规则等方面。

（一）胁迫的一般构成要件

《法国民法典》第 1112 条对胁迫进行了一般性规定，凡足以使有理智的人产生惧怕，使之担心人身或财产面临重大而紧迫之危害的言行，均构成胁迫。关于此问题，应当考虑有关人的年龄、性别及条件。再看一下《意大利民法典》对胁迫的界定，该法典规定胁迫应当具有使一个明智的人感到不安并担心其人身或财产

---

① P. S. 阿狄亚：《合同法导论》，赵旭东等译，法律出版社，2002，第 292 页。

受到不法行为严重威胁的性质，其涉及年龄、性别和个人的状况。从这两个法典的胁迫界定上可归纳出胁迫的一般构成要件：第一，胁迫的表现，是言行，且具有不法性和危害性。第二，胁迫的严重性，是使被胁迫人产生惧怕、担心。该言行足以使一般理智的人担心，这种担心的判断还要考虑有关人的年龄、性别和个人的状况等情形。只要是一般正常的人就会对这种胁迫产生恐惧。担心是受到胁迫的人主观上的感受。第三，胁迫包括两个方面的危害：人身危害和财产危害，且此种危害是严重的。第四，胁迫的时间性。胁迫不仅要求在合同订立之前，而且要求具有紧迫性。第五，胁迫的后果。胁迫的后果是受胁迫一方被迫订立了合同。第六，胁迫的本质是合同当事人的意志自由受到压制，受压制人并不是不知道合同的内容，而往往是明知之而被迫签约，"被胁迫人对真实的事实是知道的，因此也知道其意思表示的意义"[1]。一般来说，被胁迫人是知道事实真相及其意义的，但并不能因此说被胁迫者一定知道所签合同的性质及其意义。不过，只要有胁迫存在并因此而签订了合同，就足以使合同的效力可撤销，而不过问被胁迫人是否发生了错误，也不过问合同内容是否公平。

（二）"敬畏"与胁迫

在大陆法系国家，敬畏是否构成胁迫，不能一概而论。从《法国民法典》第 1114 条的规定来看，所谓敬畏是指对父母或其他直系尊血亲心怀敬畏。大陆法系的"敬畏"与英美法系的推定的不正当影响中"信赖"相近，但两者的差异甚大，不仅主体范围不同，而且两个概念的意义大异其趣。不过，敬畏与信赖在影响合同效力上却异途同归。另外，从规则上看，大陆法系是从反

---

[1]　梅迪库斯：《德国民法总论》，邵振东译，法律出版社，2001，第 162 页。

面规定什么样的敬畏本身并不构成合同可撤销的原因，而并未系统地从正面规定敬畏构成胁迫的一般要件。《法国民法典》第 1114 条规定："仅因为对父母或其他直系尊血亲心怀敬畏，但并未受到胁迫时，不足以主张契约无效。"《意大利民法典》规定得更为直截了当：单纯的敬畏不是契约得被撤销的原因。敬畏的本质特征是当事人双方地位不对等，一方处于优势，另一方处于劣势；劣势方对优势方有信赖或敬畏等特殊关系；处于优势方利用了此种优势，处于劣势方迫于此种压力不得已而签订了合同，即除了签约别无其他合理选择，这样就成了英美法系的不正当影响规则。这种不对等关系如：老师对学生，医生对病人，律师对委托人，雇主对雇员，领导对下属，垄断企业对一般客商等，这种关系，有的学者将之归纳为各种形形色色的"小垄断"。① 但是，法国等国的敬畏适用范围是相当有限的，只限于家庭成员之间，远远不如英美等国的信托关系的范围广泛。

（三）第三人与胁迫构成的关系问题

这也是大陆法系胁迫的一大特征。

首先，对当事人的亲属的胁迫，一般都可构成合同可撤销的原因，对亲属以外的第三人进行的威胁一般不构成合同可撤销的原因。《法国民法典》第 1113 条规定，不仅对缔结契约的当事人实施胁迫构成契约可撤销之原因，而且对缔结契约当事人的配偶、直系卑血亲或直系尊血亲实施胁迫的，亦同。但《法国民法典》未对亲属以外的第三人胁迫问题进行规定。《意大利民法典》不仅规定了对当事人亲属的胁迫，而且对亲属以外的第三人进行的胁迫也作了规定，只不过对后者的第三人胁迫是否使合同可撤销，

---

① P. S. 阿狄亚：《合同法导论》，赵旭东等译，法律出版社，2002，第288、289页。

由法官自由裁判。依据《意大利法典》第 1436 条第 1 款的规定，如果威胁涉及缔约人的配偶或者他的晚辈或长辈的人身或财产时，胁迫是契约得被撤销的原因，而该条第 2 款规定："如果威胁涉及其他人，契约的撤销将交给法官，由其对情况作出慎重的判断。"但也不可由此而认为对一般第三人的胁迫并不产生合同撤销的效力，因为法官也可能判处撤销合同。

其次，如果胁迫是由第三人实施的，是否也可使合同可撤销？大陆法系对此问题有三种类型的法律规定：第一种类型是绝对构成，不附加任何条件，即只要是第三人实施的胁迫一律构成契约可撤销的原因，例如，《意大利民法典》第 1434 条规定，胁迫是契约得被撤销的原因，尽管其是由第三人实施的。第二种类型是，以当事人知道是由第三人实施胁迫为条件，才可构成合同可撤销的原因，例如，《奥地利普通民法典》第 875 条规定，如果对方明显知道存在胁迫，即可构成解除合同的充分条件。第三种类型是可解除合同，但若对方缔结人是善意的，撤销权人应赔偿信赖利益方的损失，《瑞士债法》之第 29 条即如此规定。这三种类型都有其道理，但若把三种统一起来则更佳。

三、我国胁迫撤销权的规则

我国《民法典》在总则的民事法律行为制度中对胁迫可撤销权进行了规定，合同编没有对合同撤销权进行直接规定，而是依据总则相关规定。《民法典》第 150 条规定了因胁迫产生的撤销权："一方或者第三人以胁迫手段，使对方在违背真实意思的情况下实施的民事法律行为，受胁迫方有权请求人民法院或者仲裁机构予以撤销。"从该条规定可以归纳出胁迫的构成要件：第一，胁迫的主体上，包括两种，即一方当事人或者第三人。第二，实施了胁迫行为。第三，胁迫行为与受胁迫方实施民事法律行为之间存在因果关系。第四，实施民事法律行为是违背受胁迫方的真实意思的。我国原来没有规定第三人实施胁迫能够产生撤销权，现在把第三人对一方当事人的胁迫纳入撤销权产生的法律事实，这显然是一种立法上的进步。

但是，我国胁迫撤销权规则仍然存在一些不足，主要表现在以下几个方面：第一，没有规定胁迫行为的具体对象，如对民事法律关系当事人之外的人所实施的胁迫，是否会产生撤销权，没有规定。第二，胁迫的具体构成要件没有详细规定，如胁迫的违法性、危害性、目的性等没有规定。第三，没有推定胁迫的规定。当事人之间如有特殊依赖关系或特殊隶属关系，可以存在一方利用其优势地位迫使对方作出违背其真实意思的民事法律行为，被迫订立了合同，这属于推定胁迫，在我国并未规定。第四，没有规定经济胁迫或不正当压力影响。总之，针对以上问题，建议以后修改《民法典》或制定法律解释时进行必要的补充与完善，以便更好地服务于现实需要。

第四节　不公平撤销权规则

一、合同公平原则的法理依据与形成历程

在大陆法系主要国家法典中，因意思瑕疵而使合同可撤销的情形主要有三种：错误、欺诈和胁迫。如《法国民法典》第 1109条规定："如同意系因错误所致，因胁迫而为，因欺诈之结果，不为有效同意"，而把显失公平归入其他原则，如公序良俗原则等。

英美法系普通法早期只注重程序公正，即只对因错误、欺诈性虚假陈述、胁迫等进行救济，而合同内容不公平并不会得到普通法的普遍救济。普通法院在裁判案件时，只关心合同是否有对价，不关心合同的对价是否充分，而只有合同不公正的情形使法官不可忍受，触动其良知时，法官才予以救济。由此看，无论是大陆法系，还是英美法系都不太重视合同的实质公平，而更重视签订合同的过程公正。这就涉及合同公正这一总问题。自11世纪晚期以来，西方人所理解的权利互惠性原则，涉及的不只是交换，还包含公平交换的因素，而这种公平交换因素包含程序与实体两个方面。程序上的因素，就是当事人各方能够公平地参与交换，不存在强迫、欺诈或其他滥用任何一方权利的行为。在实体上公平主要是指权利与义务、利益与代价上的平衡。这种公平要求，即使是自愿和故意参与的交换，也不得使任何一方承受与他所获得的利益不相称的代价，这样的交换也不能不正当地损害第三方的利益或一般的社会利益。基于道德理性，承诺人的目的应当是合理的和平等的，"在契约法上，合理和平等要求双方收益和损失的均衡，这一点是12世纪的教会法学家和罗马法学家的共同观点。它被称为正当价格原则，正当价格原则后被作为检验合同效力有无的首要标准。正当价格学说后被发展为三个子学说：不当压力的不合良心学说，违反市场规则的不正当竞争学说和高利贷学说"①。价格现在仍是检验合同结果公平与否的一个简便的方法。可以说，一个不公平的合同就是一个其价格明显高于或低于公平市场价格的合同，因为合同中的任何东西都能够被计算在价格之内，价格几乎总是最终决定公平与否。很明显，在大多数情况下，

---

① 伯尔曼：《法律与革命》，贺卫方等译，中国大百科全书出版社，1993，第300－303页。

公平标准一般规定以价款数额为限，这就把我们从寻求公平与不公平的神秘定义的迷境中解救出来。这种用价格来衡量合同公正与否，并进而影响合同的效力，就是公平的一种定量化的标准。《法国民法典》第 1674 条规定："如出卖人因买卖显失公平，价格过低，因此受到的损失超过不动产价款的 7/12 时，有取消不动产买卖的请求权。"定量化标准具有直观、具体和容易操作的优势，但其缺陷也很突出，例如，有些权利是不能用价格来量化的，再者就是量化标准运用起来较机械，不能完全反映不公正合同的本质，不能较灵活地对不公正合同进行救济。

二、英国、美国之显失公平

英国《1977 年不公平合同条款法》提出了"合同条款满足合理性要求"的合理性条款原则，进而列举了一些重要的不合理条款，该法第 3 条规定："免除或限制他违反合同应承担的责任"，即免除限制违约责任条款是不合理、不公正条款。该法第 11 条对合理性标准进行了几方面的规制，"考虑到双方当事人签订合同时都知道或应当合理地知道或者在他们预料之中的情况，该条款应当是合理的"。在确定一个免责条款是否符合理性标准时，法院应考虑的主要因素有：当事人双方讨价还价地位的相对状况；原告是否受到某些引诱（如打折扣）或者劝诱才同意免责条款；原告是否知道或应当合理知道免责条款的存在及其范围。

美国的《统一商法典》第 2—302 条正式创制了显失公平制度。其主要内容是：如果法院发现，作为一个法律问题，合同或合同的某一条款在订立时是显失公平的，法院可以拒绝强制执行该合同或者法院可以强制执行合同中显失公平的条款之外的其他条款，或者，法院可以对显失公平的条款的适用加以限制从而避免显失公平的后果。该法典的报告人卢埃林教授对这一条进行评论时说：这一条旨在使法院有可能在他们发现合同或合同条款显失公平时，进行公开的干预。在过去，这种干预是通过对合同的语言作相反的解释实现的，或者是通过把该条款认定为与公共政策或与合同的主要目的相抵触的条款而实现的。① 可见该法典之前，法院无权对不公平合同进行直接干预，正如有的学者所说：对价格畸高的汽车，不能诉之显失公平，而应诉汽车不符合用途或质量有问题等。那时法官针对不公平合同进行干预时，往往其袖口里藏有一个秘密武器，即合同解释，法官用这一秘密武器巧妙地揭开了"合同严守"的面具。

不公平合同有两种：程序性不公平合同与实质性不公平合同。从其产生的原因上看，程序性不公平合同是因错误所为、欺诈所致、胁迫之果。实质性不公平合同又是何因所致？在英美国家，纯粹的实质不公平很难得到普通法上的救济，而往往只能寻求衡平法院的救济。但是，程序性不公平与实质性不公平两者是密不可分的，甚至有时很难把两者区分开来，实质性不公平往往是由程序性不公平造成的。同时，在认定不公平方面，解释合同的全过程都贯穿着公正、公平原则。与此同时，在考察不公平合同时，除了证实合同对价不足或对一方过分有利等实质性不公平事实外，有些国家都附加了相关的条件，如滥用优势，或利用对方当事人缺乏经验。如果只是结果上出现了不公平，而与对方没有任何因果上的关联，对方没有滥用优势地位或利用他人缺乏经验等不合理手段，那么这种实质性不公平是不能得到法律上的救济的。

---

① 王军：《美国合同法》，中国政法大学出版社，1996，第 209 页。

三、《国际私法通则》之重大利益失衡规则

《国际私法通则》中规定了重大利益失衡规则，包括以下内容：第一，利益重大失衡的内涵是"订立合同时，合同或其个别条款不合理地对一方当事人过分有利，对另一方过分失利"。这里的重大利益失衡，是指明显严重违背公平交易商业标准，这与我国的显失公平制度是相同的，只是表述不同而已。利益失衡主要表现为权利义务不对等，或者表现为利益上对一方过分不利而对另一方过分有利。第二，重大利益失衡应考虑的法定因素。该通则规定了重大利益失衡的构成要件，首先，利益失衡必须是出于某种原因，主要有：该方当事人不公平地利用了对方当事人信赖、经济困境或紧急需要，或不公平地利用了对方当事人缺乏远见、无知、无经验或缺乏谈判技巧的事实。这说明，这种利益失衡的后果必须是由一方的过错或恶意造成的，而仅依据利益失衡这唯一事实是不足以构成合同的可撤销的。第三，修改合同的请求权适用。当事人可以要求法院修改合同，以代替合同的撤销，这样可以挽回合同撤销所带来的合同目的完全落空的风险，以使正义与效率最大限度地融合。修改合同要考虑的问题主要有：其一，撤销权人享有选择撤销合同效力和修改合同这两种救济中的任何一种请求。其二，适用的条件。修改合同须在对方当事人收到宣告合同无效通知之后，并在对方当事人依赖该项通知行事之前，必须立即将其请求通知对方当事人。这本身具有极强的时限性，这实际上是撤销合同之外的一种有效补救措施，是一方应有的权利，但必须及时告知对方，否则就会给对方造成不必要的损失。总之，合同的重大利益失衡，从根本上违反了公平正义法则，是合同内容上的过分不公平，而这种不公平结果可能造成合同效力

瑕疵。仅重大利益失衡这一事实，还不足以使合同可撤销，还需要另外一个法定要件：一方利用了另一方当事人的困难或无知，是重大利益失衡的主要原因。此外，当事人可以请求修改合同，以代替合同的撤销，这相当于我国的变更合同请求。

第五节　虚假陈述与欺诈规则

英美法中单方错误规则构成要件，其中涉及对方当事人知道错误而不披露，或错误由对方当事人造成，因而错误往往与虚假陈述（包括欺诈）等是相互交叉的。正如现代英国著名法学家阿狄亚所云："需要强调的是，想将错误问题从要约、承诺、欺诈、虚假陈述以及明示、默示条款的问题中完全分离出来，那样处理合同法中的问题是相当危险和不切实际的。"[1] 在订立合同过程中，人们通过要约、承诺达成合意，这中间要经过一系列了解、谈判、相互交流，对标的物的用途、性能等进行相互陈述。这些陈述一部分被纳入合同条款，另一部分没有被纳入条款。没有被纳入条款的陈述往往也是对合同成立有相当影响的，甚至是合同某一方订立合同的重要诱因。如果该陈述与实际情况不符，而合同对方依此陈述订立了合同，则该陈述在英美法上就叫虚假陈述。如陈述者有恶意，则该陈述即可构成德国等一些大陆法系国家合同法上的欺诈。大陆法系合同法上的欺诈与我国的欺诈规则差别不大，而英美法上的虚假陈述规则与我国的欺诈规则相比则有更丰富的内容。

---

[1]　P. S. 阿狄亚：《合同法导论》，赵旭东等译，法律出版社，2002，第 90 页。

一、英美法系的虚假陈述规则

（一）虚假陈述①的概念

"虚假陈述是指一方当事人在订立合同之前所做的不真实的陈述，目的是诱使另一方当事人订立合同。""所谓可诉的虚假陈述，是指当事人在协商签订合同中，一方当事人为诱使对方订立合同，针对有关事实作出的虚假陈述"。② 从这些定义中可以看出，虚假陈述有以下三个特征：一方当事人不真实陈述；该陈述发生在订立合同过程中或者是合同成立以前；该陈述的目的是诱使对方当事人订立合同。

笔者有一个疑问，以上权威定义把虚假陈述的"目的"指向"诱使"，即为欺诈，而事实上其目的不限于欺诈，因为英美法现在都把虚假陈述分为三类：欺诈性虚假陈述、疏忽性虚假陈述和无意性虚假陈述。三者在救济上都可使合同可撤销。那么，疏忽性虚假陈述和无意性虚假陈述既然是"疏忽""无意"的，那么何来"诱使"？这个问题值得讨论。

（二）虚假陈述的构成要件

虚假陈述是不真实的陈述，但不是所有的不真实的陈述都可以构成影响合同效力的虚假陈述。构成法律上救济的虚假陈述须具备以下要件：

要件之一：须是合同一方当事人向对方的陈述。不真实的陈述如果是对方当事人作出的，那么当然是可以构成影响合同效力的虚假陈述。但是如果是第三人作出的，是否会影响合同效力？

---

① 各书籍表述不一：错误陈述、虚伪意思表示、错误引导。
② 杨桢：《英美契约法论》，北京大学出版社，1997，第222页。

合同一方听信第三人的不真实陈述而订立合同，一般不影响合同的有效性。但是，如果第三人的虚假陈述与合同一方当事人有关，如合同一方当事人知悉该虚假陈述且知道合同另一方信赖了第三人的陈述，那么第三人的虚假陈述也会影响到合同效力。

要件之二：须是对事实的陈述。英国法律并未从正面强调当事人哪些陈述属于对事实的陈述，而是通过长期的判例总结出一些规则，指出哪些不是关于事实的陈述。适用"排除法"，规定下列这些不真实的陈述不属于对事实的陈述，不影响合同的有效性，合同不能撤销或得到赔偿，具体包括：第一，关于法律的陈述。纯属法律的陈述，不构成有影响的虚假陈述。但是，有时法律与事实很难分清，人们每一件事的陈述几乎都涉及法律，如"你租房吗""你结婚了吗"等都涉及很多方面的法律问题。因此，有不少学者对此也提出过批评。但是，单纯就抽象的法律的陈述不应构成虚假陈述。第二，有关"意见"的陈述。所谓意见，往往是与事实相关联的，如对事实的介绍或评估，如果该意见是真诚的，出于善意，又未隐瞒或编造，只是对某一事务发表看法，则不能构成虚假陈述。如果当事人为了引诱对方当事人订立合同而故意不诚实地陈述意见，或只是陈述自己知道的一部分事实，隐去了重要的事实，则可能构成虚假陈述。另外，还要根据陈述者的身份、技能等因素，来综合判定是否是有意的虚假陈述。第三，未来行为或意图的陈述。虚假陈述一般是对现实状态的不真实陈述，对未来行为或意图的陈述一般不构成虚假陈述。但是，如果故意对将来自己根本不打算做或根本就不可能做的事进行陈述，意图诱使对方当事人订立合同，则可以构成虚假陈述。第四，单纯的广告宣传。仅是吹嘘性商业广告宣传，一般不构成虚假陈述，如"这衣服是本市价格最低的"，但实际上不是。然而，如说"这毛衣含 100% 的羊毛"，但实际上不到 80%，则该广告可构成虚假陈述。

要件之三：该陈述与对方订立合同之间存在因果关系。该不真实陈述诱使对方订立了合同，这里的诱使不是主观上的意图，而应该理解为客观上的"促使"。第一，受陈述者一方依赖了该不真实的陈述。相反，如果一方当事人做了不真实的陈述或意思表示，另一方当事人并没有依赖该陈述，则不构成有影响的虚假陈述。这就是说，虚假陈述必须是与订立合同之间具有因果关系。如果没有因果关系，则"未被依赖的错误陈述不承担责任"。第二，虚假陈述不必是唯一诱因。只要虚假陈述导致了另一方当事人订立了合同，而不论该虚假陈述是否是合同订立的唯一原因。第三，对虚假陈述未谨慎注意，不影响撤销权的成立。受虚假陈述一方，本可以谨慎注意，如调查等，即可发现该陈述的不真实性，而他没有这样做，即他也存在一定的疏忽，但这并不影响其求得救济的权利，该陈述仍然构成虚假陈述。第四，依赖虚假陈述须是合理的。要构成虚假陈述，不仅要求合同另一方依赖了该陈述，而且该依赖还必须是合乎情理的。该陈述促使他决定与陈述者订立合同，这在客观上被推断为一种合理的事情。如果他明显不会相信该陈述，该陈述就不属于虚假陈述。在举证责任上，原告得提出证据来证明自己确实受到了该虚假陈述的影响，并且事实上被诱使签订了合同。而作出欺诈性虚假陈述者，却不能以欺诈性陈述不重要来进行辩解。

（三）沉默与虚假陈述

沉默，是一种不作为，表面上看是没有作出任何意思表示，一般不能构成虚假陈述。虽然当事人保持沉默，没有作出任何陈述，但其作出某种行为时，该行为可能构成一种陈述，如付货款、接货款，这些行为在英国合同法上被看作一种陈述。沉默一般只有在沉默者有义务披露某种事实时，才具有法律上的意义，这时在英国法上可能构成虚假陈述。沉默构成虚假陈述的情形主要有以下四种：一是，情况发生了变化。在签订合同过程中，起初双方都是真实地进行相互陈述、谈判，但后来谈判中有关合同的客观条件发生了变化。应该披露该情况的一方当事人却保持沉默，致使对方当事人在不知此情况变化的情形下签订了合同。该沉默就构成了虚假陈述，此种虚假陈述一般可能构成欺诈性的虚假陈述。二是，不完全真实的陈述。一般来说，当事人仅仅沉默并不构成虚假陈述。但是，如果当事人只对有关合同的事实的一部分作出陈述，而对另一部分事实不作陈述，保持沉默，且该部分陈述影响到合同的主要因素时，该沉默就可能构成虚假陈述。这就要求，当事人的陈述必须是完整的、真实的。三是，最大诚信合同。最大诚信合同，是指合同的性质或合同当事人之间的特殊关系，要求当事人之间应表现出最大的诚实和信用。该类合同要求当事人有义务向对方披露一切有关合同的重要事实。否则，就可能构成虚假陈述，影响到合同的效力。这方面典型的合同是保险公司。保险合同，属于风险性较大的射幸合同，它要求合同双方必须做到最大诚信，尤其是投保人必须披露自己知道的一切有关重要的事实。因为人们一般认为"投保人知道一切"，而承保人只能根据投保人的披露告知才能决定是否承保以及保费的高低。如果投保人对某些重要方面不予披露，就会造成双方当事人的"信息不对称"，从而导致合同情形的不完全性，这对承保人是不公正的。当然，承保人也必须保持最大限度的诚实，不能对保险的条款作出不真实或诱导性的陈述，或对一些重要条款保持沉默。四是，受信人关系。在英国受信关系与信托关系往往不加区分，受信关系主要有：信托、受托人与受益人的关系；律师与顾客的关

系；医生与病人的关系；委托人与代理人的关系等。这种特殊的
当事人之间的关系是受信人关系，他们相互之间的关系建立在特
殊信赖基础上，在订立合同时相互负有披露全部有关重要事实的
义务，对重要事实保持沉默而不予陈述，则可能构成虚假陈述，
一方可以主张撤销合同关系。① 另外，还要注意需要披露信息的其
他合同，主要有合伙合同、担保合同、招股说明书、土地买卖合
同等，这些合同关系中当事人也需负有披露信息的义务，如果不
披露相关合同信息，那么就可能导致合同可撤销。

（四）虚假陈述的类型及各自的构成

19 世纪 60 年代以前，英国的虚假陈述分为欺诈的和无意的虚
假陈述两种，其后又把无意的虚假陈述分为两类：疏忽的虚假陈
述和完全无意的虚假陈述。《1967 年虚假陈述法》对虚假陈述的种
类进行了系统规制，该法第 2 条第 1 款对虚假陈述进行了总结性规
定："任何人听信对他作出的虚假陈述而签订了合同，结果给他造
成损失的，如果假定该虚假陈述者作出了欺诈性虚假陈述，该虚
假陈述者就应当承担损害赔偿责任，那么，不论其陈述是不是欺
诈性的，该虚假陈述者都将承担损害赔偿的责任，除非他能够证
明，他有合理的理由相信，并且在签订合同时也确实相信，他所
陈述的事实是真实的。"从该条可以看出：第一，虚假陈述总体上
可分成欺诈性的和非欺诈性的两类。第二，非欺诈性的虚假陈述
也应承担损害赔偿的责任。第三，所有虚假陈述的损害赔偿责任
的前提要件是，受害者必须是听信了对他作出的虚假陈述，且造
成实际的损失。因此，虚假陈述共分三种：欺诈性虚假陈述、疏

---

① 何宝玉：《英国合同法》，中国政法大学出版社，1999，第 507 - 517 页。杨桢：
《英美契约法论》，北京大学出版社，1997，第 220 - 226 页。

忽性虚假陈述和无意的虚假陈述，而各种虚假陈述的构成规则、救济规则也大有不同。

第一，欺诈性虚假陈述。欺诈性虚假陈述，与大陆法系的欺诈非常相似，但也有不同，前者比后者的范围更宽泛些。"所谓欺诈性虚假陈述是指，合同的一方当事人在作出一项陈述时，明知其陈述不真实，或者不相信其陈述是真实的，或者根本不关心其陈述是否真实，而借以引诱不知情的对方当事人签订了合同。"[①]明知是不真实的而仍然作出了此虚假陈述，这显然是故意的，即明智故犯，这是典型的欺诈性虚假陈述。不相信其陈述是真实的，是指连陈述者自己都在主观上否定了其陈述的真实性，但客观上仍然向对方当事人作出了这一陈述，目的是诱使对方与其订立合同。第三种欺诈性虚假陈述主观上是一种放任的心态，对其陈述内容是否真实持一种漠不关心的态度，而事实上其陈述确实是虚假的，这种情形也构成欺诈性虚假陈述。不过也有学者对第三种欺诈性虚假陈述提出了质疑，认为既然欺诈是不诚实的，那么陈述者的漠不关心属于疏忽，疏忽不等于不真诚，"无论疏忽严重与否，它都是欺诈的反语"。"这样做或许有利于抑制和制裁合同当事人的欺诈行为"。欺诈在所有可撤销原因中，是最不道德、最不名誉的一种，它使信誉降低，罗马时代就对欺诈做了较系统的规定，就有"诈欺之诉"或"诈欺抗辩"。罗马法学家拉贝奥给诈欺下的定义是："一切为蒙蔽、欺骗、欺诈他人而采用的计谋、骗局和手段"，而古罗马时的诈欺之诉是一种极为严重的诉讼，它会导致被罚人不名誉。"诈欺之诉"为英美法所接受并得到体现。"构成可以起诉的欺诈的几个要素可以总结为：①对重要事实的错误

---

① 何宝玉：《英国合同法》，中国政法大学出版社，1999，第 519 页。

陈述；②被另一方所信赖；③进行错误陈述时即知道其虚假性；④怀有欺骗的意图；⑤给另一方造成了损失。"①

　　欺诈性虚假陈述的损害赔偿是很严厉的，其赔偿范围极其广泛，既包括全部的直接损失，还包括间接损失，如利润等。其目的就是使原告恢复到没有虚假陈述时所处的状况，即补偿他由于签订合同而从口袋里掏出来的钱。这通常要考虑两个因素：一是原告现在的状况，二是原告若没有虚假陈述时所理应能够达到的状况。而且赔偿数额可能超过合同交易基础，不受签订合同时的合理预期赔偿限额原则的限制。欺诈性损害赔偿应是完整的，因欺诈性错误引导而须赔偿的损失是无限的："在合同案件中，赔偿限于合理推定当事人曾考虑到的。在欺诈案件中没有这样的限制。……不容行骗者说，损失不是理应预见的。"②

　　第二，疏忽性虚假陈述。疏忽性虚假陈述发生的前提是虚假陈述者与对方当事人存在"特殊关系"，并因此负有谨慎义务，他就应当保证其陈述是真实的，因为对方基于特殊依赖关系而对其陈述拥有特殊的依赖，一般会相信陈述者肯定会尽到特殊注意义务，而不会疏忽大意。可将疏忽性虚假陈述归纳为：只要当事人拥有或声称具有特殊技能或知识，并据此向对方作出陈述，包括提供建议、意见或者信息，意图引诱对方签订合同，他就负有谨慎义务，确保其陈述是真实正确的、信息是可靠的。如果他基于过失作出了错误的陈述，或者提供了误导性意见或者信息，诱使对方签订了合同并遭受了损失，他就应当承担由此产生的法律责任。需要指出的是，此规则的意义在于它把疏忽性虚假陈述纳入了可诉的范围，陈述者要对其疏忽所致的对方损失承担赔偿责任。

---

① 怀亚特：《美国合同法》，汪仕贤译，北京大学出版社，1980，第50页。
② 何美欢：《香港合同法》，2版，北京大学出版社，1995，第259－261页。

疏忽性虚假陈述的赔偿范围原则上应以合同当事人合理预见的损失为限，而欺诈性虚假陈述的赔偿是无限制的。这种赔偿损失是普通法上的救济，适用的是过失责任原则，而撤销合同则是衡平法上的救济。

第三，无意的虚假陈述。此种虚假陈述是指陈述者既无欺诈之故意，也无疏忽，而是根本无意的。根据《1967 年虚假陈述法》的规定，"无意虚假陈述一词目前被用以指这样一种虚假陈述，即陈述者有合理的理由认为其陈述是真实的，但实际上是不真实的"。无意虚假陈述并不对其给对方造成的损失负有赔偿责任，因为虚假陈述者有合理的理由相信：他所陈述的事实是真实的。虽然客观上其陈述是虚假的，但陈述者并不知道其陈述是不真实的，还相信其陈述是真实的。这表明陈述者主观上并无恶意。当然，陈述者要承担陈述合理的举证责任。

综上所述，英国的虚假陈述是由一套规则构成的体系，既有普通法上的规则（主要是欺诈性虚假陈述规则），又有衡平法上的规则及《1967 年虚假陈述法》，且这些规则之间不具有相互代替性，法官可依具体案件自由裁量适用某一规则，或综合适用这些规则。在种类上既有欺诈性虚假陈述，又有疏忽性，以及完全无意的非欺诈性虚假陈述。对虚假陈述的救济上，既有以损害赔偿为主的侵权之诉，又有撤销合同之诉，且两者往往不相互代替。又辅之以对非欺诈性虚假陈述在合理、公正之下以赔偿或补偿来代替撤销合同，以最大限度地使公正与效益达到平衡的统一，这实际上是对当事人撤销权这一自决权的一种法律上的强制干预。在诉讼证明责任上，适用的是侵权法上的过错推定，由虚假陈述者即被告承担证明虚假陈述的合理性的举证责任。

非欺诈性虚假陈述是英国合同法上的一大特色。非欺诈性虚假陈述的构成要件、救济手段、举证责任等一系列的规则具有很强的合同实践价值，是几个世纪有关合同审判判例的总结，其复杂的规则背后又充满诸多价值取向。其目的在于防止、减少合同中不真实的意思表示所带来的合同实践活动中的不公正。不真实者不能得到利益，受害者应受到法律上的最大限度的救济。非欺诈性虚假陈述者可能是根本无意的，但若其不能证明在订立合同时有合理根据相信其虚假陈述是真实的，就应承担欺诈性虚假陈述所致的不利后果，这对那些实际上无意的陈述者是非常不利的。虚假陈述规则中没有适用"过错"两字，只是用了相关的"合理性""依赖"等，来推定其责任。因为对"过错"这一抽象的要件，如不具体到合同环节中则很难去证实，在诉讼中会使受害人因举证困难而得不到救济。总之，非欺诈性虚假陈述规则的设置是符合理性的，而不只是为了实践的实用性，它与错误规则是相称的，两者之间既有联系又有很大差异。

（五）英国的错误规则与虚假陈述规则的比较

英国的错误规则与虚假陈述规则既有本质的区别，又有许多相似之处，对两者的比较可使我们对两规则了解得更深入。这方面的探讨似乎并不太多，即便有，所涉及也只是只言片语，如"错误与虚假陈述的本质区别，只是错误使合同无效，虚假陈述使合同可撤销"。其实，两者区别远不止这点，笔者认为确实有必要从理论上予以探讨。

1. 两者的联系

（1）都是影响到合同效力的意思表示。（2）都是一种不真实、不正确的意思表示。（3）都是对有关合同事实（相对于法律）的不真实意思表示。（4）都可能是意思表示者存在疏忽，也可能根本就无过失，但两规则并不对此作出直接的要求，欺诈性虚假陈述除外。（5）单方错误与虚假陈述可能同时存在于一个具体的合同中，这时，虚假陈述是因，错误是果，存在两规则竞合的情况。（6）两者造成的后果都必须是重大的。

2. 两者的区别

（1）错误不能是故意的，事实上也不可能故意作出对自己不利的意思表示，但笔者不同意"错误如果是故意的，就构成欺诈"的观点，因为错误与欺诈两者利益上根本"对立"的。错误的内容对错误者是不利的，否则错误者就不需要"撤销合同"，而欺诈对欺诈者是有利的，两者是根本不会重合的。非欺诈性虚假陈述则是非故意的，但也不排除隐蔽性的欺诈因受害人的举证困难，而只能以非欺诈性虚假陈述处理。（2）实质性的构成要件不同，错误只能是对合同的基本事实的不正确认识，足以影响到合同的交易基础；虚假陈述只要涉及合同的事实，足以使对方当事人依赖并订立了合同，即认为是"重大"的。（3）根本性质不同，错误主要是错误者的错误意思表示违背其本人的意愿，是对其不利的；而虚假陈述的意思表示是对受害人不利的，对虚假陈述者本人并不是不利的。（4）种类上不同，错误在类型上有共同错误、相互错误和单方错误，一般是双方都有错误才予以救济。特殊情况下单方错误才予以救济，即单方错误只有在对方知悉或因对方而造成时才予以救济。（5）虚假陈述有欺诈性虚假陈述与非欺诈性虚假陈述，且不要求双方共同或相互虚假陈述，都是单边的。（6）两者在救济方式上也有明显区别。错误在救济上有拒绝颁布执行令、撤销合同、矫正合同等方式；虚假陈述的救济方式主要有：侵权法上的赔偿损失，合同法上的撤销合同和对非欺诈性虚假陈述在特殊情况下的以赔偿或补偿来代替对合同的撤销。从两者的救济方式上看，虚假陈述的救济手段比错误要严厉。（7）请求救济的主体不同，错误只能错误者有此权利，虚假陈述则只有对方当事人才有此权利。（8）在不真实的意思表示是否纳入合同上也有所不同。错误都须纳入合同，而虚假陈述一般不纳入合同。

总之，对以上两者的联系与区别进行理论上的探讨很有必要，尤其是错误与非欺诈性虚假陈述，两者很容易混淆。应克服这样的误区：故意的不真实意思表示一定是欺诈，非故意的不真实意思表示一定是误解或错误，这是一种简单机械的分类。如果不从本质上将两者加以区分，就会带来救济上的不当，带来新的不公正。对两者的联系与区别进行探讨有利于我们在"解剖"其本质、规则的基础上加以改造，"为我所用"。

二、大陆法系欺诈规则

大陆法系国家以民法典为其民法的基本渊源，对欺诈规则规定得比较简练。

（一）《德国民法典》欺诈规则的规定

《德国民法典》直接规定因欺诈使合同可撤销的条文主要有以下条文。该法典第 123 条规定："因被欺诈或者不法胁迫而作出意思表示的，表意人可以撤销该意思表示。"能够引起合同撤销的欺诈，本质上只有一个构成要件：该欺诈是对方作出意思表示的原因。《德国民法典》没有直接规定欺诈的具体情形，欺诈的构成要件只是学理上的解释，该要件分为三个方面：第一，欺诈是有意（故意）的。将尚未确定的事情说成是确定的事情，足以引起对方作出错误的意思表示。典型的例子就是"海阔天空"的吹嘘行为等。第二，欺诈是恶意的，"恶意是指欺诈行为旨在促使被欺诈人发出意思表示"。"恶意的成立不需要（行为人）具有损害的蓄意"。第三，欺诈行为与意思表示之间存在因果关系。如果在对方无论如何都已经决定从事有关行为的情况下，即使没有欺诈也会这样做，而对方作出的行为与欺诈行为之间没有任何关联，那么就不构成因果关系。从以上三个要件看，前两个要件应该说是影响合同欺诈本身应具备的要件："有意""恶意"。因此，"无意"和疏忽的不真实的意思表示，并不构成合同可撤销的原因。不过，对欺诈规则的因果关系的规定，没有适用《德国民法典》第119条关于错误规则因果关系的"理智的""合理考虑相关情况"等情形来加以限定。由此可见，欺诈的因果关系标准规定得较为宽松，"对被欺诈人的非理智行为，撤销相对人也必须予以承受"[1]。另外，当欺诈是由第三人所为时，《德国民法典》第123条第2款对此作出了明确规定，表意人只有在合同另一方当事人明知或者应知该欺诈事实时，始得撤销合同。行使撤销权的时限上，因欺诈而撤销意思表示的可以在一年内行使，从发现欺诈之时起算。

（二）《意大利民法典》欺诈规则的规定

《意大利民法典》将欺诈分成两种类型：使契约得被撤销的欺诈；不影响合意的欺诈。前一种类型又分为一般欺诈和由第三人所为之欺诈。该法典第1439条第1款规定了欺诈的构成要素，"在缔约一方实施欺骗致使另一方缔结了在未受欺骗时不会缔结的契约的情况下，诈欺是契约得被撤销的原因"。从该条规定看，欺诈只有符合以下要件，才构成契约得撤销的原因：缔约一方实施了欺骗；该欺骗致使另一方缔结了契约；另一方在未受欺骗时不会缔结该契约。最后一个要件是用来说明欺诈与另一方同意订立契约之间存在必然的因果关系，并且欺诈必须是缔结契约的必要且充分的条件，即只有在受欺诈影响下另一方才缔约了合同，否则

---

[1]　梅迪库斯：《德国民法总论》，邵振东译，法律出版社，2001，第594页。

契约不能被撤销。意大利这种使契约被撤销的欺诈构成标准，在《法国民法典》中也有相同的体现，《法国民法典》第 1116 条规定："如当事人一方不使用欺骗手段与伎俩，另一方当事人显然不会与之缔结契约，在此程度，欺诈为契约无效之原因。"

欺诈是第三人所为时，如果该欺诈涉及缔约人的利益时，则该契约才允许被撤销。这与德国有关第三人欺诈的规定不同，《德国民法典》规定第三人所为的欺诈只有在另一方当事人知道的情况下，才准予撤销其意思表示。《意大利民法典》规定的"涉及"指的是，不管对方当事人"知悉"与否，只要该欺诈涉及缔约人的利益，合同即可撤销。

不影响合意的欺诈，即不产生合同撤销权的欺诈，该类欺诈可能导致损害赔偿义务的后果。《意大利民法典》第 1440 条规定："如果诈欺不是能够导致合意形成的诈欺，则尽管没有诈欺该契约会根据不同的条件缔结，那么契约有效；不过恶意缔约人要承担损害赔偿责任。"这是一种不影响契约效力的欺诈，其法定前提是，该欺诈并不能或不足以导致合意的形成。从理论上讲，该欺诈还不足以使契约的交易基础受到实质性影响，使交易基础丧失，或者说，该欺诈不是缔结契约的决定性因素，不构成第 1439 条"在未受欺骗时不会缔结"该契约，即使有该欺诈也会缔结该契约。欺诈如果没有根本上影响到合意的形成，而是可能会影响到合意的部分内容，就不影响契约的效力。第 1440 条进一步明确了此点，"尽管没有欺诈该契约会根据不同的条件缔结，那么契约有效"，"根据不同的条件"是指什么？从本条与上一条内容来看，这一条件是指应该不影响合意，或者说不影响合同的根本目的，或不影响交易基础，或不致合同落空。"根据不同的条件"缔约，还说明该契约如果按契约条件履行，势必会给受欺诈一方带来损失。因此，该条款又补充道："不过恶意缔约人要承担损害赔偿责任。"这是该欺诈人在契约有效的前提下应付出的代价。从以上对第 1440 条规定的分析，我们可以将之归结为不影响合同效力的欺诈救济规则，或不产生撤销权的欺诈救济规则。这一规则与大陆法系其他国家欺诈规则相比，具有显著的不同，它实质上是以赔偿来代替合同撤销。这既是对撤销权的法定限制，又是对欺诈的一种纠正；既体现了效率，又体现了公平，是两者的完美结合。赔偿代替契约的撤销的方法，在英国非欺诈性虚假陈述救济规则中也是重要的一种救济方式，不过它与意大利这种方法不同的是，除了前提条件不同外，还有一点不同：此种方法在英国属于法院的自由裁量权，而意大利则是法定的救济方法。两者在本质上是一致的，都是挽救合同效力的一种方式，是国家参与合同事务的意志体现，是国家对合同撤销权的强制性干预。

三、我国欺诈与虚假陈述规则

（一）我国欺诈规则的演变

我国关于因欺诈所致撤销权的一般规则，是通过《民法典》第 148、149 条来规制的。《民法典》第 148 规定了欺诈撤销权的一般构成要件及其行使路径，"一方以欺诈手段，使对方在违背真实意思的情况下实施的民事法律行为，受欺诈方有权请求人民法院或者仲裁机构予以撤销"。欺诈是民事法律行为可撤销的法定情形之一，但并非所有的欺诈行为都可以被撤销。只有当欺诈的后果是使对方当事人所作出的意思表示是违背其真实意愿时，对方当事人才依法拥有了撤销其民事法律行为的权利。我国欺诈撤销权规定很简单，只要有欺诈行为，且对方因此而违背真实意愿，就构成了撤销权的所有要件。显然，欺诈撤销权的有效要件是违背自愿和民事法律行为的意思表示不真实。如果违背自愿原则，意思表示不合意，其诱因是欺诈，那么因欺诈所为的民事法律行为的效力就是有瑕疵的，即是可撤销的。这里要注意的是，欺诈在《民法通则》中被规定为无效；而在《合同法》中规定了是两种后果：一是欺诈侵害国家利益时是无效的，二是其他的欺诈是可撤销的；现行《民法典》只规定了一种后果，即可撤销。另外，《民法典》还规定了第三人欺诈的可撤销问题，以前第三人欺诈并不对合同效力产生任何影响。根据《民法典》第 149 条，第三人欺诈并非都会影响民事法律行为的效力，只有对方当事人知道该欺诈时，受欺诈一方才拥有撤销权。

（二）欺诈与虚假陈述在《广告法》《食品安全法》《消费者权益保护法》《证券法》等法律中的相关规定

《广告法》要求广告的内容要具有真实性，这是民法诚信原则的一种体现。该法第 4 条规定："广告不得含有虚假或者引人误解的内容，不得欺骗、误导消费者。广告主应当对广告内容的真实性负责。"该法第 28 条对虚假广告进行了定义："广告以虚假或者引人误解的内容欺骗、误导消费者的，构成虚假广告。"这里的虚假广告，其本质与英美法的虚假陈述相似，其构成要件是：其一广告的内容是虚假的，或者是引人误解的；其二广告的目的是欺骗、误导消费者。《广告法》第 56 条规定了虚假广告应当承担的民事责任："违反本法规定，发布虚假广告，欺骗、误导消费者，使购买商品或者接受服务的消费者的合法权益受到损害的，由广告主依法承担民事责任。"虚假广告只有在造成消费者损失时，才需要承担民事责任，而且承担民事责任的主体是广告者。广告内容的不真实性，构成虚假广告的本质要件，只要虚假广告成立并造成了消费者损害，那么广告主就应当对其虚假广告所造成的损害承担民事责任。法律在这里没有直接规定广告主主观上是故意的，但实际上已经推定其主观属的故意。在规定广告的经营者等民事主体的民事责任时，不仅要考虑广告经营者（还包括广告发布者、广告代言人）主观上是否明知，还要考虑广告所涉及的商品或服务是否与生命健康相关。广告的经营者、发布者或代言人对广告内容的不真实是否知情，存在两种状态：一是明知，二是可能不知情。不论广告者是否知情，只要是虚假广告涉及的是有关消费者人身健康的商品或者服务，那么广告者就要与广告主承担连带责任。这实际上就是严格责任原则，不论其主观上是否有过错，因为人的生命健康损害不比一般损害。关系消费者生命健康以外的商品或者服务的虚假广告，造成消费者损害的，其广告经营者、广告发布者、广告代言人，明知或者应知广告虚假仍设计、制作、代理、发布或者作推荐、证明的，应当与广告主承担连带责任。非生命健康类损害，则要求只有在广告经营者主观上是故意时才与广告主承担连带责任，而如果是过失或无过错时，当然无须承担民事责任。《食品安全法》也有关于虚假性欺诈的规定，该法第120条规定："任何单位和个人不得编造、散布虚假食品安全信息。"这是法律明文禁止的行为，对食品安全方面的信息，一是不得编造虚假信息，二是不得散布虚假信息。虚假信息，就是一种欺诈行为，是能够引起消费者误解的虚假意思表示。

《证券法》针对虚假陈述等行为及其法律责任进行了系统的规制，以保护投资者的合法权益，维护正常的证券市场秩序。第一，证券公司对其发布的文件负有保证其真实性的义务，不得存在"虚假记载、误导性陈述或者重大遗漏"，一旦发现立即停止销售。《证券法》第29条规定，"证券公司承销证券，应当对公开发行募集文件的真实性、准确性、完整性进行核查。发现有虚假记载、误导性陈述或者重大遗漏的，不得进行销售活动；已经销售的，必须立即停止销售活动，并采取纠正措施"。《证券法》第 56 条对证券信息的真实性还作出了禁止性规定，"禁止任何单位和个人编造、传播虚假信息或者误导性信息，扰乱证券市场。""编造、传播虚假信息或者误导性信息，扰乱证券市场，给投资者造成损失的，应当依法承担赔偿责任。"第二，发行人及其他信息披露义务人负有信息披露的义务。应当保证其披露的信息真实、准确、完整，同时，《证券法》第 78 条规定，信息披露义务人披露的信息"不得有虚假记载、误导性陈述或者重大遗漏。"第三，证券公司对普通投资者负有不得虚假陈述的义务，该法第 89 条规定："普通投资者与证券公司发生纠纷的，证券公司应当证明其行为符合法律、行政法规以及国务院证券监督管理机构的规定，不存在误导、欺诈等情形。证券公司不能证明的，应当承担相应的赔偿责任。"这就是过错推定原则的一种体现。普通投资者与证券公司之间一旦因为误导或欺诈而产生纠纷，那么法律首先推定证券公司是有过错的，即存在误导或欺诈行为，而证券公司要免于承担赔偿责任，就必须证明自己没有误导或欺诈行为，如果不能证明自己不存在误导或者欺诈，那么就必须承担赔偿责任。第四，发行人因欺诈发行、虚假陈述或者其他重大违法行为给投资者造成损失的，发行人等责任一方可以委托投资者保护机构与投资者达成损害赔偿协议，由投资者保护机构予以先行赔付，投资者保护机构先行赔付后，可以依法向发行人以及其他连带责任人追偿。投资者保护机构设置的目的，是最大限度地保护投资者的合法权益，从制度上保证投资者的损失能够得到及时的法律救济。第五，投资者合法权益法律保护的特殊机制，就是代表人诉讼。《证券法》第 95 条规定："投资者提起虚假陈述等证券民事赔偿诉讼时，诉讼标的是同一种类，且当事人一方人数众多的，可以依法推选代表人进行诉讼。"投资人代表人诉讼的法定条件：一须是证券民事赔偿，二须是基于虚假陈述等引起的，三诉讼标的须是同一种类的，四当事人一方须人数众多。代表人诉讼可以节省大量人力、财力资源，可以简化大量同样的诉讼程序，也能最大限度地维护各方当事人的合法权益。第六，证券服务机构未勤勉尽责，所制作、出具的文件有虚假记载、误导性陈述或者重大遗漏的要承担行政罚款等法律责任。未勤勉尽责，指的是没有履行应当尽到的注意义务，这说明证券公司在制作出具相关文件时出现的虚假记载、误导性陈述或者重大遗漏等情形是出于过失而非故意。由此看来，我国也存在非故意的虚假陈述的法律规定，而不只有故意的虚假陈述这一种规定。

（三）惩罚性赔偿的特殊规定

一般的损害赔偿都遵循等额原则，而特殊情形时有加倍赔偿，即惩罚性赔偿。加倍赔偿只有在法律有明文规定时当事人才有权请求，我国主要在《消费者权益保护法》和《食品安全法》等法律中有相关规定。消费者因商品生产者或服务提供者的欺诈行为而受到损害时，有权提出加倍赔偿的请求。例如，《消费者权益保护法》第 55 条规定："经营者提供商品或者服务有欺诈行为的，应当按照消费者的要求增加赔偿其受到的损失，增加赔偿的金额为消费者购买商品的价款或者接受服务的费用的三倍；增加赔偿的金额不足五百元的，为五百元。法律另有规定的，依照其规定。"对于那些明知其商品或服务有缺陷而向消费者提供此类商品或服务，因而造成消费者死亡或者健康严重损害的，受害人有权在一般赔偿的基础上请求所受缺失的两倍以下的惩罚性赔偿。《食品安全法》也有惩罚性赔偿的规定，该法第 148 条规定："生产不符合食品安全标准的食品或者经营明知是不符合食品安全标准的食品，消费者除要求赔偿损失外，还可以向生产者或者经营者要求支付价款十倍或者损失三倍的赔偿金；增加赔偿的金额不足一千元的，为一千元。但是，食品的标签、说明书存在不影响食品安全且不会对消费者造成误导的瑕疵的除外。"食品安全惩罚性赔偿的构成要件主要有：其一，损害行为是故意的，即主观上"明知是不符合食品安全标准的食品"，而故意隐瞒不合格这一真实情况，这就是不作为形式的欺诈。其二，客观上给消费者造成了损害。惩罚性赔偿最高额度是法定的，是支付款的十倍或损失的三倍，最低不少于 1000 元。惩罚性赔偿责任制度的立法意义在于：一是对消费者的损害进行最大限度的补偿；二是对食品生产经营者违规行为以最大限度的惩罚；三是调动广大消费者与违法行为做斗争的积极性。总之，惩罚性赔偿责任制度，有利于最大限度地维护消费者的合法权益，有助于维护消费市场的安全稳定。

本章小结

合同撤销权，是合同法律制度中最为常见、最为复杂的法律问题。合同撤销权，在我国民事立法中有一个演变过程，反映了我国社会主义市场经济成长的基本过程与要求。合同撤销权在国外也是一个重要的民法问题，各国对此有着不同的规定，但又有着一些共同之处，对一些典型国家的撤销权规则进行系统的了解，有助于我国民事立法的完善与法律适用。纵观英、美、法、德与我国的撤销权规则，就会发现撤销权的法定依据大同小异，撤销权都是由错误或重大误解、胁迫、不公平、欺诈或虚假陈述等四个方面的原因引起。第一，错误或重大误解撤销权规则。我国称作重大误解，而西方称作错误，并且我国与其他国家的错误或重大误解的构成与救济制度都存在较大差异。英美国家把错误划分为共同、相互和单方错误，前两种一般是合同根本没有成立，而重要的是单方错误规则。单方错误只有在对方知道其错误而故意不给予披露或者是由对方造成的，才会得到法律上的救济，并且主要是得到衡平法的救济，而单纯的单方错误是得不到救济的。在救济上，也有拒绝签发执行令、改正合同等多重方式，以最大限度地达到公平与效率的合一。法国、德国等国的错误规则特点是，规定了错误的判断标准，即假如知道该错误就不会订立合同或以根本不同的条件订立合同，并且只有达到这一程度的错误才是合同撤销的原因。第二，胁迫撤销权规则。英美国家把胁迫称作不正当压迫或影响，包括人身压迫与经济压迫，这些压迫都可导致合同撤销。法国、德国等国的胁迫规则与我国的基本相同，现在我国也采纳了意大利等国家关于第三人胁迫的撤销权规则。第三，不公平撤销权规则。不公平是合同权利义务分配上过分失衡，而各国的救济标准与方式不同。英美国家一般不对不公平合同进行救济，只有达到非常严重的程度、打动了法官时才可能得到救济，而且主要是衡平法上的救济。法国对不公平标准有一些直接的规定，但并无一种一般性规定。最有特色的是《国际货物买卖通则》的相关规定，它将不公平称为重大利益失衡，一般只有在改正合同等其他救济方式穷尽后，才会允许撤销合同。第四，欺诈与虚假陈述撤销权规则。英美国家把虚假陈述分为欺诈性的、过失的或根本无意的虚假陈述，而各种虚假陈述有着各自的救济方式，具有很强的实践可操作性，能较大程度地达到合同公平与效率的统一。法国、德国等国的欺诈撤销权规则都相对简化精练，理解起来较为简单。我国现在不仅有欺诈的概念与规则，也有虚假陈述的概念与规则，主要体现在《消费者权益保护法》《食品安全法》《证券法》等法律法规中，也有除了合同撤销权之外的诸多法律救济与处理，尤其是惩罚性赔偿制度能够更好地达到维护消费者合法权益、维护社会经济秩序的立法宗旨，这些都是我国法律理论研究的结果与立法进步的见证。总之，重大误解（错误）、胁迫、不公平、欺诈或虚假陈述在国内外都是合同可撤销的法定原由，但是各国对此的称谓、种类、构成要件及救济方式各有特色。

第十一章

侵权责任制度专题

　　侵权是侵犯他人合法权益的不法行为，侵权责任是侵权人对其侵权行为依法所应当承担的民事责任。侵权责任是由不法行为、主观过错、责任承担等要素共同构成的一个完整系统。侵权责任制度，就是以侵权责任构成要素为基础来建构的规范体系。

第一节　立法目的与责任构成要素

　　《民法典》侵权责任编是对侵权行为所应当承担的民事责任进行规范的法律，是民法体系中的一个必不可少的法律子系统。如果民法体系中没有侵权责任的系统规范，那么民法体系就似乎成了一个没有任何效力的空洞之物，民事权利就得不到应有的保护。

一、立法目的系统论解构

　　人之所以是人，就在于其拥有法权人格，即其在法律上是作为一个享有平等且自由的权利主体被承认，并得到平等保护的权利主体，这就是所谓的法律人格或法权人格。任何人从出生时就具有独立的法律人格，其民事权利一律得到法律上的承认与保护，禁止任何人对民事权利进行侵害。这就是现代民法理念的核心，也是现代法治的基石，即权利神圣不可侵犯。

保护民事权利，是民法的基本要义，它主要体现在两个方面：一是事前保护，二是事后保护。事前保护主要是通过规定民事主体享有哪些民事权利，民法就是所有民事权利的总清单，《民法典》总则用专章对民事权利进行了详细的规定，而《民法典》分则分别规定了物权、债权、人格权、婚姻家庭权等民事权利，同时又专门用一编对侵权责任进行了详尽的规定，以确保能够对上述民事权利进行全面保护与救济。事后保护，主要是通过对民事责任的追究来实现的。一般的逻辑关系是，民事权利产生民事义务，民事义务派生民事责任。民事责任制度的功能主要是事后救济，通过明确民事责任、追求民事责任来对民事权利进行救济。

（一）明确民事责任

首先要明确责任的归属。《民法典》侵权责任法编的首要目的是准确地追究责任主体的民事责任，而要准确地追究责任人的责任，首先要明确责任的归属。这就是所谓的责任人之查明，以及责任承担的划分。侵权责任规范必须规定一般的归责原则，也要对各种具体的侵权行为及其责任构成要件进行详尽的规定。

（二）追究责任人的应有责任

侵权责任规范必须规定一个详尽完备的民事责任种类，包括物质类与精神类的责任形式，哪些是必须规定精神类的责任形式的侵权行为，哪些只能是物质类责任形式，哪些是两者可以兼有的。这些问题看似简单，但立法时却会遇到诸多争议与困局。《民法典》侵权责任编规定，通过责任的归属来处罚与预防侵权。笔者认为，惩罚侵权行为不应该是一种普遍的目的或手段，因为民法的整体目的不是惩罚，而是补偿，这是民法与刑法的根本区别之一。当然，民事责任中也有惩罚性的民事责任规定，如有害食品类侵权就有惩罚性赔偿的规定，但那只是个别的规定，不能因此而认定民事责任全都具有惩罚的属性。

（三）制止与预防侵害

这是侵权责任法规要达到的一个间接目的，也是最终目的。这一点会使人们联想到刑法的目的，刑法的目的也有这么两个方面——特殊预防与一般预防，刑法也是通过个别规定与具体案件的处理，来警示人们哪些行为是不能做的，哪些危害行为会受到何种惩罚。民事责任的追究，首要目的是依法补偿受害人的损失，使受害人的身心得以安慰；同时，还要考虑到立法的一般预防效应，即考虑某种责任行为所应得的责任种类与形态时，要考虑是否能够通过具体案例的适用取得一种良好的社会效应，促使人们不再轻易地作出该种行为。当然也不能过分加重惩罚强度，而偏离了一般的正义原则。这就是一个立法适度的问题，要达到个别正义与一般正义相统一的良好状态。

（四）促使人们尽到自己的注意义务

民事责任立法的目的，是保护民事权利，而权利享有的前提是民事义务的履行，不仅要履行契约义务，还要履行不得侵害他人合法权利的注意义务。通过具体民事责任的准确与合理的追究，提示其本人与其他所有知情的人，在行为时既要关切自己的合法权利也要关切他人的合法权利，既要考虑自己的利益与安全也要考虑他人的利益与安全。当自己作出某种行为时，既要遵从人人是目的的原则，以使自己得到幸福与安全，也要不侵害他人的幸福与安全。这就是社会和谐的基本底线，即互不伤害的社会秩序。侵权责任制度的最终目的，就是通过侵权责任法的立法、守法与司法来构建一个相互尊重、互不侵犯的和谐社会秩序。如果说合同法律制度的目的是构建一个相互合作的美好社会，人格权法律制度的目的是构建一个完整的相互尊重的人格权体系，物权法律制度的目的是构建一个完善的物权体系，那么侵权责任法律制度的目的就是要构建一个保护人格权、物权、债权等民事权利不受任何侵犯的法律保护制度体系。

二、责任构成：基于主体的主客观系统

民事责任是由主观要件与客观要件两大方面构成的，而这两大方面都是基于民事主体而产生的。

（一）主体要件

首先要确认责任主体，谁应当为某种行为或事件所造成的损害后果负责？一般而言，行为人是责任主体，要由侵权行为人来为自己的行为承担责任，这不仅符合一般情理，也能够在心理上使受害人在精神上得以安慰，有利于化解矛盾。

但是，也有特殊情形，如完全没有民事行为能力的人所为的危害行为，给受害人造成了一定的伤害，需要相应的补偿。这个行为人没有民事行为能力，在法理上讲他没有承担民事责任的资格，但是如果其有监护人，且监护人没有尽到监护义务，那么这个监护人就应当依法承担相应的民事责任，因为他在主观上有过错。这种情形下，行为人与责任人是相分离的。另一种情形，当事人本身并没有作出伤害他人的行为，而是自己的物或动物伤害了他人，那么当事人应当承担相应的民事责任。这在事理上似乎是讲不通的，但物的所有人对其物具体管理义务，应尽到最大的

注意义务，以最大限度地减少物的危害，这也符合侵权责任法律制度的立法目的。

（二）客观要件

危害行为和后果，是行为人承担民事责任的客观要件，是民事责任归属的客观基础。首先，必须有客观的危害行为发生。如果没有危害行为或事件发生，那么就根本不存在民事责任的追究问题。其次，责任的承担往往需要一定的危害结果发生，并且危害行为与结果之间存在法律上的因果关系。这种危害行为，从另一视角来讲，就是指违反注意义务并对他人有害的行为。最后，这种危害行为，必须具有违法性。如果危害行为是合乎法律要求，或者是法律所许可的，那么这种行为即便是有害的，行为人也不会为其行为承担民事责任，如执法人依法执法行为，或当事人同意的且依法免责的危害行为。当然，这种有害性与缺少应有的注意义务之间必然存在直接的联系，这就必然要过渡到注意义务的主观要素上，即主观要件。

（三）主观要件

主观要件，是承担责任所必不可少的法律要件。如果不具备主观要件，而仅存在危害行为或事件，那么不能确认民事责任的构成，行为人依法不应当承担其行为的危害后果。在客观要件具备的情形下，关键还要查明行为人主观上是否符合了法律上的主观要件，而主观要件并非简单的一种情形。人类早期的归责原则是客观原则，只要行为人作出了危害行为，那么他就必然地依法承担此民事责任，而不论其主观上是否具有承担此责任的原因。后来到了资本主义初期则出现了过错原则，即只有在行为人主观上有故意或过失的过错时，他才为自己的行为承担相应的民事责任。再到现当代出现了一种新的归责原则，即无过错原则。我国民法也采用了多样性标准，学理上分为三种：一是过错原则，二是过错推定原则，三是无过错原则。其实这三种可以归结为两种，因为过错推定原则在本质上仍然是过错原则，只是在危害事实发生后，首先推定行为人主观上存在过错，而如果行为人能够证明自己没有过错，那么他才不具备承担民事责任的主观要件。虽然过错推定属于过错原则，但其行为人承担责任的风险却大大超过了一般的过错原则，因为如果他不能证明自己主观上不存在任何过错，那么他就要承担责任，而不论其实际上是否存在主观过错。如果他确实没有过错，但不能证明的话，这种法律后果与无过错原则的法律后果可能是一样的。因此，过错推定原则与无过错原则的区分在理论上历来存在争议，这也就不足为奇了。无过错原则，是侵权的一种特例，主要针对那些高度危险的危害行为或事件所进行的特殊规定，如污染行为。其立法目的是提醒特殊民事主体尽到最大限度的注意义务，否则无论其主观上是否存在过错，都要对其行为后果承担民事责任。当然，无过错原则只适用于法律有明文规定的特殊侵权行为，其并不具有普遍的适用性，因而这类侵权也叫作特殊侵权。总之，民事责任归责原则并不是单一的，而是由过错原则、过错推定原则与无过错原则共同构成的责任归属体系。

第二节　理性人与侵权责任

人本质上是作为理性存在者而存在的。人既是拥有正义观念之道德存在者，又是拥有自我立法能力的法律存在者，因而人是拥有主观法与客观法的理性主体。理性人标准是衡量一个正常理性人之行为在主观上是否符合正当理性的尺度，是一个人是否对其行为承担民事责任的主观要素。

一、不同学科的理性人概念

（一）心理学上的理性人

理性人能够用理性来控制自己的情感，使理性与情感达到平衡，而非理性人往往使理性与情感处于分裂状态，要么过分感性，要么过分理性，而过分理性或过分感性的人在心理学上都是极端人格的人格，是畸形人格的两种基本形态。弗洛伊德将人格分为三种：本人、自我和超我。本我，是本能的我，情感或欲望的我，我的原始状态，人具有一般动物的属性。同时，人也有超越一般动物的地方，这就是超我，一种理想状态的我，是对本能的我与现实的我的一种超越。自我是现实中的本真人格，是本我与超我的合一，人的人生使命就是改造自己，改造就是自我塑造的过程，是自我解放与自我实现的过程，把自己培养成为拥有理性人格的我，使自己成为能够依照普遍理性法则而行为的理性人。

（二）经济学上的理性人

成熟的市场经济，是以成熟的市场经济主体为前提的，这就是经济理性人假定。亚当·斯密系统地提出了市场理性人的概念，他认为市场主体都是理性人，每个人都在理性地追求自己的利益最大化，都知道如何选择最佳手段来设计和追求自身利益。成熟的市场必然把每个市场主体假定为理性人，假定每个自己才是自我利益的最佳判断者、行为方案的最佳决定者，其理由是自己才是最关心自己的人，才是对自己最负责任的人，是自己命运的最佳安排者。这一假定意味着，每个市场主体都是完全独立自由的理性人格，每个理性人都无须其他任何人的"关心"，尤其是来自政府的干预与强制。

自由竞争中的经济人集自由人、理性人、经济人于一体，市场经济就是经济理性人之间的自由平等博弈的竞技场所。市场经济是以每个人都是理性人为前提的，假设每个人都是理性的，理性人就是知道自己利益最大化并知道自己如何追求理想状态，自己是自己利益的最终决定者和责任承担者，市场就是由一个个经济理性人组成的。合理的利益判断、合理的行为选择与决定，最终要对自己选择的行为与结果负责。市场就是理性人之间的角逐，但这种学说也有其局限性，绝对自由竞争必然会导致绝对无序，每个人都是自私的，仅关注自我利益就必然缺乏社会整体上的理性关怀。哈林顿的理性人的"分饼法"隐喻，假定人是利益最大化的所谓"理性人"，因此用合理的制度来约束人的利己性，好的制度使坏人做不成坏事，坏的制度使好人做不成好人。理性人的前提是制度理性，理性的制度下会有理性的人。

（三）哲学上的理性人

法是人的理性产物，是人类文明的标志。西塞罗认为，法律是人成熟智慧的结晶，是理性的体现，理性是人与神共享的神圣之物。柏拉图、亚里士多德、西塞罗都以不同方式论证了这样一个道理，人只有在法律中才是作为人存在的，因为法律是由人的理性产生的，而人一旦脱离了法律，就会比任何野蛮的动物更加凶残。我国传统儒学的思想核心就是圣人之知，圣人是全面拥有仁、义、理、智、信的人，就是理性人，我们称理性人为理性人格。康德认为，人只有在能够把普遍法律作为自己行为的准则时，才是作为理性存在者存在的，而普遍法律作为自己的行为准则，就是意志自律。罗尔斯视野中的理性人格，就是拥有基本善理念和正义感的人，只有这样的人才能选择自由和平等作为其行为的基本法则。法律就是自由的界限，自由就是在法律之内行为的人，因而一般理性人就是不伤害他人，他人也不伤害的人，互不伤害就是基本的理性法则。

哲学上的理性人，是依照普遍法则生存的人。亚里士多德认为，真正的人是在理性指导下生活的人，是对人生进行反思、沉思的人，而人的理性是通过法律和教育途径后天系统训练培养而形成的。亚氏眼里的理性人，就是依照中庸生活的人，依据理性过正直生活的人，不过分多得的正义法则是理性人所应当坚守的普遍法则。卢梭认为，理性人就是依照自己良心生活的人，每个人行为之前都应先请教自己，因为"良心"会教导人应该做什么、不应该做什么，真正的法律应当是共同良知的体现。笛卡尔是近代理性主义思想的奠基者，"我思故我在"指的就是人本质上是理性存在者，理性人就是拥有"判断和辨别真假能力"的人，他拥有判断正确与错误的理性能力。斯宾诺莎提出三条"理性命令"：自我保存、追求德性、勿自杀，理性人就是完全听从理智指导的人。康德认为，真正的理想国就是"目的王国"，而在这个理想国里，每个人都是理性存在者，每个理性人都始终能够把普遍法则作为自己的行为法则，始终能够把自己和别人当作其行为的目的而非手段，这种"目的王国"就是完全由理性存在者构成的理性共同体。总之，理性人，必定是自由的，真正的自由是基于理性的自由，自己的行为要符合普遍性法则，始终知道什么应当做、什么不应当做，始终能够做到使自己的自由与他人的自由共存。

二、一般理性人

一般意义上的理性是指事物存在的基本依据或合理性。理性有客观与主观之分。其一，客观理性。客观理性在古代叫 logs，现在称为规律、普遍性，永恒的东西，有时也称作至善、公理、法则、原则、规则。人作为人也有其客观理性，它是指人作为人存在的客观法则。其二，主观理性，就是人对客观理性的理解与把握。法律的制定就是人的主观理性对人自身生存的普遍法则的理解与主观表达。

一般理性人，是指拥有正常理性能力的人，这种理性能力是人所独有的认识客观法则并以此来指导自己进行正确行为的人，因而理性能力包括理性认识能力与理性行为能力两个基本方面。一般理性人具有能够辨别正义与邪恶、善与恶的认知能力，拥有选择最好行为方式的行为能力和追求最佳后果的意志能力。一般理性人遵循的最为一般的行为法则就是利害因果法则。人们在选择决定某种具体行为之前，首先要考虑其行为可能带来的后果。当然，不同的人会把自己认同的法则作为其行为准则，如利己主义、利他主义、功利主义或道义主义等。一般理性人，在行为时通常会把自己和他人的利益都考虑进去，把功利与道义都兼顾。凡是给自己带来痛苦、不幸的行为或事件，都是应当尽力避免的，而凡是本质上对自己和他人有益的事都会尽力做，凡是给他人造成危害、违反法律、会受到法律惩罚的行为都会主动避免。这就是普遍法则，即两害相权取其轻，两利相权取其重。知道并能够自觉遵从普遍法则的人，就是一般理性人。作为理性标准的普遍法则，就是一般理性人应当始终遵从的行为法则，而这种行为法则就包含着向善避恶的价值导向。一般理性人拥有认识客观理性的能力，而这种能力又派生出辨别善恶、好坏、对错的能力，还派生出对善恶、好坏、对错行为的选择能力。一个人拥有自我选择的自由，可以选择做一个好人，向善避恶，但也有人选择作恶。人有行善与作恶两种倾向，这就意味着教育的必要性，因而教育能使人成为一个向善弃恶的理性存在者。

一般理性人具有以下主要特征：第一，主动寻求一些公理、律令，并始终遵守这些理性的律令，自己为自己立法，懂得立法学；第二，是具有"良知""良心"或"善良意志"的道德存在者，而良心就是正义理念在我心中，理性人在行动前要先请教自己的良心；第三，是受理性指导而生活的人，听从理智指导的人，能支配自己的意志，做自己情感的主人，依据普遍法则的思维、行为的人；第四，具有理性正义感，一生始终愿做正义的事；第五，须是通过教育途径系统训练培养而形成理性习惯的人。法律的学习与适用，也是为了培养人的理性能力并成为知善恶、行正义的理性人。

三、法律理性人

法律理性人，是指拥有法律所要求的一般理性能力并能够依照一般法治理念与普遍法律规则而行为的人。一般理性能力，是指一般理性人所应当具有的行为性质的认知能力、行为后果的预料能力和行为选择的意志能力。这种法律理性能力是行为人承担法律责任的主观必备要件，只有拥有一般理性能力的人才对自己的不理性行为承担法律责任。如果一个人不具有一般理性能力，包括智力不正常和精神不正常，那么法律就不会让这种人承担法律责任，因为这种人不具有法律责任能力，而且让其承担法律责任也达不到法律所预先设定的法治目的。因此，法律责任的追究，其前提就是行为人具备法律上的理性能力。只有处于智力正常和精神健康状态的理性人却作出了违反理性的行为时，法律才会要求其对自己的行为承担相应的法律责任。这就是承担法律责任的主观要件，它主要表现为故意和过失。故意，就是明知故犯，已经预料到行为会造成危害的后果，他具备知晓自己行为的性质和后果的认知能力；故意的意志能力要素，是不仅明知，还积极追求或放任危害后果的发生。过失，是对自己的行为后果，过于自信而没有料到，或者虽然预料到了行为后果可能发生，却轻信能够避免，而结果却发生了自己本来不愿发生的危害后果。这两种状态，都是违反一般法律理性人标准的，行为人主观上都不同程度地违反一般理性人应当尽到的注意义务，而这种注意义务是对其行为所涉及的他人权益或者社会利益的注意。

法律理性人具有以下主要特征：凡事会深思熟虑的人，知道正确与错误的人，知道什么是正义和合法的人，知道违反法律义务的后果，知道选择正义、避免损害的人。刑法、民法、行政法等实体法，都是以理性人为前提来规定人的行为模式与法律责任的，只是各部门法上的理性人的内容与标准具体体现上各不相同罢了。违反法律理性人标准，行为人就要对其行为对他人造成的危害承担相应的法律责任，依据其违反法律部门的性质不同，其法律责任的种类主要分为三类：民事责任、行政责任和刑事责任，而在这三类法律责任中民事责任是最为基本的法律责任，即使行为人在承担行政责任或刑事责任后也不能免除其民事责任。

四、理性人在民法中的体现

民法是规范和调整民事权利义务关系的基本法，民事法律关系是民法调整的对象，整个民法规定了一般民事法律关系和具体民事法律关系两大部分，即民法总则和分则。民事法律关系是民事主体依据民事法律规范参与民事活动而引起的权利义务关系，民事主体是民事活动的参与者、权利的享有者和义务责任的承担者，民事主体参与民事活动依法要具备相应的民事行为能力资格，而这种民事行为能力资格就是一般理性人的体现。以下为一般理性人参与民事活动的要求。

第一，民事主体参与民事活动，必须遵守民法的基本原则，否则就违反了一般理性人标准，要承担相应的民事责任。平等、自愿原则，保证每个主体享有基本的自由权利，禁止他人强迫。诚实信用、公序良俗等原则，要求每个民事主体对自己的民事活动进行必要的理性约束，诚恳地对待他人的权利、认真地履行自己的义务，使自己的民事活动符合公共秩序与良好风俗的要求，做一个诚实守信、品格良好的民事主体，而不可做一个欺诈者或无赖。公平原则，要求民事主体不过分享有权利而使对方过分承担义务，做一个公平正义的正直人，而不可做一个霸王条款的制造者。总之，民法的基本原则，在本质上讲就是为了规范民事主体的民事活动，使其符合民法的基本精神，从根本上保障民事主体能够作为一般理性人设立、变更或者终止民事法律关系。换言之，只有遵从这些基本原则，民事主体才能够成为一般理性人；相反，如果民事主体的民事活动违反了民事法律基本原则，那么这样的民事主体就违反了一般理性人的标准，其民事活动就得不到法律的完全承认与保护，就可能是无效的或者可撤销的。

第二，民事主体资格制度，也是以一般理性人为依据的。民事主体的民事行为能力、法定代理与监护等民事制度，都体现了一般理性人原理。自然人的理性能力是根据年龄和精神状况两个方面来界定的，而自然人的民事行为能力依据其年龄和精神状况划分为：完全民事行为能力人、限制民事行为能力人和无民事行为能力人三种。其一，一般理性人，是具有完全民事行为能力的人，是具有正常人所应当具有的智力和精神状况的人，这种人应当对其民事行为负责。民事主体只有具备完全民事行为能力，才是拥有一般理性人所应当具备的正常理性能力的人，因而依法拥有参与所有民事活动的主体资格，并对其民事行为引起的所有民事法律后果独立地承担责任。其二，有的民事主体的理性能力较为欠缺，但能够从事与其理性能力相适应的民事活动，这类人在民法上被称作限制民事行为能力人。限制民事行为能力人，只能从事与其理性能力相适应的民事活动，但纯粹获利的活动除外，而超出其民事行为能力的民事法律行为，可以由其法定代理人代为行使，或事后得到其法定代理人的追认，或者事先取得其法定代理人的同意，方为有效；如果没有得到其法定代理人的追认或者事先同意，那么这种超越其理性能力的民事行为是不发生法律效力的，限制民事行为能力人也无须对其民事法律行为负责。其三，完全无民事行为能力的人，是完全不具有理性能力的人，他没有直接参与民事活动的资格，其民事活动完全由其法定代理人来代为行使。无民事行为能力的人，其本人并不对其民事行为负责，其民事法律行为是无效的，而其危害行为所引起的民事责任则依法由其监护人来承担。

第三，不履行民事义务，即违反理性。民事法律关系的实现，即民事权利的获取与享有，需要民事义务的履行，而不履行民事义务就依法应当承担相应的民事责任。这隐含着这样一个立法路线：权利—义务—责任，没有权利就没有义务、没有义务就没有责任。民事责任制度的立法目的，就是通过警示民事主体违反约定义务或法定义务，就应依法承担违约责任或者侵权责任，以此来促使每个理性人尽力履行其民事义务，进而使得民事权利得以最大限度的实现。民事责任的认定与承担，在理论上是以理性人标准为依据，以民事主体拥有理性能力与主观过错为基本前提。换言之，如果民事主体没有理性能力，或者已经尽到了其应有的理性注意义务，那么法律上就不能追究其本身的民事责任，例如，不可抗力免责。时效制度，也体现了理性人标准，它要求权利主体要在合理期限内提出其合理的诉求，超期就会导致请求权或形成权的胜诉权或形成权本身的消灭。要求权利主体要理性对待程序上的诉权，以免使己方权利与对方责任长期处于不确定状态，不利于维护整个社会的稳定秩序，这也是此制度设置的目的。

五、侵权法上的理性人

民事主体具备一般理性人标准，是其负担民事责任的基础。如果一个人不具有正常人所具有的一般理性能力，那么他就不应该为自己的行为负责，因为他在侵权法上就不具有侵权主体的责任资格。在侵权法上，每个责任主体都被假定为拥有一般理性能力的一般理性人，并且每个一般理性人都承担着最大限度地避免伤害他人的注意义务。一般理性人标准的主要特征有：理智、谨慎、不侵犯他人。行为人之所以要对其危害行为负责，是因为他没有履行一个正常理性人所应当尽到的注意义务和谨慎义务，从而导致了危害结果的发生。换言之，假如他尽到了一般理性人的注意与谨慎义务，那么他就不会那样做，或不会产生如此的危害结果。例如，一个正常人开车路过十字路口时，本应注意红绿灯，红灯时不能横穿马路，而他却没有尽到这种注意义务，违反一般理性法则而闯了红灯，结果与另一辆正常行驶的汽车相撞。这个开车闯红灯者显然没有尽到一般理性人所应当尽到的谨慎义务，因此，他就应当对其不理性的行为承担民事责任。如果拥有一般理性的民事主体违反了这个理性人标准，造成了他人的伤害，那么他就要承担由此侵权行为而产生的民事责任，因为他有理性能力和注意义务而不去做那些有害于他人的不理性行为。

一般过错、过错推定和无过错责任原则，是针对三种理性人标准而设置的民事责任追究原则。一般过错责任原则是一般理性人应当尽到一般的注意义务而没有尽到此义务的责任标准，是最为普通的侵权责任原则。过错推定责任原则，本质上属于一般过错责任原则，但它是对行为人的理性要求更高一些的责任原则。过错推定责任原则，要求行为人对自己行为的无过错情形负举证责任，如果他不能证明自己主观上没有过错，那么法律就推定其主观上存在过错。这在理论上叫作举证责任倒置，与一般过错责任原则在证明责任上有着根本不同，而这种举证责任倒置的立法目的就是加重行为人的谨慎注意义务，因为此类行为人在行为时注意义务上有着特殊性，如医方对病人的医治行为就负有特殊的理性义务。无过错责任原则，对行为人的理性义务要求是这三种责任中最高的一种，其立法目的是让此类民事主体尽到最大限度的谨慎注意义务，因为此类民事主体的危害行为具有特殊性，危害性往往是巨大的，如产品侵权责任、污染侵权责任等，法律要求此类民事主体必须尽到最大理性义务，只要出现了危害事实与损害后果，那么行为者就必须对其危害后果负责任，而不论其主观上是否有过错。此类民事主体只有在侵害行为是受害者故意造成的或者是由第三人造成的时，才可能免除其责任，或者负担责任后向第三人追偿。

我国《民法典》对有些侵权类型分具体情形规定了不同的责任原则规定，使得民事责任与主观过错程度更加相适应，这样立法更加合理科学。多重责任原则的典型侵权规定主要有两类：一是医疗损害赔偿责任，二是饲养动物损害赔偿责任。（1）医疗损害赔偿责任。医疗损害赔偿有三种法定的责任承担原则：一是一般责任原则，即过错责任原则。一般情形下，只有医疗方有过错时才对患者负赔偿责任，而如果其没有过错，则无须承担此责任。

《民法典》第 1218 条规定："患者在诊疗活动中受到损害，医疗机构或者其医务人员有过错的，由医疗机构承担赔偿责任。"这是典型的过错责任原则。二是过错推定原则。只有在特殊情形下，才适用此原则。《民法典》第 1222 条规定："患者在诊疗活动中受到损害，有下列情形之一的，推定医疗机构有过错……"这里的法定情形有三种：违反法律、行政法规、规章和相关诊疗规范的，不愿提供相关病历资料的，遗失、伪造、篡改或者违法销毁病历资料的，只要出现了这三种情形之一，那么法律上就推定医疗机构主观上存在过错，因而就要承担相应的损害赔偿责任。三是法定的免责情形。即使造成了患者的损害后果，但是依法免去医疗机构的赔偿责任。《民法典》第 1224 条规定："患者在诊疗活动中受到损害，有下列情形之一的，医疗机构不承担赔偿责任……"法定免责的情形有：患者一方不配合医疗，医疗人员在紧急情形下已经尽到合理诊疗义务，限于当时的医疗水平难以诊疗的。

（2）饲养动物损害赔偿责任。饲养的动物伤害他人，并非适用唯一的责任承担原则，而是对不同情形适用不同的法律规定，主要有无过错责任原则和过错责任原则，而无过错责任原则又分为相对无过错责任原则和绝对无过错原则两种情形。第一种是相对无过错责任原则，这是饲养动物伤人的最一般责任原则。这又分为两种情形：一是只要出现了饲养动物伤人的损害后果，相关人员就应当承担赔偿责任，但是如果损害是由受害者故意或者重大过失造成的，可以不承担或者减轻责任。二是违反规定未对动物采取安全措施而造成伤人后果的，也适用无过错责任原则，但是如果损害是由受害者故意造成的，那么减轻相关人员的赔偿责任。虽然这两种情形都是无过错责任原则，但是存在责任减免的例外情形，因而这是一种相对无过错责任原则。第二种是绝对无过错责任原则。这是一种没有责任减免法定情形的绝对赔偿原则。其也包括两种法定情形：一是如果是禁止饲养的烈性犬等危险动物造成他人损害的和遗弃、逃逸的动物在遗弃、逃逸期间造成他人损害的，则法律规定的后果是相同的，即由动物（原）饲养人或者管理人承担侵权责任。二是过错推定责任原则。《民法典》第1248条规定："动物园的动物造成他人损害的，动物园应当承担侵权责任；但是，能够证明尽到管理职责的，不承担侵权责任。"这是过错推定责任原则的法定典型表述，即造成损害的，应当承担侵权责任；但是能够证明自己没有过错或尽到注意义务的，不承担侵权责任。这种过错推定责任原则只适用于动物园责任，而不具有普遍适用性。另外还有一种法定情形，就是动物伤人是由第三人过错造成的，那么受害者可以选择由或动物饲养人或者管理人来承担侵权责任，而他们承担责任后可依法向第三人追偿。

　　民事主体的理性要求程度与其赔偿责任也有着必然关联。一般的赔偿责任，要联系行为人的主观过错程度等情形来确定。而对于那些故意的严重危害行为，受害人依法可以请求高于实际损失的数额赔偿，这就是加倍赔偿。加倍赔偿又叫惩罚性赔偿，是针对那些损害严重的、故意的、危害具有广泛性的侵权行为制定的，并且只有法律明文规定时才能适用。加倍赔偿的立法意图显然是发动群众共同参与遏制此类危害行为的积极性，也是为了最大限度地弥补受害者的损失，还是警示此类民事主体要尽到最大限度的谨慎注意义务。除了《食品安全法》与《消费者权益保护法》外，我国《民法典》有多处明确规定了惩罚性赔偿的民事责任，而这些规定体现了民事责任与行为理性程度的关系。《民法典》第1185条规定："故意侵害他人知识产权，情节严重的，被侵权人有权请求相应的惩罚性赔偿。"从该法条来看，知识产权侵权惩罚性赔偿的法定要件主要有三项：一必须是对知识产权的侵权，二必须是故意的，三必须达到情节严重。这是对知识产权保护的特殊规定，让知识产权侵权者付出较高的代价，目的是警示那些存有知识产权侵权意图的人止步于未然。此外，《民法典》专门规定了一般产品缺陷在符合法定条件下也会导致惩罚性赔偿，例如，《民法典》第 1207 条规定："明知产品存在缺陷仍然生产、销售，或者没有依据前条规定采取有效补救措施，造成他人死亡或者健康严重损害的，被侵权人有权请求相应的惩罚性赔偿。"产品缺陷惩罚性赔偿责任，除了要求具备侵害后果的严重性外，主观要件上也要求故意，即"明知"且"仍然"，而这种明知仍然去做的行为就是严重违反理性的恶行。《民法典》还有类似规定值得注意，例如，《民法典》第 1232 条规定："侵权人违反法律规定故意污染环境、破坏生态造成严重后果的，被侵权人有权请求相应的惩罚性赔偿。"我国《民法典》只对部分严重故意侵权规定了惩罚性赔偿，眼下还没有针对所有的严重故意侵权规定惩罚性赔偿。

　　总之，侵权法上的理性人担负着不得伤害他人的谨慎义务。如果每个理性人都承担起这一义务，那么就会形成一个互不伤害的文明社会。互不伤害是人与人之间共同生存的最基本法则，它是每个理性人所必须遵从的一般理性法则，服从这一互不伤害理性法则的人，就是一般理性人。特殊理性人法则，是相互团结协作的高级理性人共同体，在这个共同体里理性人之间不仅不相互伤害，还相互友爱与互助。与侵权责任制度相比，合同制度就是理性人之间相互合作的基本规范体，在这个合作体中每个民事主体在履行自己义务的同时实现了自己的权利。在这种合作中每个人都清楚自己义务的履行换来的是自己权利的实现，因而在这种相互满足中每个民事主体都是作为理性合作者出现的。相互友善理性人在民法中也有体现，例如，相邻关系的处理原则就是互谅、互让、团结，相互给予对方以必要的方便。再如，无因管理制度也是高级理性人原理的体现，因为管理人是出于友善帮助他人而付出了自己的管理代价，其管理行为的本质就是见义勇为，因而国家为了鼓励这种友善行为而特意设置这一制度。

六、多重法律责任的区分

在理论上，侵权与犯罪是两个性质根本不同的法律概念，两者的区别是显而易见的。两者也似乎没有任何交叉之处，但从现实的诸多法律现象中我们会发现两者的交叉是如此惊人，让人感到两者有时似乎是一物之两面。侵犯公民人身和财产犯罪中，侵权责任与刑事责任往往是同时出现的。对待两者的法律责任问题上，以前的定势思维是罚了不打、打了不罚，刑事责任与民事责任不能同时适用，两种法律责任处于完全的竞合状态。现在的法律思维是刑事附带民事原则，民事责任与刑事责任可以合并处理，也可以分开处理。刑事责任与民事责任在审判中也存在一定的关联，民事责任可能作为刑事责任量化时的一个重要依据，刑事被告是否积极赔偿受害人的损失，会直接影响到被告的刑事责任结果。积极的民事赔偿是被告自我悔罪的表现和自我赎罪的一种机会，这也有利于罪犯的日后改造，同时通过经济赔偿的调解也会适当消减受害方的怨恨。在西方也有刑事和解制度、诉辩交易制度，当然这种制度是有严苛的适用条件的，其作用既有利也有弊，我们不可盲目加以利用或片面地理解刑事和解制度。无论如何处理两种法律责任的交叉问题，绝不可重刑轻民或重民轻刑，要尽力做到两者的平衡，达到保护合法民事权益与维护社会公共秩序的完美统一。

本章小结

    本章主要探讨了以下主要问题：第一，侵权责任制度的立法目的。侵权责任与违约责任相应，是主要的民事责任制度，它是对侵害他人合法权益的行为的责任确定与责任承担进行全面规制的法律制度，其立法目的是保护民事合法权益。民事责任制度放在《民法典》的最后一编，其设置目的就是对以上各编的民事权利进行全面保护，而违约责任有时也可选择侵权责任请求权。因此可以说，侵权责任制度是民事权利保护的最后一道屏障，如果没有这一制度，那么所有的民事权利制度都可能是虚幻的摆设。第二，责任构成制度。责任构成理论与规则是民事责任制度的核心内容，它是各种侵权责任确认的基本公式。民事责任构成有三个基本原则，过错责任原则、过错推定责任原则与无过错责任原则，此外还有公平责任原则。对这些原则进行解构与探讨，有助于对民事责任的确认与划分。第三，本章重点探讨了一般理性人标准的理论与应用。民事责任承担的法理依据主要是理性人标准。一般理性人标准是指拥有正常理性能力的人，应当尽到对他人的注意义务，应当遵守不侵害他人的普遍法则。法律之所以规定过错责任等制度，就是因为一般理性人不应当作出违反一般理性的行为，造成他人的损害，因而理性人标准能够使人们对民事责任制度体系的设置具有更为深入的理解，也更有助于民事责任法律制度的应用与遵守。

结　语

　　系统论告诉我们，每个事物都不是由单一的要素构成的，而是由多个相互关联的要素构成的。换言之，任何一个完整的事物都是由多重要素构成的一个完整系统，而每个要素又是由多重要素构成的一个相对完整的系统。因此，一个事物就是一个大系统，而这个大系统是由多个小系统构成的，这样就形成了系统的层次性与多重性。民法就是一个完整的法律系统，它是由民法精神与民法规范构成的一个完整系统，而这个系统又是由诸多小系统构成的，而每个小系统又是由诸多次小系统构成的。

　　民法的宗旨与任务，是民法系统的心脏，也是民法这棵大树的根，民法的其他小系统就是从这里生长出来的完整体系。而民法的宗旨与任务，也是一个系统。民法的根本任务，是保护民事主体的民事权益，其手段是调整民事法律关系；民法的间接任务，是维护社会主义社会与经济秩序，推进社会主义建设，并弘扬社会主义核心价值理念。总之，民法的任务，就是由以保护民事权益为根基、以维护社会经济秩序和弘扬社会核心价值观为终极目标、以调整民事法律关系为手段三个要素构成的任务系统。因此，民法的任务不是单一的，而是复合多元的。

民法基本原则，也不是单一的，而是由多个原则构成的一个体系，形成了民法基本原则系统，而各个原则之间存在着某种相互的关联，每个原则在整个原则体系中的地位与作用也是不同的。民法的核心原则是自愿原则；平等原则是前提性原则；诚信原则、公平正义原则是补充性原则；而合法原则、公序良俗原则、绿色原则是限制性原则，是对自愿原则的一种必要限制，防止权利滥用。

民法的调整对象，就是民事关系，即平等主体之间发生的、以民事权利义务为内容的社会关系。民事关系，经过民法调整就变成了具体的民事法律关系。民事法律关系是由其主体、内容和标的三个要素构成的一个系统，民法总则的主体制度、权利制度等都是民事法律关系要素的系统规定，所以就派生出主体系统、内容系统和标的系统三个小系统。第一，主体系统也是由三个子系统构成的，即自然人系统、法人系统和其他组织系统。自然人系统又由三个子系统构成，即完全民事行为能力人、限制民事行为能力人和无民事行为能力人。法人也由三个子系统构成，即营利法人、非营利法人和特别法人。第二，民事权利—义务—责任系统。《民法典》总则系统地规定了民事权利，民事权利系统由人身权、物权、债权等子系统构成。总则对这些权利进行了概念式的规定，这为其他各编作出了一个列举式的大纲。总则没有对义务进行系统规定，因为权利规定后，义务随之而定，因而只是对违反义务的责任进行了系统规定，如合同责任、侵权责任等。

民事法律行为，在我国民法体系中居于核心地位，是民法理论与实践中最为重要的部分。有关民事法律行为，有三个系统论问题是必须探讨的：一是民事法律行为的概念及其与事实行为、准民事法律行为的区别问题，二是民事法律行为与民事法律规范、民法法律关系的相互关系之系统论问题，三是民事法律行为的有效要件与相应的三种效力问题。

《民法典》物权编是由一个通则编和四个分编构成的一个完整系统体系。通则编规定的主要是物权法的宗旨，表明物权法与社会主义经济制度、各种民事主体的关系。物权法不仅要维护社会主义经济制度，还要对各种物权主体给予平等的法律地位和平等的保护。四个分编分别规定了所有权、用益物权、担保物权和占有等四种物权制度，而本书重点探讨了以下问题：一是物、物权与法律的实质、意义与相互关联，《民法典》物权法的根本宗旨与实现问题；二是拾得物、埋藏物的相关法律问题，比较了国外一些国家法典中的有益规则，并对国内有关争议问题进行了探讨；三是占有的相关理论与立法问题，并提出了一些立法建议。

合同的效力问题既是合同法中最重要、最难的理论问题，也是争议与纠纷最多的问题。合同的效力，分为四种：有效、无效、效力待定与可撤销，这些种类构成了一个完整的合同效力体系。合同效力及其种类的体系，既反映了合同法的基本宗旨，也彰显着合同自由与国家干预的一种平衡关系。国家在什么情况下才能干预合同自由，干预到什么程度，这体现着私权与公权的一种互动关系，也是现代法治的关键所在。而各国有关合同效力的规定，各有特色，具有诸多有益之处值得我们借鉴。本部分探讨了英美法系国家、大陆法系国家的错误规则、欺诈与虚假陈述规则、胁迫与不正当压力规则、显失公平与重大利益失衡规则。

侵权责任专题，主要研究民法体系中的权利保障措施问题。本部分重点探讨了确认侵权责任的理性人标准问题，这也是我们民法理论体系中较为缺乏的问题之一。侵权责任是由于侵权行为而依法应当承担的民事责任，其责任源自行为人主观上违反了一般或特殊理性人标准。理性人标准，就是拥有正常或相应理性的人，应当遵守的一般行为法则、规则或准则；而违反理性人标准，就是指没有依照正常或相应的理性去行为，因而损害到他人利益。这一标准的价值是促使人们成为行动中的理性人，不要违反理性人标准而造成他人伤害，这就是法律的最终目的，就是使人成为人并尊重他人为人，以避免人与人之间的相互伤害。

　　总之，民法的宗旨是保护人的民事权利，维护社会与经济秩序，弘扬社会主义核心价值观。保护人的民事权利，是民法的核心任务，而民事权利又分为人格权、物权、债权等，这些具体民事权利构成了民事权利的完整系统。民事权利是通过民事法律关系来设定、转让的，是通过民事责任制度来保障的。民事法律关系是由其主体、客体与内容三个要素构成的完整系统，民事法律关系是基于一定的法律事实由相应的民事法律规范调整而形成的，而民事法律事实是引起具体民事法律关系的现实因素，民事法律规范是引起民事法律关系的法律根据。因此，以民事权利义务为内容的民事法律关系，就是由民事法律事实和民事法律规范这两个前提所产生的法律后果。人格权法律关系、物权法律关系、合同法律关系、侵权责任法律关系都是基于人格权利益、物权利益、合同与侵权行为等产生的具体民事法律关系，而调整这些具体种类的法律关系的法律规范，就构成了《民法典》的人格权编、物权编、合同编、侵权责任编，以及婚姻家庭编、继承编等民法分编。这样就由民事法律关系把整个民法内容归纳为了一个完整的民法系统。

主要参考文献

卢曼. 法社会学［M］. 宾凯, 赵春燕, 译. 上海: 上海人民出版社, 2013.

皮亚杰. 结构主义［M］. 倪连生, 王琳, 译. 北京: 商务印书馆, 1984.

恩斯特·冯·格拉塞斯费尔德, 格雷泰尔·阿多诺, 罗尔夫·蒂德曼. 激进建构主义［M］. 李其龙, 译. 北京: 北京师范大学出版社, 2017.

莱斯利. P. 斯特弗. 教育中的构建主义［M］. 高文, 等译. 上海: 华东师范大学出版社, 2002.

约瑟夫·拉兹. 法律体系的概念［M］. 吴玉章, 译. 北京: 商务印书馆, 2017.

熊继宁, 等. 法制系统科学研究［M］. 北京: 中国政法大学出版社, 1987.

顾祝轩. 民法系统论思维: 从法律体系转向法律系统［M］. 北京: 法律出版社, 2012.

哈斯巴根. 中国民法典民族性的型塑［M］. 北京: 中国政法大学出版社, 2017.

冷树青. 从社会基本矛盾观到人类系统观［M］. 南昌: 江西人民出版社, 2017.

梁展欣. 民法史观察 [M]. 北京: 人民法院出版社, 2017.

何勤华, 魏琼. 西方民法史 [M]. 北京: 北京大学出版社, 2006.

本书编写组. 民法典立法背景与观点全集 [M]. 北京: 法律出版社, 2020.

佟柔. 民法 [M]. 北京: 法律出版社, 1986.

张俊浩. 民法 [M]. 北京: 国际文化出版公司, 1988.

王利明. 民法总则 [M]. 北京: 中国人民大学出版社, 2020.

江平, 张佩霖. 民法教程 [M]. 北京: 中国政法大学出版社, 1986.

唐德华. 民法教程 [M]. 北京: 法律出版社, 1987.

魏振瀛. 民法 [M]. 7版. 北京: 北京大学出版社, 2017.

《民法学》编写组. 民法学 [M]. 北京: 高等教育出版社, 2019.

王利明, 等. 合同法 [M]. 3版. 北京: 中国人民大学出版社, 2013.

唐凯麟, 邓名瑛. 中国伦理学名著提要 [M]. 长沙: 湖南师范大学出版社, 2001.

杨仲林, 蔡聪美. 先秦为政理论与实践 [M]. 贵阳: 贵州人民出版社, 2007.

张文治. 国学治要 (子部, 集部) [M]. 北京: 北京理工大学出版社, 2014.

何宝玉. 英国合同法 [M]. 北京: 中国政法大学出版社, 1999.

伯尔曼. 法律与革命 [M]. 贺卫方, 等译. 北京: 中国大百科全书出版社, 1993.

P. S. 阿狄亚. 合同法导论 [M]. 赵旭东, 等译. 北京: 法律出版社, 2002.

张中秋. 中西法律文化比较研究 [M]. 南京: 南京大学出版

社，1999.

杨桢. 英美契约法论 ［M］. 北京：北京大学出版社，1997.

王军. 美国合同法 ［M］. 北京：中国政法大学出版社，1996.

梅迪库斯. 德国民法总论 ［M］. 邵振东，译. 北京：法律出版社，2001.

维尔纳·弗卢梅. 法律行为论 ［M］. 迟颖，译. 北京：法律出版社，2013.

彭梵得. 罗马法教科书 ［M］. 黄风，译. 北京：中国政法大学出版社，1992.

何美欢. 香港合同法 ［M］. 北京：北京大学出版社，1995.

张君平. 经典法哲学思想范式研究 ［M］. 北京：中国政法大学出版社，2018.

中华人民共和国民法典 ［M］. 北京：人民出版社，2020.

德国民法典 ［M］. 郑冲，贾红梅，译. 北京：法律出版社，1999.

意大利民法典 ［M］. 费安玲，丁玫，译. 北京：中国政法大学出版社，1997.

法国民法典 ［M］. 罗结珍，译. 北京：中国法制出版社，1999.

瑞士民法典 ［M］. 戴永盛，译. 北京：中国政法大学出版社，2016.

对外贸易经济合作部条约法律司. 国际商事合同通则 ［M］. 北京：法律出版社，1996.

何宝玉. 英国1967年虚假陈述法 ［M］//何宝玉. 英国合同法. 北京：中国政法大学出版社，1999.

何宝玉. 英国1977年不公平合同条款法 ［M］//何宝玉. 英国合同法. 北京：中国政法大学出版社，1999.

后 记

本书是对我十多年民法前沿问题专题教学的一点体会与感悟的整理与总结。

首先，要感谢江西高校人文社科九江学院社会系统研究中心提供了这样一个好的研究平台，感谢研究中心主任冷树青教授的长期认真指导与热情鼓励。与冷主任谈到我的立项初衷时，他就非常赞同我的观点，也认为民法是可以从社会系统论角度来研究的，后来他谈到可以将此作为一个系列课题研究：法学或法哲学系统论研究系列，并表示社会系统研究中心就是要大力支持这样的研究。

其次，要感谢法学院李德恩院长等领导的长期鼓励与帮助。如果不是李院长的支持与鼓励，拙作可能不会真正成书。还有一位需要感谢的同人就是课题组的叶正道老师，他几年前就向我多次提到"结构主义"学说，谈到解构主义与建构主义学说对认识事物本源与内容的意义与价值，使我联想起将民法理论体系与结构论两者结合起来研究的课题。后来我就从社会系统论和结构、解构和建构主义理论的角度，来重新审视民法学相关问题，从一个崭新的研究视角，来揭示民法的本质及其结构系统。

最后，要特别感谢知识产权出版社的编辑雷春丽，感谢她对本书出版所倾注的热情与鼓励，感谢她对本书所提出的宝贵意见，感谢她一丝不苟的治学理念和不辞辛苦的敬业精神。还要感谢课题组夏仕、张智武、李金鑫和叶正道等成员的共同努力，尤其是张智武参与了民事法律关系部分的资料收集与撰写工作。感谢任其盛、张东臣、刘永法、李继忠、焦福德、寇鸿铭、孙天彪、马新州、孙清平、孟坦等好友的长期帮助鼓励，感谢李金鑫、孙海霞、陈兴发、宋国庆、陈玉梅、夏秀渊、汪旭鹏等同学的亲切关注，感谢刘华平、张晓明、石浩旭、陈杰、李仲文、章鸿华、周江、贺思源、刘士国、李葆华等同事的长期关注与鼓励，尤其要感谢冷树青、柴克清、叶新发等同事对本书的特别关注与指导。当然，更要感谢的是我的博士研究生导师高兆明先生，是他引领我走上了写作道路，虽然恩师去年辞世，但他那不知疲倦的治学精神将永远激励着我去写作、去思考、去奋斗。当然，由于本人能力有限，本书中还有诸多不完善之处，诚请专家多多批评指正，以待将来修正完善！

张君平

于庐山北麓

2021 年 11 月 16 日